筑摩選書

仁昌寺正一
Nishoji Shoichi

平和憲法をつくった男　鈴木義男

平和憲法をつくった男　鈴木義男　目次

はじめに　013
鈴木義男はなにをした人？／鈴木の生き方と思想を通して見えてくるもの

第一章　キリスト教的環境の中で――誕生から東北学院卒業まで　019
1　誕生から小学校卒業まで　019
誕生と小学生の頃／東北学院入学の動機となった父の布教活動／父の臨終
2　東北学院普通科（中等部）での五年間　028
シュネーダー院長の薫陶／東北学院労働会での体験／仙台市内中学校弁論大会で優勝／『中学世界』の懸賞論文でも一等賞／卒業にあたって――キリスト教への思いと将来の職業のこと
エピソード1　「ギダン」と呼ばれる　043

第二章　大正デモクラシーとの出会い――二高入学から東京帝大助手任期終了まで　045
1　二高（旧制二高）で学ぶ　045
成績優秀な苦学生／弁論部ではリーダー的存在／視野の拡大と大正デモクラシーへの関心／「忠愛之友倶楽部」でも活動
2　東京帝国大学で学ぶ　054

学者を目指して／吉野作造に師事――民本主義の受容、そして学者の道へ
3　学者としてのスタート　063
助手時代の始まり／ワイマール憲法への強い関心／「人類の社会的解放の第一声」としてのワイマール憲法／大正デモクラシーからの強い影響／東北帝国大学法文学部教授に内定
エピソード2　結婚、そして二人の娘の誕生　077
第三章　欧米留学とその「成果」――留学から東北帝国大学辞職まで　079
1　留学の目的と行程　080
留学時の国際情勢／留学の目的・期間／留学の行程
2　留学先で学んだこと　088
ドイツとフランスから送られた論稿／ヨーロッパ諸国の戦禍を目の当たりにして／法律哲学と労働大学への強い関心／国際法・国際連盟への関心／アメリカで語られた鈴木の平和思想
3　東北帝国大学法文学部教授に就任　102
学内外で活躍する「花形教授」として／「人格的生存権」論／軍事教育政策への批判
4　無念の辞職　116
「赤化教授」追放の中で強められた辞職への圧力／「不本意な出版事件」／東北帝国大学評議会での辞職決議／三人の恩師を訪ねて――弁護士への転身

第四章　弁護士として――無名弁護士から人権派弁護士への飛躍　131
1　弁護士生活の始まり　131
法律事務所開設と今村力三郎への師事／社会情勢に伴う弁護活動の変化
2　弁護士時代・第一期（一九三〇～一九三三）　138
「共産党シンパ事件」の弁護とその影響／社会的関心を集めた河上肇の弁護／「京大事件」への想い
3　弁護士時代・第二期（一九三四～一九三七）　149
帝人事件の弁護／志賀暁子堕胎事件の弁護／当時の鈴木に対する世間の評価／人権擁護および司法改革に関する提案
4　弁護士時代・第三期（一九三八～一九四五）　160
「労農派教授グループ」の弁護／一三万字にも及んだ有澤廣巳の「弁護要旨」／修養同友会事件の弁護／キリスト教牧師の弁護
5　人権擁護の姿勢を貫く　180
エピソード3　法廷の外でも貫かれた「人間尊重の精神」　183
エピソード4　白河への家族の疎開　188
第五章　新憲法制定・司法制度整備――政治家への転身から法務総裁辞任まで　191
1　政治家への転身　192
ＧＨＱの非軍事化・民主化政策へのカルチャー・ショック／日本社会党結成に向けての

動き
2　新憲法制定への大きな貢献　197
「制憲議会」の本会議での発言／帝国憲法改正案委員小委員会（芦田小委員会）
3　新憲法ができるまで　204
九条への平和条項の挿入／二五条一項の生存権規定の挿入／一七条（国家賠償請求権）と四〇条（刑事補償請求権）の挿入／六条二項（最高裁判所長官の任命規定）の挿入／新憲法の公布・施行と鈴木の決意
4　「国民生活の教科書」としての新憲法　223
『新憲法読本』にみる鈴木のメッセージ／鈴木の考える新憲法の特徴／日本国憲法は日本国民の「誓い」である／「人類文化の理想」としての平和の実現
5　国民の権利を守るために　232
三権分立の確立と維持／基本的人権の保障
6　司法制度整備・改革への尽力　239
司法大臣・法務総裁への就任／GHQと日本政府のパイプ役として／最高裁判所長官の選出へ向けて／人権擁護局の設置
7　「昭電疑獄事件」への対応――指揮権を発動せず　254
エピソード5　司法大臣就任時の家庭の様子　257
エピソード6　A・オプラーとの家族ぐるみの付き合い　259

第六章　左右対立の社会党の中で――中央執行委員辞任から衆院選挙落選まで　261
1　社会党中央執行委員の辞任　261
衆院選における社会党の大敗と中央執行委員の辞任／左派の台頭と福島県知事選立候補への誘い
2　民主社会主義の啓蒙・普及　266
民主社会主義の啓蒙と普及を目指して／民主社会主義連盟の結成と右派社会党中央執行委員への就任
3　平和憲法の擁護　274
鈴木の再軍備批判の要点／「芦田・清瀬理論」批判／鳩山内閣による憲法調査会設置への批判
4　初めての落選　289
エピソード7　中国訪問と愛娘への思い　291
第七章　晩年――新たな目標へ　295
1　再び学者・教育者へ――青山学院大学教授への就任　295
2　政治家への復帰――民主社会党結成への参加　298
3　大逆事件の再審請求　302
4　東北学院理事長として　307

5　昇天――キリスト教に導かれて　312
結びにかえて　317
あとがき　323
参考文献　328
鈴木義男著作一覧　333
鈴木義男略年譜　346
図版出典・所蔵一覧　350

凡例

①本書では鈴木の著書および論稿からの直接的な引用が多くなったが、これは可能なかぎり、鈴木の「肉声」を読者に伝えたいという趣旨による。特に鈴木義男伝記刊行会編『鈴木義男』（鈴木義男伝記刊行会、一九六四年）から多くを引用するが、その際には書名・引用頁のみを記し、刊行団体名・発行年を省略した。

②本文中で引用する資料・史料の表記については、片仮名を平仮名とした。また、かなづかいを現代かなづかいとし、促音を表す「つ」は小書き文字とした。そして、適宜、句読点などを付した。

③漢字は原則として常用漢字を使用した。

④年号の表記は、西暦を基本とし、適宜、元号を併記した。

⑤難解と思われる語にはルビを付した。

⑥引用文献の引用は、著者・編者、発行年などを付すにとどめ、詳細については参考文献の欄を参照していただきたい。

⑦本文中の敬称は省略した。

平和憲法をつくった男　鈴木義男

はじめに

鈴木義男はなにをした人?

鈴木義男(一八九四〜一九六三)を知る人は極めて少ない。一般の人は言うに及ばず、鈴木が生きた戦前・戦中・戦後の歴史についてかなりの知識がある人でも、鈴木を知る人は極めて限られている。

なにをした人? この問いへの答えが簡単でないことが、その理由のひとつかもしれない。職歴をたどれば、鈴木は学者・大学教授、弁護士を経て政治家となった人物である。一九一九(大正八)年、東京帝国大学法学部を卒業した鈴木は、法学者となるため助手として大学に残り、ヨーロッパ留学ののち三〇歳で東北帝国大学教授となる。しかし一九三〇(昭和五)年、三六歳のとき複雑な事情から大学を辞め弁護士に転身し、それ以降の一五年間は弁護士として活動する。その後、敗戦を機に五一歳で政治家となり、日本社会党で六期、民主社会党で一期、衆議院議員を務める。

鈴木はこの三つのキャリアそれぞれで注目すべき業績を残している。学者としては、当時ヨーロッパで提唱されつつあった「社会法」という考え方に注目し、日本に導入しようとした先駆者の一人であった。弁護士としては、帝人《ていじん》事件、志賀暁子《しがあきこ》堕胎事件といった、当時の社会的注目を集めた事件の弁護で高い評価を得たほか、多くの治安維持法違反事件に関わり弁護活動を行っていた。政治家としては、日本国憲法の制定と定着化、戦後法制・司法改革に尽力し、政治理念としての民主社会主義の提唱にも大きく貢献した。

鈴木のこうした業績のほとんどは、彼の死の翌年の一九六四（昭和三九）年、鈴木をよく知る一〇〇人以上の関係者からの寄稿を集め、編集された追悼集『鈴木義男』でも紹介されている。鈴木の生涯におけるさまざまな活動についての基本的情報はこの本から得ることができるが、「なにをした人？」という問いへの答えはあいまいなままである。

実際、この本の「後記」には「行動半径の広い、しかも各分野で活発な働きをされた先生の事蹟を細大漏らさず再現することはたとえ何人かが、何年かかったとしても殆ど不可能に近い」と記されており、統合された鈴木像義男を示すことの困難を綴っている。

ところが近年、鈴木義男の業績にひとつの〝核〟が見いだされつつある。日本国憲法の制定過程において果たした役割がそれであり、NHKの特集番組によって広く知られるようになった。二〇二〇（令和二）年放送のETV特集『義男《ギダン》さんと憲法誕生』は鈴木義男が日本国憲法におけるいくつかの重要な条文について、それらが現在の形で制定されることに大きな貢献をした人物であることを紹介した。NHKはすでに二〇一七（平成二九）年放送のNHKスペシャル『憲法七〇年〝平和国家〟はこうして生まれた』で、憲法九条一項の平和条項挿入への鈴木の関与を取り上げているが、今回の番組では鈴木の貢献はそれにとどまらないことが強調されている。

こうした番組が製作された背景には、日本国憲法制定過程をめぐる研究の進捗がある。そのきっかけとなったのは、明治時代に作られた大日本帝国憲法を改正し、日本国憲法を制定した第九〇回帝国議会（一九四六年）で実質審議の中心となった帝国憲法改正案委員小委員会（いわゆる芦田小委員会）の速記録が、一九九五（平成七）年に公開されたことである。それまで非公開であった速記録の公開により、憲法制定過程の研究は一気に進んだといえる。

まず速記録により、日本国憲法の制定過程における帝国議会での審議、とりわけ芦田小委員会での審議の重要性が明らかとなった。これによりGHQ（連合国軍最高司令官総司令部）と日本政府とのやりとりの中でできた憲法改正政府案について、芦田小委員会が主体的かつ実質的な検討を加え、戦後日本の憲法秩序にとって重要な意義をもつ修正を加えていることがわかった。

たとえば憲法二五条一項の「すべて国民は、健康で文化的な最低限度の生活を営む権利を有する」という規定がなかったとしたら、戦後日本の福祉のあり方は大きく変わっていたであろう。憲法思想という点でも、この規定により日本国憲法の性格が大きく変わったという意見もある。この規定はGHQの草案にも政府の原案にもなく、芦田小委員会で挿入されたものである。

また速記録は、芦田小委員会における鈴木義男の役割の大きさも印象づけた。速記録によると、同委員会委員長を務めた芦田均《あしだひとし》の次に鈴木の発言回数が多く、重要な局面での発言も多いことが判明した。これにより、小委員会で行われた重要な修正のほとんどに鈴木が深く関わっていることが明らかとなった。例えば上記の九条一項への平和条項の挿入、生存権に関する二五条一項の新設のほか、国家賠償請求権と刑事補償請求権の別規定（一七条と四〇条）化、最高裁判所長官の任命を天皇とすることで司法権の独立を明確にしようとした六条二項の修正などが挙げられる。二五条に生存権規定を挿入することは鈴木個人ではなく社会党の修正案であり、小委員会で提案理由を説明したのは、同じく小委員会のメンバーで社会党の同僚委員であった森戸《もりと》辰男《たつお》であった。このことから、生存権規定に寄与したのは森戸であるという意見は現在でも強い。しかし速記録をよく読むと、委員長の芦田をはじめ社会党以外の委員からは規定化に反対する意見が多かったなか、規定の意義を説明し、反対論者を最終的に説得したのは鈴木であった。

また、国家賠償請求権と刑事補償請求権の別規定化、天皇が最高裁長官を任命するとした六条二項の修正については鈴木が提案し、鈴木が議論をリードしていることも明らかになっている。

鈴木の生き方と思想を通して見えてくるもの

本書は今、日本国憲法制定過程における重要条文の「生みの親」として注目を集めつつある鈴木義男の評伝である。鈴木義男とはどのような生き方をし、どのような生涯を送った人物なのか？　本書は、その関心にある程度は応えるものとなっている。

しかし、本書は、憲法制定過程における役割を鈴木の業績のハイライトとするという意識で書かれているわけではない。本書のもととなった研究は、『鈴木義男』の編者があきらめたことに対する無謀な挑戦として始まった。出発点は「鈴木義男のすべてを知りたい」ということであり、本書はその成果のダイジェストである。鈴木の生涯において重要と思われることはまんべんなく取り上げたつもりであるが、一方でどの部分についても「深掘り」は足りないと言わざるを得ない。
しかしそれでも、鈴木の生涯全体を紹介することで読者の新たな関心を喚起できるのではないか。憲法制定との関わりのほかにも鈴木の生き方、思想と行動の中には検討・評価されるべきものが豊かに含まれているのではないか。ここでは、そうしたものとして次の三点を挙げておく。

一つ目が弁護士としての仕事、特に治安維持法違反事件での弁護活動が挙げられる。鈴木は治安維持法違反事件に関わる多くの刑事裁判で弁護人を務め、無罪や減刑を勝ち取っている。鈴木自身は賛同しないマルクス主義の立場をとる学者・知識人の言動が治安維持法違反とされた裁判がそのほとんどで、被告は河上肇《かわかみはじめ》、大塚金之助《おおつかきんのすけ》、山田盛太郎《やまだもりたろう》、平野義太郎《ひらのよしたろう》、山川均《やまかわひとし》、大内兵衛《おおうちひょうえ》、有澤廣巳《ありさわひろみ》、脇村義太郎《わきむらよしたろう》、美濃部亮吉《みのべりょうきち》、宇野弘蔵《うのこうぞう》、鈴木茂三郎《すずきもさぶろう》、和田博雄《わだひろお》、宮本百合子《みやもとゆりこ》などである。また、朝鮮独立運動に関わったとされる朝鮮の人々やキリスト教教会が治安維持法違反に問われた事件でも弁護人となった。なお、近年においては、「宮澤・レーン事件」など戦時期の軍機密法違反事件で弁護を引き受けていたことも明らかになっている。

ところが、ごく最近まで、戦後の治安維持法研究において鈴木の弁護活動はほとんど取り上げられてこなかった。鈴木の弁護方針や具体的な弁論方法についてはさまざまな評価があり得るが、この状況を変えていかねばならない。本書では、発掘した資料をもとにその概要を紹介するにとどまるが、弁護士時代の鈴木義男が治安維持法といかに向き合ったのかを知り、その意義を考えるきっかけにはなるであろう。

二つ目は、戦後法制・司法改革においてその責任大臣として果たした役割である。鈴木は、一九四七（昭和二二）年に成立した片山哲《かたやまてつ》社会党内閣で司法大臣、翌年に成立した芦田均内閣で法務総裁（現在の法務大臣）を務めたが、その最も重要な仕事は新しい憲法体制にふさわしい法制・司法制度の整備であった。その司法改革のほとんどはGHQの主導のもとに進められたとはいうものの、占領軍が日本に対して行った間接統治のもとでは、日本政府がGHQの改革案の意義を理解し、実施しないことには何も実現しない。

鈴木義男は、そうした重要な役割を果たした政治家として評価され得るのではないか。現に、GHQで法制・司法制度改革の責任者を務めた人物はのちに「鈴木が大臣でなかったら、戦後日本の法制・司法改革はあれほど円滑に進まなかっただろう」と述懐している。本書では新資料により、GHQが鈴木を単なる所轄大臣としてではなく、改革への主体的協働者と見做していたこと、さらにはいくつかの改革が鈴木自身の発案によるものであったことを紹介する。鈴木のこの業績を紹介することは、戦後改革において日本の政治家が果たした役割について再考するきっかけとなるであろう。

三つ目は本書の全体を貫く視点に関わる。鈴木は大正デモクラシーの中で自らの思想を形成し、それをもって戦中を生き抜き、戦後はそれに基づいて民主主義体制の構築をはかった人物、言い換えるならば大正デモクラシーを戦後民主主義につないだ人物として記録されるべきではないか。そしてこれが鈴木義男についての「なにをした人？」という問いへの回答となるのではないか。この点については「結びにかえて」で再度考えることにしたい。

第一章
キリスト教的環境の中で――誕生から東北学院卒業まで

本章では、鈴木義男の六九年の生涯のうち、一八九四（明治二七）年の誕生から一九一二（明治四五）年の東北学院普通科（中等部）卒業までを取り上げる。この時期、鈴木は彼の父がキリスト教の伝道師であったこと、ミッション・スクールの一つであった東北学院で学んだことにより、キリスト教的人道主義に基づく思想と行動の根幹を身につけた。この時期に習得したことが鈴木義男の生涯を貫く精神・姿勢の礎となっていく。

1　誕生から小学校卒業まで

誕生と小学生の頃

鈴木義男は、一八九四年一月一七日、福島県西白河郡白河町（現・白河市）で生まれた。当地は古くから奥州（みちのく）の関門として知られる。生家のある田町《たまち》は、白河藩三代藩主の松平定信も居城として利用していた小峰城《こみねじょう》の東側に位置しており、すぐ近くを阿武隈川《あぶくまがわ》が流れている。鈴木義男伝記刊行会編『鈴木義男』（鈴木義男伝記刊行会、一九六四年。以下『鈴木義男』とのみ記す。）、および日本基督教団白河教会『白河教会九十年略史』（一九七七年）によると、鈴木家は白河地方きっての旧家の一つであり、江戸時代には苗字・帯刀を許され、検断《けんだん》（地域の管理やキリシタンの取り締まりを行う幕府直属の職）や駒付役《こまづけやく》（馬の戸籍・徴発、兵糧《ひょうろう》の徴発等を行う職）などの役職に就いていたという。鈴木家には現在も『寺社町方演説帳　問屋町方差出帳写附検断書差出帳書抜　鈴木長世』『寺社演説書　町方演説書写　附検断所差出帳共』が保管されており、これらは白河藩からの指示・命令を住民に伝えるために作成されていることから、城下町において重要な役割を果たしていたことがうかがえる。

しかし明治期に入ると事業への投資の失敗などで家運が傾き、それまでに保有していた多くの田畑を手離し、「天祐堂」という店名で主に馬などの家畜の内羅薬《ないらぐすり》の卸売・販売を行い、細々と生計を立てていたという。

義男は父・義一《ぎいち》、母・イエ（栄子）の六番目の子供で三男であったが、一二歳上の長男や五歳上の次男が若くして亡くなったため、義男は鈴木家の跡取りのように育てられた。一八五八（安政五）年生まれの義一は幼少の頃から漢学に通じ、「愛軒」と号せられた。若き日に水戸医学塾で学んだが、修学中にプロテスタント系メソジスト派の宣教師メルハン・コルバート・ハリス（一八四六〜一九二一）の説くキリスト教に深い感銘を受け、「肉体の医師」となるよりも「心の医師」となることを決心し、伝道師を志したという。それから十数年、日本各地のメソジスト派の教会を巡回し説教を行っていたが、やがて独立自給の伝道が本命であると確信し、一八九七

図1　白河美以（メソジスト）基督教会。向かって右端（看板前）が鈴木義一

図2　父・義一

（明治三〇）年に白河に戻ったのちは家業に従事しつつ、白河メソジスト教会（明治一三年設立）の牧師を務めるようになったという。

明治末期頃、義一はキリスト教的人道主義の立場から社会主義思想に接近し、白河で日本同労会という組織を結成した。同会は『同労』という機関紙を発行し、大逆事件《たいぎゃくじけん》で処刑された幸徳秋水《こうとくしゅうすい》（一八七一～一九一一）と文通するなど交流をはかっていたため、警察から監視されていたという（『白河教会九十年略史』）。このことは後年、大逆事件再審請求の動きが起きた際（一九五四年頃）に義男が、この事件の生存者である坂本清馬《さかもとせいま》に宛てた手紙に「小生の父義一は明治末葉の社会主義者にて、幸徳氏との文書の往来ありたる為め、終生《しゅうせい》尾行監視つきで世を終ったのであります」（『大逆事件の真実をあきらかにするニュース』第七号、一九六三年一〇月二〇日）と書いていることからも裏付けられる。

また、義一が白河メソジスト教会の牧師に就任する前、この教会で牧師を務めていたのは自由民権運動の闘士とし

図3　母・イエ

て知られる石井勝弥（一八五七〜一九四六）であった。石井は一八八二（明治一五）年、福島事件（福島県令三《み》島通庸《しまみちつね》の強権的な道路行政に対して多くの県民が反対した事件）で県令を批判し、逮捕されたという経歴の持主であり（『福島県史　第21巻　各論編7　文化2』福島県、一九六七年、七六〇頁）、その石井の自由民権の思想が義一の行動に何らかの影響を与えていた可能性も考えられるだろう。

一方、母・イエ（栄子）に関する資料はほとんど見当たらないが、一八六五（慶応元）年生まれで有力な砂糖問屋から鈴木家に嫁ぎ、地域の人々からは「マリアのごとき人」と呼ばれるほど慈愛に満ちた人であったという。イエは一九一〇年二月、義男が東北学院二年生（一四歳）の時に心臓病を患い、四五歳で亡くなっている。後に義男は、母を想った「敬慕の塚」という一文を雑誌に書き残している（『鈴木義男』一二頁）。

なお、鈴木家の長女で義男の一〇歳年上の姉・ユフは一九〇七（明治四〇）年に牧師の山川淳一郎と結婚した。その息子が箏曲家として著名な山川園松《やまかわえんしょう》である。また、義男の三歳年上の姉・愛子は一九一三（大正二）年に森兵吾（九州帝国大学教授）と結婚している。

一九〇〇（明治三三）年、義男は白河小学校に入学した。小学校時代の成績は極めて優秀で、クラスで常時一番か二番であったという。幼い頃から国学・詩歌に長じていた祖父や、国学・漢学を習得していた父から日常的に教えを受けていた義男は教師不在のときには自ら教壇に立ち、クラスの同級生たちに『南総里見八犬伝』などを読み聞かせていたという（『鈴木義男』一四頁）。また、鈴木家では「時折、家庭文学会と称し、近所の子供らをあつめ、姉がオルガンを、義男、及び弟達が、朗読、暗誦、歌等をきかせ、これを父・義一が講評するというその頃としてはめずらしい事をやった」という（『鈴木義男』二九頁）。これらの状況から、鈴木家は経済的には裕福とはいえなかったが、当時の最先端ともいえる西洋文明をいち早く取り入れた知的な雰囲気の漂う家庭であったことが推察される。

一方、父・義一をはじめとして鈴木家がクリスチャンであったことにより、差別的な態度をとられることもあった。白河に教会はあったものの、キリスト教への理解はほとんど進んでいなかったため、日露戦争が勃発した頃には「ヤソ、クソ、ミソ」などといった罵詈雑言を浴びることもあったという。

義男は、一九〇七年三月に白河小学校を卒業し、四月には宮城県仙台市にあるミッション・スクールである東北学院の普通科（一八九五年に予科と本科を統合した中等教育部門として設置、一九一五年に中学部に改称）に進学した。

なお、鈴木は幼少の頃からクリスチャンであったといわれているが、彼の受洗について、前掲『福島県史　第21巻　各論編7　文化2』では「鈴木義男氏は、社会党の代議士、法務大臣の要職にあったが、彼は白河の人で（父君は旧メソジスト教会の牧師で千葉地方に伝道された）河村洋次郎《かわむらようじろう》牧師から受洗し、後にメソジスト教会に転会した」（七六四頁）と記述されているが、これについては不確定であり、正確な受洗の時期や経緯などについては不明である。

東北学院入学の動機となった父の布教活動

ここで、義男が東北学院に進学したきっかけについて触れておこう。

前述のように、義男の父・義一は白河メソジスト教会の牧師を務めるまでは、全国各地のプロテスタント系メソジスト派の教会を巡回して伝道を行っていた。その一環として仙台市にある日本メソジスト仙台教会（現在の仙台五橋《いつつばし》教会）にも度々訪れており、そこで同じくプロテスタント系に属する東北学院の創立者・押川方義《おしかわまさよし》（一八五〇〜一九二八）やアメリカ出身の宣教師デヴィッド・ボウマン・シュネーダー（一八五七〜一九三八）とも交流を深めていた。

『仙台五橋教会史　一一五年のあゆみ』（日本基督《キリスト》教団仙台五橋教会、二〇〇〇年）によれば、義一が仙台に滞在した一八八六（明治一九）年から一八八九（明治二二）年までの時期はちょうど日本メソジスト仙台教会の設立と重なり合う。義一は一八八六年二月、日本のメソジスト派の定住伝道師として来仙し、教会設立の準備に関わっていたのである。同年四月二七日・二八日には、仙台市内の宮城座においてキリスト教大演説会が開催され、弁士は押川方義、菅田勇太郎、鈴木義一、ハリスの四氏で、両日とも一〇〇〇名以上の聴衆が集まるほどの盛会であったという。そして五月一〇日には日本メソジスト仙台教会が設立された。

その後、義一は仙台市河原町・田町・宮町に設置された講習所で布教活動を行っている。翌一八八七年九月、義一はメソジスト派山形教会に赴任したが、翌一八八八年九月には仙台に戻っている。帰仙後の活動について『仙台五橋教会史　一一五年のあゆみ』は、同年一二月一六日に「同夜河原町岩井方にて説教会を開く。鈴木氏、磐梯山噴火の実景を幻燈《げんとう》で映写撮影。会衆で満室となる」（同八六頁）、翌一八八九年四月二三日には「午後七時より当教会堂で、ソーバル師、鈴木義一氏による演説会が開かれた。来会者は一二〇余名で近来にない好集会であった」（同八六頁）と記されている。そして義一は同年九月九日、信州方面へ赴任したという（同八八頁）。

日本メソジスト仙台教会の設立以降、義一は同派の幹部として東北学院関係者とも親しく交流を続けていたようである。当時、東北学院第二代院長を務めていたシュネーダーが日本メソジスト白河教会に説教に出向いた際には、シュネーダーに息子（義男）の東北学院への進学について相談したという（『東北学院時報』第一九五号、東北学院同窓会、一九六三年一二月一日付）。義一と東北学院関係者、特にシュネーダーとのつながりが鈴木義男の東北学院への進学のひとつのきっかけとなったといえるだろう。

なお、後年のことになるが、義男は、東北帝国大学の教授を務めていた時、同僚の新明正道《しんめいまさみち》とともにこの日本メソジスト仙台教会に所属することとなる。

父の臨終

従来、義男と父・義一の関係については伝聞による断片的な記述でしか捉えることができなかったが、唯一、義男自身が父について語っているものが残されている。『東北学院時報』第二六号（一九一九年一月一日付）に掲載された義男の友人宛ての手紙には、父親の臨終について詳細に書かれている。
義一の死については誤った記述が多く、当時流行していたスペイン風邪に罹ったという記述（『鈴木義男』一二頁）、あるいは熱心なキリスト教信者であったことが誇張されるあまり、伝道活動中に行き倒れになったという記述もみられた。義一の死亡日は一九一八年一一月二一日で、山形県の米沢教会の献堂式出席のため当地を訪れていた時であった。当時、義男は東京帝国大学三年生で、一一月一〇日には一〇月に受験した高等文官試験（行政科）の合格通知を受けたばかりであった。ここではその手紙を紹介する。

（前略《ママ》）文官試験後、私も悪性感冒に罹り十三日ばかり臥床《がしよう》して辛うじて癒《なお》りましたところが、義臣（義男の弟――引用者）から、米沢教会の三浦牧師からこういう手紙が参ったと言って廻送してきました。それで始めて父が米沢の客舎にて流行性感冒に罹り、肺炎を併発したということを知りました。父は米沢教会の献堂式に列席のためと、東北部会に出席のためとで参ったのでした。肺炎は軽い方だとありましたけれども、非常に心配になりましたので、すぐ電報で「父の病気如何」と問い合せましたら、すぐ又返電で「今日はよいが軽い方でない」とありましたから、早速其《その》晩九時の列車で出発、翌朝米沢に着きました。それが十一月十二日の朝でした。義臣は前日参って居りました。轟く胸を静めて父の病室に入りましたら、有《あり》がたいことには病気は軽いようでした。衰弱は目立って見えましたけれど、「どうも心配をかけて済まなかった」と申されました。当時病院は満員で入院出来なかったそうで止むなく旅館で療養して居りました。それから全く一生懸命でした。三名の医師と一人の看護婦と我々兄弟とで昼夜不休に看護しました。お蔭で一時余程よくなりました。しかし心臓が衰弱し、加うるに下痢が激しくなりました。その間にいろいろの話をいたしました。何分熱のために舌がもつれて充分ではありませんでしたが、「義男、人には天命というものがある、あわてるな」と戒めたり、「六十二年の生涯か、短かったな」と申したりいたしまして、覚悟しているらしく思われ、暗涙《あんるい》を禁ずることが出来ませんでした。二十日の朝に至り容態は俄然一変いたしました。それからカンフル注射などいたしましたが、もう時の問題となりました。父は最後まで意識は明瞭で、大切なことを私に話しました。諸方に電報を打ちましたが、間に合うものは一人もありませんでした。かくて十一月廿一《にじゆういち》日夜八時半、父は私共兄弟に守られて異郷遠く米沢の客舎に六十一年の生涯を終《おわ》りました。悪戦苦闘の生涯に比して、其の眠った顔は実に平和なやさしいものでありました。
（中略《ママ》）五、六人の人に送られて淋しく火葬に附し、遺骨を携えて白河に帰りました。葬式は町の人々の同情によりて稀に見る立派なものでございました。かくて父は母と相並んで聯《れん》芳寺《ぼうじ》に長き眠りに入りました。人の散じた後で再び泣きました。今日まで何かに多忙にて悲しむ暇もありませんでしたが、しかし、アーア、もう父は居ないのだなアという感じは限りなく悲痛なものであります。

　父自身は何時《いつ》死するも苦しくないというような態度でした。しかし今日まで不孝に不孝を重ねた私は、どえ《ママ》かして今、五、六年生きていて下さいと祈りました。この頃やっと孝行がしたい心持《こころもち》になりましたのですから、ア、せめて二年でも三年でも生命ほしやと願われました。父の六十《マ》年《マ》の生涯は全く悲壮でした。殊《こと》に母に別れて後の十年は更に涙のみ多い歴史でありました。遂に休息の日もなくて眠って了《しま》った。牧師様は余りにそれは此世的だと責められましたけれど、卒業したなら倅《せがれ》の処へ遊びにゆくと言って、楽しみに近処の人に話をせられたという父を想う時、私の胸は破る、が如くに感ずるのでございます（下略《ママ》）
（十二《マ》月十七《マ》日）。

このように義一は、キリスト教関係者から手厚い看護を受け、二人の愛息（義男・義臣）に見守られて息を引き取った。この手紙からは親子の強い絆が感じられ、手紙の後半、特に父の葬式後の義男の心情からは、父に対する敬愛の情が並々ならぬものであったことが見て取れる。

2　東北学院普通科（中等部）での五年間

シュネーダー院長の薫陶《くんとう》

一九〇七（明治四〇）年四月、鈴木義男は仙台の東北学院普通科に入学した。同校は、一八八六（明治一九）年、仙台神学校として創設されたが、一八九一（明治二四）年に東北学院と改称し、キリスト教精神に基づく人格教育を目指して普通科（予科二年・本科四年）として出発したが、一八九五年には中等教育の充実を打ち出した宮城県の方針に沿って、予科・本科を改組して五年制の普通科となった。鈴木は一九一二（明治四五）年三月の卒業までここに在籍した。

鈴木の学生生活について、まず特筆すべきは、東北学院第二代院長シュネーダーと出会い、その薫陶を受けたことである。このことについて、鈴木は後年、次のように語っている。長くなるが、鈴木の思いが率直に語られているため引用することにする。

> 今から三十四年前の四月の或《あ》る日、福島県の田舎から出て来た十三才の少年、私は始《ママ》めて東北学院旧校舎の講堂でシュネーダー先生の温容に接したのであります。私が東北学院を慕って幾多の県公立中学校があるのにそれを飛び超えて遥々笈《はるばるきゅう》を仙台に負いましたのは、一つは亡き父の命であったのでありますが、茲《ここ》に東北の聖者ありとの噂に魅せられた為《た》めでもあったのであります。果せる哉《かな》、私の少年の脳裏に描いた夢はその後永く破られることはなかったのであります。その時先生は一同を集めて東北学院教育の使命を説示されて将来国家有用の人物になる為め一生懸命に勉強せよと云われたのであります。その時私の受けた印象は西洋人というよりは上品な日本人という印象であったのであります。それから五年の間、私は直接間接

図4　東北学院普通科低学年時の鈴木義男

図5　東北学院時代の鈴木義男（向かって前列左端が鈴木義男。前列中央がシュネーダー院長）

に先生の御薫陶に浴したのでありますが、之《これ》が私の全生涯を決したものと申して差支《さしつかえ》がない。そして私は他の学校に入らずに我が東北学院に入った事を光栄とし誇《ほこり》とするに至ったのであります。我々の東北学院生徒時代には院長室に呼ばれるということが一番こわいことであった。生徒として最大の罪を犯したとき、生徒監の上申に依って院長室に呼ばれるのである。その頃伊藤先生、鎌田先生という生徒監の先生が居られてよく生徒を叱ったものである。こう云う先生方は口では矢釜《やかま》しく叱るけれども肚《はら》では仕方のない小僧だと云う態度が我々にも判った故に時々裏をかいてやれと云うことに興味を覚えた。しかし院長先生（我々はそう呼んでいた）の訓戒は怒鳴ったり叱ったりするのではない。優しい言葉で諄々《じゅんじゅん》と説く。或るときはそっと見上げると先生の両眼には露の玉が宿って居たこともあった。「鈴木さん、あなたは何の為に仙台に勉強に来て居られるのですか」と言ってじっと私を見つめて後は何も言われなかった。この院長先生の訓諭は遉《さすが》にいたずら小僧の私にも骨身にこたえた。もう二度と再び悪いことはすまいと思った。然《しか》し意志の弱い私はこの誓いを三度破った。一度は上衣を脱ぐことを命ぜられることを承知し乍《なが》ら、わざと裸で体操に出席した為であった。一度はある先生の渾名《あだな》を黒板に落書した為であった。一度は徒党を組んでチャンバラ式の喧嘩をした為であった。誠に申し訳ないと思っている。然し後年、この院長先生に叱られたことがどれ程懐かしい思い出になったか知れない。又叱られたいとさえ思った。後年その話を時々したが、先生は昔、私を叱ったと云う様なことをすっかり忘れて居られた。私共の受けた学院の教育というものは実に温《あたた》いものであった。寺子屋式の所があった。一人一人の生徒の運命について先生方が配慮して呉れた。和気《わき》靄々《あいあい》たるものであった。今此処にも私を教え愛して下さった当時の先生方が沢山居られます。よく叱りもうけたが、又よく褒めても下さった。何かよい事をすると全校生徒の前でその生徒を表彰された。私も一度中学世界の懸賞論文で一等賞を頂戴したというので全校生徒の前で院長先生から御褒の言葉を賜ったことがあった。少年の心は誓ってこの知遇《ちぐう》に酬《むく》い度《た》いと云う念で躍ったものである。八木山へも一緒に行かれた。台ノ原《ママ》へもお供をされた。松島も一緒にお出でなされた。校長先生がこれ丈《だけ》親しく生徒の上に愛撫の手を垂れられる中学校はそう沢山なかろうと思う。教育に精魂が入っていたのである。（鈴木義男「シュネーダー先生追悼講演」『東北学院時報』第一〇六号、一九三九年一二月一日付）

鈴木にとって、東北学院でのシュネーダーとの出会いは極めて大きな意義を持ち、鈴木のその後の人生の方向を決定づけた。シュネーダーとの交流は卒業後も長く続き、頻繁に近況報告をしていたようである。

東北学院労働会での体験

次に注目すべきは、同校の労働会に所属し、働きながら学ぶという経験をしたことである。当時の東北学院には「東北学院労働会」という、自らの労働によって学資を得、同校で勉学を続けようとする苦学生たちのために設置された組織があった。同会は初代院長押川方義の指導と支援のもと、一八九二(明治二五)年にわずか六名の学生で発足したが、四年後の一八九六(明治二九)年には当時の東北学院在校生の半数にも及ぶ九〇名余を擁する大きな組織となった。この労働会の活動に関する規程である「東北学院労働会憲法」の第二条には「本会の目的は有望なる青年をして各自の労働により学資の幾分を得べき方法を授け以て東北学院に於ける基督教主義の自由教育を受けしむるにあり」とある。

労働会における労働活動は当初、農産物の販売程度であったが、短期間のうちに新聞・雑誌配達、和洋洗濯、味噌・醤油販売、搾乳・牛乳販売、石油販売、活版印刷などへと拡大していった。『東北学院労働会日誌』第三号(東北学院労働会)によると、一九〇八(明治四一)年一一月の項に「五日(木)晴天、鈴木義男君入会(四日)」とあることから、鈴木は二年生の後期にあたる同年一一月四日に正式に入会したことがわかる。その二週間後、一一月二〇日には誓約書にあたる「在会証書」に署名・捺印し、それを「労働会長デー・ビー・シュネーダ」(シュネーダー)に提出している。この証書には「私儀、今般御会へ入会御許可相成候に就ては、御規則堅く相守り、東北学院普通科卒業までは許可なく休学、退会等致間敷《まじく》、万一右様の事有之《これあり》候か、或は不都合の事あり退会を命ぜられ候節は、兼て差出し置き候保証金全額は御会に御没収被下候ても決して異議申間敷候、依て在会証書差出候也」（『東北学院労働会在会証書』）と書かれている。

　労働会での具体的な活動について、鈴木自身が直接言及しているものは少ないが、当時の友人達の回顧によってある程度理解できる。友人の小笠原正繁によれば「毎朝四時半に叩き起され眠い目をこすりながらの新聞配達、彼は北山、僕は国分町。素足に草鞋《わらじ》ばき、脛《すね》に脚絆《きゃはん》を巻き雪路を走るのは並大抵でなかった。殊《こと》に南国育ちの僕は冬の寒さに閉口したが、其時何時《いつ》も僕を勇気付けたのは鈴木君の元気さであった」（『鈴木義男』二七～二八頁）という。また、後輩の斎藤四郎によれば、鈴木は「君ネ、油売りってのを知らないだろう。荷車にランプ用の灯油を積んで街を引っ張って行くんだヨ。長い柄のついた桝で灯油の測り売りをするんだヨ。僕は恥《はずか》しかったヨ。「アブラー、アブラー」って呼売りするのがどうしても出来ないんだネ、川内の大橋の河原まで行って、人の居ない所で、大声をあげた憶えがあるヨ。新聞配達なんか、他人の寝静まった早朝にやるから恥しくないんだがネ」と語っていたという（『鈴木義男』六八～六九頁）。

　労働会での経験は、後に政治家となった鈴木義男の青少年

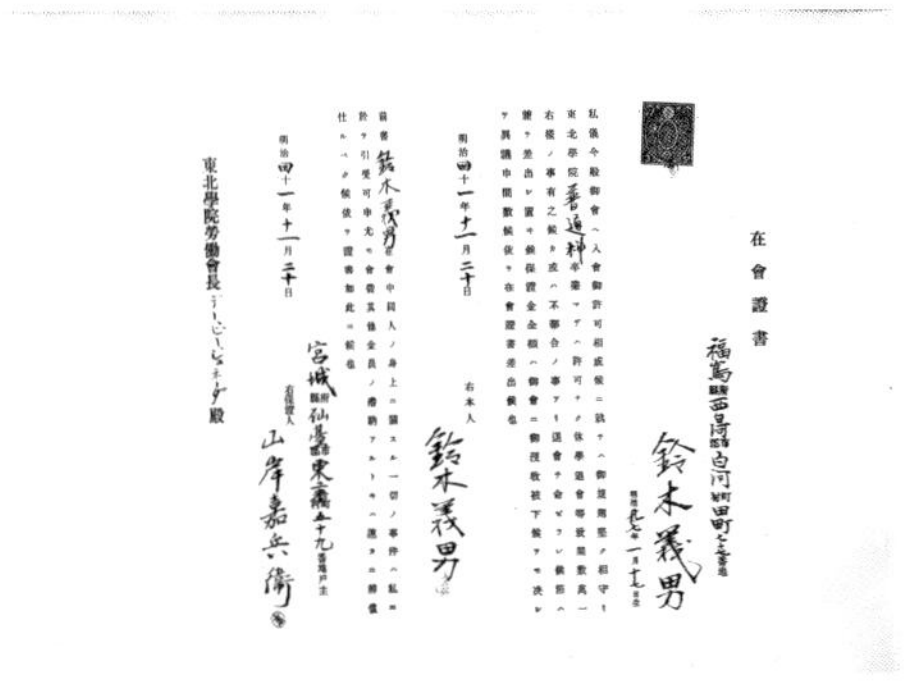
在會證書

鈴木義男

私儀今般御會ヘ入會御許可相成候ニ就テハ御規則堅ク相守リ東北學院普通科卒業マデハ許可ナク休學退會等致間敷萬一右様ノ事有之候カ或ハ不都合ノ事アリ退會ヲ命ゼラレ候節ハ兼テ差出シ置キ候保證金全額ハ御會ニ御没收被下候テモ決シテ異議申間敷候依テ在會證書差出候也

明治四十一年十一月二十日

右本人　鈴木義男

在會中同人ノ身上ニ關スル一切ノ事件ハ私ニ於テ引受可申尤モ會費其他金員ノ滞納アルトキハ速カニ辨償仕ルベク候依テ證書如此ニ候也

明治四十一年十一月二十日

保證人　山岸嘉兵衛

東北學院労働會長　殿

図6　東北学院労働会在会証書

教育に関する主張にも反映されたと考えられる。たとえば『福島民友』（一九五八年五月一〇日付）の記事では、日本社会党から衆院選に立候補した鈴木を「苦学力行《くがくりっこう》」の人として紹介し、「仙台の東北学院（中学校）時代に新聞、牛乳配達や印刷植字工など苦学の時代を考えると、教育の機会均等と社会主義政策の実現を急がねばなりません」という鈴木の発言を紹介している。この時期に働きながら学ぶこと、つまり苦学の経験をしたことは、その後の鈴木の思想と行動にも少なからぬ影響を与えたであろう。また、弁護士時代、社会的に弱い立場にある人々に進んで手を差し伸べる姿勢を貫いたことも、そのひとつと考えられる。

仙台市内中学校弁論大会で優勝

東北学院で働きながら学ぶ一方、鈴木は学内外で行われていた弁論大会・演説会にも積極的に参加し、弁論の才覚を磨いた。

一年次には、一九〇七（明治四〇）年一〇月一二日、及び翌年二月二一日に開催された東北学院文学会の例会に参加している。一〇月の例会では、一〇名の登壇者のほとんどが二年生以上である中、鈴木はただ一人一年生であった。このとき鈴木は「故郷」という題で朗読を行った（『東北文学』第六九号、東北学院文学会、七四頁）。翌年二月の例会では「瀬戸内海」という題で朗読を行い、翌日の『河北新報』では「鈴木君の邦文朗読、瀬戸内海。年少の割には大胆にやった。将来有望とでも言って置こう」と報じられた。

二年次には、一九〇八（明治四一）年一一月一四日に開催された「第五回東北学院懸賞文学会」に出場し、三年生以下の部で一等賞を獲得した。鈴木の朗読のテーマは「真正の英雄と所謂《いわゆる》英雄」であった。このときの鈴木の朗読は「議論堂々として当路の敵手を微塵に砕くの慨《がい》あり、論旨整然として一糸の乱れもなく水も漏さぬとや言わん、典麗《てんれい》の辞藻《じそう》溢るるが如く、荘重の快弁流るるが如し、然かも其音声の優美なるに至りては満堂をして悉《ことごと》く酔わしめき、巧みなるかな君の演説や、基督の一生は乞食の如し底の警句を操りて幾度か聴衆をして汗を握らしめたる等人心収攬《しゅうらん》に妙を得たる君が如きはまことに稀なり、蓋《けだ》し当夜に於ける万緑の一紅点たるを失わず、君夫れ慈愛する処あれ」と絶賛された（『東北文学』第七二号、一一七頁）。

三年次にも東北学院懸賞文学会（第六回、一九〇九年一月二二日）に出場し、「月下の感」という題で朗読を行った。また翌一九一〇（明治四三）年二月に行われた東北学院文学会の例会にも出場し、「故郷の春を懐《おも》う」という題で朗読を行った。このときの朗読については「殆ど十分の間、音吐朗々、聴衆の前に平和の故郷を活躍せしめたる、手腕と準備とに至《いた》りては敬服すべかりき」と評された（『東北文学』第七四号、八八頁）。

図7　仙台市内中学校学生連合演説会出場時の鈴木義男

東北学院の高学年（四年次・五年次）になると、それらの才能に一段と磨きがかけられ、いくつもの賞を獲得するまでに至った。特に四年次に行われた第二高等学校（旧制二高）主催の「仙台市内中学校学生連合演説会」（一九一〇年一一月二三日）では、一等賞を獲得した。この演説会は当時の仙台市内の中等部八校（第一中学校、第二中学校、東北学院、東北中学校、第二中学林、農学校、師範学校、商業学校）の参加による「東北に於ける唯一の雄弁競争」であり、「当日の競争は、実に激烈であった」という（『東北文学』第七六号、一二四頁）。この演説会において鈴木は、「誰《たれ》か現代に英雄なしと云う乎《か》」と題する演説を行った。一九一〇年一一月二六日付の『河北新報』は「学院鈴木義男氏、英雄が時代を作り時代が英雄を生むかは別物なれども、現代に英雄無しと言うは非なり、極端論者は現代青年の無気力、遊惰を痛罵して、古英雄をのみ崇拝し、英雄は往時にありて現時になしというと雖《いえど》も、決して然らず、明治の代、英雄少なからずとて詳細に例証を挙げ明治に至りて国運の大発展大飛躍せるは是多数英雄の起これるの証なり、誰か現代に英雄なしと言うかと叫びて万丈の気を吐く論鋒《ろんぽう》頗《すこぶ》る鋭く、声調、態度、両《ふた》つながら揃うて大雄弁家の卵たる資質を発揮したり」と報じている。

この受賞に関して、鈴木義男の生家には「祖父の塩絶ち」というエピソードが語り継がれている。鈴木の祖父・伝吉は神社の家に生まれ、鈴木家に養子に入った人であり、風流人でありながつ温厚な人柄で、孫の中でも特に義男のことを可愛がっていたという。その祖父が義男が弁論大会に出場するにあたり、塩絶ち（神仏に願をかけ、一定期間、塩気のあるものを食べないこと）をしたのである。やや長文であるが、ここで紹介しておこう。

それは、明治四三年一一月二三日の夜のことである。高原性の気候である白河の町は、もうこの季節になれば夜分の気温は非常に低くなるので、夜毎、お勝手の大きな炬達《こたつ》に祖父を囲むようにして、伯母と私達小さな孫三人が顔を寄せるようにして、祖父の談《はな》しを聴くのが日課になっていた。

祖父は「演説会は今日だが、義男の出来は、どうだったろうかな、一等賞のときは電報で知らせる、二等賞以下の時は、手紙で知らせるといっていたのだがナ」といって、柱時計を見上げながら「もう、電報が届いても、いい頃だがな」と、待ち遠しそうな様子だった。祖父は、孫の一等入賞を既に信じていたのか、二一日間の塩絶ちの満願の日が今日の演説会当日だったのである。そんなにしてまでも、義男の一等入賞を念願した祖父に対し、その期待を裏切らない為に、兄も非常に努力したということである。声量を練成する為に未明の広瀬河原に立って、毎朝練習に努めたという。この祖父とこの孫との呼吸の合った緊密さを、今にして回顧して涙がにじむ思いである。

「電報！　電報！」二声三声、店の大戸を叩きながら呼ぶ声を聞いて、私がとんで出て受取って来て、祖父に渡した。祖父は静かに開いて黙読していたが、「大願成就《じょうじゅ》」とニコニコと破顔した。

目の中に入れても痛くないという言葉がぴったり当てはまるようなこの孫の為に、神かけた願いは聴き届けられたのである。この時の入賞がその後の兄の生涯に、至大な影響をもつものであったことを、私は信じて疑わない。

その夜、私共幼い者は九時頃寝に就きましたが、夜中に何か騒がしいので眼をさますと、「お祖父《じい》さんが、坐ったきり、立つことが出来ないんだ」という。私は幼い心でたいへんなことになったと思ったが、その時、頼んだ若い衆が来て祖父を座敷の祖父の寝床へ運んで寝かせた。

祖父は「大願成就」と同時に、腰が抜けて了《しま》ったのである。祖父は、それきりついに再び起つことなく、その後二週間目の一二月四日に八三才を以てこの世を去った。最愛の孫の為に、老境の身に能《あた》う限りの最大のことを敢行して、心から満足して往生したのである。何の苦痛も無く、文字通り安らかに永眠したのであった。

祖父が倒れると、義男へも直ちに打電し、その翌日、兄は急遽帰省して祖父を看病した。祖父は、兄の顔を見るとさっそく演説会の模様を聴き、「懸賞演説会でやった通りやって見せなさい」という。兄は、自分でテーブルを据え墨書《ぼくしょ》した演題を脇に立て、さて当日やった通りを熱意をこめて実演した。

祖父は、寝床に横たわったまま熱心に聴いていたが、時々ニコッと笑ったりして、満足そのものの様子であった。これが臨終の床の人の姿とは思えない態度であった。（鈴木義邦「祖父の塩絶ち」『鈴木義男』九～一一頁。紙幅の都合上、一部の読点・改行は省略した）

『中学世界』の懸賞論文でも一等賞

弁論の才能を伸ばす一方で、鈴木は文才をも磨いていた。中でも特筆すべきは、鈴木の五年次に中学文壇の最高峰と目されていた『中学世界』の懸賞論文で一等賞を獲得したことである。これは「禁酒」を共通テーマとした懸賞論文で、鈴木の論文のタイトルは「絶対的禁酒の価値」で

図8　『中学世界』第8号（14巻10号。1912年6月発行、博文館）の表紙および掲載された懸賞論文「絶対的禁酒の価値」

あり、一九一二（明治四五）年六月発行の『中学世界』第八号（第一四巻第一〇号、博文館）に掲載された。その冒頭は以下の通りである。

予は未だ丁年《ていねん》に達せず、身は一中学生たり。素《もと》より酒に就きて深く知らず。只《ただ》誠心誠意、自個の観察と思慮とを基礎として、以下論議を試みんと欲す。

（中略）

予思ふ。古には酒なるものなし。人々山野草木の間に住して、天と親しみ、自然を愛し、餓《うえ》れば則ち食い渇すれば則ち飲む。天帝の与《あた》うる果実清泉の外《ほか》には、未だ嘗《かつ》て酒なるものあらざりし也。中頃、人漸く狡猾となり罪悪を犯し、人倫を破るや、遂に酒なるもの生ず。故に酒の出づるや此の如く不神聖也。而《しか》して是より罪悪の生ずる処、常に酒の伴なざ《ママ》るはなし。宴会、祭葬、必ず酒あり。酔うては人倫を乱し、平和を破り、事情を酒に托して罪を行ひ、自暴自棄しては、また酒を飲む。かくの如きこと数千年、人類は漸く堕落し、腐敗して底止《ていし》する所を知らず。世界の民族は滔々《とうとう》として狂水の渦中に捲き去られんとす。読者見て危しとなさざるか。予は断言す、酒は絶対に人類に要なし。何となれば古《いにし》え酒なくして人類生存し、平和其の間に保たれたればなり。酒なくんば人生楽しからずとの論、何ぞ顧るに足らん。況《いわ》んや、酒なくんば酒文学を奈何《いかん》せんと云うが如き徒輩《とはい》の言をや。（同誌一六二〜一六三頁）

この箇所を読むだけでも、飲酒がもたらす大人の世界の否定面を直視しようとする鈴木の一途な性格がうかがえよう。

『東北文学』第七七号（一九一二年三月一五日発行）には、鈴木の『中学世界』での一等受賞について「弁論の人として、将《ま》た文筆の人として学院随一の花形役者である。連合演説の一等当選といい、禁酒論文の一等当選といい、其伎倆の程を示して余りある」（八七頁）と記されている。なお、この懸賞論文の審査員は新渡戸稲造《にとべいなぞう》（農・法学博士）、浮田和民《うきたかずたみ》（法学博士）、安藤太郎（日本禁酒同盟会会長）、島田三郎（衆議院議員）という錚々《そうそう》たるメンバーであったが、四人とも鈴木の論文に満点を付けたという（『鈴木義男』二二頁）。

ちなみに、新渡戸稲造（一八六二〜一九三三）は義男が一九一五（大正四）年、東京帝国大学法科大学に入学した頃には政治学科で植民政策という科目の講義を行っていた。なお、安藤太郎（一八四六〜一九二四）は「日本の禁酒運動の父」と称された人物である。

このように鈴木は、東北学院時代に弁才・文才を伸ばし、公の場で自分の意見を理路整然と述べる資質・技能を身につけていった。そのことが後の活動の大きな支えとなるのである。

卒業にあたって——キリスト教への思いと将来の職業のこと

東北学院の卒業が迫る中、鈴木は、これからの人生において重要となる次の二つのことを表明している。

ひとつは、今後の人生の糧としてキリスト教を選択したことである。東北学院での鈴木とキリスト教との関係については、のちにシュネーダーがアメリカの教会機関誌である*The Outlook of Missions*（一九二四年四月号）で鈴木を紹介した際、鈴木が「夙《つと》に献神」していたと述べていることからもわかる。鈴木は、東北学院で行われたさまざまな行事への参加を通してキリスト教の精神を培っていった。それは幼少の頃から続いていたものであったが、東北学院での学びを通して一層確固たるものになっていったと考えられる。その精神とはつまり、博愛主義であり、社会的に弱い立場にある人々に自ら手を差し伸べようとする隣人愛の精神である。これらの精神が東北学院時代に培われ、鈴木のその後の活動の原動力となっていく。

なお、鈴木が卒業間近に『東北文学』に寄稿した「我校の使命」という一文からも、キリスト教に対する自身の姿勢をみてとることができる。この中で鈴木は、キリスト教に基づく教育や行事を行う東北学院の使命は「健全なる人物を帝国に供給して、一大空所を補わんとする」ことにあるとしつつ、この種の人物を養成するに当って最も必要なるものは宗教なり。更に宗教の中にて最も適切なるものは基督教なり。何となれば、基督教は天地の神を以て吾人の父となし、愛敬の念を以て事うるが故なり。随ってこの教に感化せられたる人物は浩大窮《こうだいきわま》りなく無限の奥行を有するに至ればなり。(『東北文学』第七六号、五二頁)

と主張している。

繰り返しになるが、鈴木にとってキリスト教は幼い頃から身近なものであり、なおかつ「宗教の中にて最も適切なるもの」であった。そのことは、義男の次女である新井ゆり子から筆者に届いた手紙に「父が世の為、人の為に生涯情熱を捧げましたのは、父の父が熱心なクリスチャンで、白河の田舎でヤソ、ヤソと石を投げられ乍《なが》ら、又貧乏に耐え乍ら伝道、田舎道に立って説教をつづけたことと、東北学院でシュネーダー先生の教えに感銘を受けた事があると思っております」(東北学院史資料センター保管資料)と綴られていたことからもうかがえる。

もう一つは、政治家としての資質・姿勢についての教示を得たことである。卒業を間近に控えた頃、鈴木はシュネーダーと面談している。その面談において鈴木は、将来は「大政治家」になりたいという意思を伝えたという。後年、そのときのことを自らの言葉で次のように回顧している。

愈々《いよいよ》五年の星霜もすぎて卒業の時が近づいた。先生(シュネーダーのこと——引用者)は一人一人を院長室に呼ばれて将来の方針について相談に乗って下さった。……私は将来大政治家になるんだと述べた。政治家だけならよかったろうが大の字をつけて了った。先生は政治家もよいがもっと生命のあるより高い仕事に志さないかと再三翻意《ほんい》を促されたことであった。教育家又は宗教家になれと言うことであった。院長先生の自宅で共に祈って私の将来について神の啓示《けいじ》を求められたことさえあったのであります。然し私は飽《あ》く迄《まで》政治家になりたいと云い張った。すると先生はそれ程迄に望むならばその途を進んだらよかろう、それならば愛と義の政治家にならなければならないぞと仰せられて最高の真の政治家の持つべき理念について懇々《こんこん》と説示されたのであります。そしてグラッドストーン伝とリンカーン伝とを下さった。かくて深い感激を以て学院を去り、高等学校から大学へと進んだ。（鈴木義男「シュネーダー先生追悼講演」『東北学院時報』第一〇六号、一九三九年一二月一日付。傍線は引用者による）

後年、鈴木は政治の世界に身を投じることになるが、それはこのときの夢の実現であったといえるだろう。

そして鈴木は、一九一二（明治四五）年三月、東北学院を卒業した。

エピソード1　「ギダン」と呼ばれる

鈴木義男は東北学院に入学後、教員や同級生から「ギダン」と呼ばれるようになったという。当時の友人の証言によると、鈴木本人は義男《よしお》君と呼ばれると不機嫌になり、義男《ギダン》君と呼ばれると機嫌がよかったという（『鈴木義男』二五頁）。また、当時の東北学院長のシュネーダーも「ギダン」という愛称で呼んでいたようである。そのことは、のちにシュネーダーが*The Outlook of Missions*という雑誌で鈴木を紹介した際に鈴木を"Gidan Suzuki"と表記していたことからもうかがえる。鈴木義男が「ギダン」と呼ばれることを好んだ理由は今のところ定かではないが、父が義一《ぎいち》であり、弟が義臣《ぎしん》、義杖《ぎじょう》という名前であったことと関連があるのかもしれない。なお、出生地である白河の地では現在もなお、地元出身の政治家である鈴木のことを「ギダンさん」と親しみを込めて呼んでいる。

第二章
大正デモクラシーとの出会い――二高入学から東京帝大助手任期終了まで

本章では、仙台にある第二高等学校の入学（一九一二〈大正元〉年）から東京帝国大学の進学を経て、同大学の助手としての任期が終了するまで（一九二一〈大正一〇〉年）を取り上げる。この時期、鈴木は、第二高等学校での弁論部や基督教青年会忠愛之友倶楽部《くらぶ》での活動、さらには東京帝国大学での吉野作造らとの親交の中で、のちに大正デモクラシーと呼ばれる当時の進歩的思想を受容していく。

1　二高（旧制二高）で学ぶ

成績優秀な苦学生

東北学院を卒業後、鈴木義男は、一九一二年九月、仙台の第二高等学校（旧制第二高等学校、以下二高と略記）の英法に進学し、一九一五（大正四）年七月までの約三年間、ここで学んだ。

鈴木は二高入学とともに、東北学院の一年後輩である柴山岩太郎の家に下宿することになった。

図9　二高時代の鈴木義男（1913〔大正2〕年頃の家族写真）。向かって左より義杖（五男）、道乃（四女）、愛子（三女）、愛子の夫、義一（父）、義男（三男）、義臣（四男）、義邦（六男）。

仙台市長丁（現在の青葉区錦町）にあった家では二高入学から卒業までの三年間生活し、柴山家の人々とも家族同様に付き合い、卒業後も良好な関係が続いたという。

その一方、鈴木は自身の生活費を工面すべく、アルバイトとして東北学院神学部教授ウィリアム・ジョージ・サイプルをはじめ、当時来仙していた宣教師たちから依頼された日本の新聞・文献を英訳するアルバイトを行っていた。当時、和文英訳の専門的能力を持つと見なされた者は「ヘルパー」と呼ばれ、その報酬は当時の一般的なアルバイトの水準よりも高いものであった。依頼する教師や宣教師たちには前途有望な青年に対する支援という意識もあり、彼らが何らかの事情で帰米した際にもヘルパーには通常通りの報酬が振り込まれたという。鈴木にとって、この仕事は生活費を確保するためだけでなく、自身の英語力を向上させるための修練の機会ともなっていた。

しかし、それでも鈴木の生活は決して楽なものではなかった。というのも、二歳下の弟の義臣、五歳年下の義杖がそれぞれ東北学院に入学したため、彼らの面倒も見ていたからである。当時の鈴木の生活について、二高弁論部の親友であった室谷慶一（後の高等裁判所判事）は、「私はその頃明善寮分寮で、寮生活を続けていたが、鈴木さんは実弟の御世話等々の諸用もあったようで、読書、研究の一面、アルバイトに刻苦《こっく》しなければならなかった。分寮の近所に在住の米人の家に出入りし、朝日新聞等の時論、社説を英訳して、期日迄に米人に渡すという仕事も持っておられ、時々寮に来遊、英訳の苦心談数々。分寮二階の日当りの良い私の角の室（三畳間）にアルバイトに疲れた身体を運ばれ、よもやま話十数分、いつしかゴロリ横寝に入る彼に私のマクラを呈し、夜具をかけてやったことも度々だった」（『鈴木義男』三六頁）と回顧している。二高時代の鈴木もまた「働きながら学ぶ」学生だったのである。

　このように苦学していた義男であったが、学業成績は三年間を通じて極めて優秀であり、東北学院時代に開花させた弁才・文才には一層磨きがかけられていた。弁才については後に述べるが、文才については当時、二高の教官であった土井晩翠《どいばんすい》（一八七一～一九五二）が鈴木の「もののあわれ」というテーマの卒業論文に高山樗牛《たかやまちょぎゅう》（一八七一～一九〇二）と同じく九八点を与え、父・義一に「義男を法科でなく、文科に進学させるように」との手紙を寄せたことでもうかがえる（『鈴木義男』三一頁）。

図10　二高時代の鈴木義男

　また、二高の学生会である尚志会《しょうしかい》が発行した『尚志会雑誌』にも「大文芸論」（九九号、一九一四年三月発行）や「日本民族当面の使命」（一〇二号、一九一五年三月発行）といった長文の論稿を発表している。

弁論部ではリーダー的存在

二高時代の生活で特に注目したいのは、弁論部における活動を通して弁論の才能に一層の磨きがかかったことである。以下『尚志会雑誌』の記事により、一年次からの活動を順に追ってみよう。

一年次の一九一二（大正元）年九月二八日、二高弁論部の新入生歓迎会を兼ねた例会に参加し、「東北を論ず」という題で演説している。これが二高における弁士としての初舞台であった。また同年一〇月一六日、山形県の米沢中学校での二高弁論部の「行軍演説会」でも「新青年論」という題で演説している。

二年次には多くの演説会に登場しているが、その中に一九一四（大正三）年一月五日に二高講堂で開かれた「一高・二高連合演説会」がある。当時、東京の本郷にあった第一高等学校（以下、一高と略記）との伝統のあるこの大会は、この頃まで何らかの事情で開催されずにいたが、一高側の強い要望によって四年ぶりに開かれた。そのため周囲の関心もかなり大きく、たとえば『尚志会雑誌』の「一高二高連合演説会交渉要記」にも、「委員の人々が集まれば必ず連合演説会の事が話題に上った。部員以外の熱心な会員の勧告などもあった。それ所ではなく校外の全く無関係な人々からも連合演説会の有無について意外な而《し》かも気持ちのよい質問を受けた事も数回あった」（同誌九九号付録、一頁）と記述されるほどであった。

この時の「弁士は一高三名、二高四名（但し一名は開会の辞を陳《の》ぶること）」（同）であったが、この二高四名の弁士のうちの一人が鈴木義男であった。当日は一四〇〇名もの聴衆が集まり大盛会となったが、鈴木の「日本魂の本義」という演説については「天稟《てんぴん》の雄弁家である。声量の豊富、態度極めて慇懃《いんぎん》、悠々として迫らず、老練の痕ほの見えてゆかしい心地がする人である。口調は思い切ってなだらかである。一語一言さながら滑り落つるようである。砕《くだ》けた型の演説である。才気縦横、聴衆をうんともぐうとも云わせぬ御手際、念の入ったものである。お手に入ったものである」(二〇〇号、一六八頁)という高評価が与えられた。

三年次(二〇～二一歳)、鈴木は弁論部のリーダーとして頻繁に演説を行った。それらはどれも好評で『尚志会雑誌』でも絶賛されていた。たとえば一九一五(大正四)年三月に開かれた「第四回例会」での「責任の所在」という演説については「荘重なる態座、透徹豊富なる音量、徐々に説き来り説き去る処、聴者を魅し了らずんばやまず一抑一揚誠に老練の風あり、誠に二高弁論史を飾るべき大演説なり」(一〇二号、三三四頁)と報じている。また同年五月の「第二四回弁論部大会」での「二つの我」という演説については「近来稀に見る充実した力のある演説を聞いた。二高弁論部が君の如き堂々たる論客を出したることを吾人は深く喜びとするものである」(一〇三号、五三七～五三八頁)と報じられている。

以上のような三年間の弁論部での活躍の結果、鈴木義男は一九一五年五月二二日に行われた尚志会主催の「卒業会員送別会並に賞牌及委員委嘱書授与式」において「功績賞」と「名誉賞」を授与された(一〇三号、五〇三～五〇四頁)。

二高時代の鈴木義男の一年後輩であった野口明(元・お茶の水女子大学学長)の著書『追憶の二

高』（『追憶の二高』刊行委員会企画、里文出版、二〇〇一年）の「弁論部の驍将《ぎょうしょう》達」という節では当時の二高弁論部の雰囲気、同部における鈴木義男の存在について語られている。野口によると、大正初期は「学生弁論は中々盛んな時代」であり、「二高でも弁論部は尚志会で重きを為していて、春秋二回の公開討論会などは、市民の聴衆も多く、講堂はほぼ一杯になる位であった」という。その共通論題は一九一四年秋は「我国戦後の発展策」、一九一五年秋は「代議制の運用上政党は必要なりや否や」で、当時盛り上がりを見せようとしていた「大正デモクラシー」と関連したものもあったという。そうした中で「断然頭角を抜いて当時第一人者たる貫禄を持っていたのは鈴木義男君だった。特に哲人風の風貌と、緩急自在心にくいばかりの弁術は、豊富な声量と相俟って聴衆を魅了した」（同書二九二頁）とし、さらに「内容がクリスト教的人道主義に裏付けられていて、当時としては思想的香りに富んでいたようだ」と述べている（同）。これは、当時の鈴木の活動について記されたものとして、非常に貴重なものである。

視野の拡大と大正デモクラシーへの関心

二高在学時のさまざまな経験や活動を通して鈴木の才能や人格はさらに磨かれた。それは人生観や社会観のみならず、思想全体についても顕著であった。たとえば二年次に行った「二つの自我」という演説において、「自我の充実」は「社会人類の要求に応じて社会我の充実を念とすべき」ことと一体であり、したがって「自我の充実と共に大なる使命を帯びて立てるわれらの社会我の充実を期し、自我充実の徹底を図りたい」（『尚志会雑誌』一〇三号、一六七頁）と述べている。

こうした見方は東北学院時代にみられた、素朴な英雄への憧れとは異にするものである。

また鈴木は、当時の日本で展開されていた第一次護憲運動（一九一二年一二月〜一九一三年二月）の動向にも強い関心を抱いており、立憲国民党の党首で憲政擁護の中心人物の一人であった犬養毅《いぬかいつよし》が仙台に来た際には、仲間たちとともに犬養の宿泊している旅館を訪れている。そこでは犬養の「側近幹部も加わり膝を交え若者と対談、懇篤《こんとく》な時局解説を給わった」という（『鈴木義男』三五頁）。ここからも鈴木が当時の「デモクラシー」に興味を抱いていたことがうかがえる。

こうした風潮の影響を受けた鈴木は、一九一五（大正四）年五月二日に開催された二高の「公開大討論会」で次のように発言している。


民論を起さんがためには普通選挙を実施せざるべからざるなり。制限選挙を行《おこな》いて健全なる代議政治を起さんとするは百年河清《かせい》を待つにも似て吾人の断じて与《くみ》せざる所なり。政治は国民の政治なり。国民自らの意見を開陳して少数者の専断に委《ゆだね》すべからず。（『尚志会雑誌』一〇三号、五三三頁）

このときすでに鈴木が「政治は国民の政治なり。国民自ら……」と主張していることは注目に値する。

また、鈴木はそのような政治を実現するための政治勢力のモデルとして、漸進《ぜんしん》的社会主義ともいわれるフェビアン社会主義の系譜にあるイギリス労働党を想定していた。室谷慶一は当時の鈴木の考えについて「当時鈴木さんは日本の政治は英国の労働党のような政党が生まれ伸びて、貧乏を退治しなければウソだと常々申され、クラスのごく一部では鈴木さんを「オイ労働党」などと呼ぶ人もあった」と回顧している（『鈴木義男』三五〜三六頁）。ここからも、当時の鈴木が社会民主主義の潮流に属する政治思想に強く共鳴していたことがうかがえる。

「忠愛之友倶楽部」でも活動

二高在学時の鈴木は、弁論部のほかに、キリスト教の団体である「忠愛之友倶楽部《ちゅうあいのともクラブ》」（正式名称は「基督教青年会忠愛之友倶楽部」）にも所属していた。同会は二高創立の三年後、一八九一（明治二四）年四月に有志により設立され、吉野作造ら優秀な学生が所属していたことでも知られている。

この団体は「基督教《キリストきょう》の主義に基つき会員相互の修養を勤め、且《か》つ学友間に基督教を伝道するを以て目的とす」（第二高等学校基督教青年会忠愛之友倶楽部規則第二条）とされ、キリスト教に基づく修養、伝道活動を目的としていた。また、会員については①通常会員（在校生）、②特別会員（卒業生など）、③名誉会員（「名誉会員は本会に特別の功労ありし者にして委員の推薦せる者とす」）の三つに区分している。③には押川方義、シュネーダーなど数名の東北学院関係者が名を連ねており、同会の運営や活動が学校の垣根を超えたものであったことがわかる。

さらに「本会は日本基督教青年会同盟に加盟す」（第三条）とされていた。「基督教青年会」（通称ＹＭＣＡ〔Young Men's Christian Association〕）は、一八四四年、イギリスのロンドンで設立された後、ヨーロッパやアメリカをはじめとする世界各地に波及した。日本でも一八八〇（明治一三）年、東京に最初のＹＭＣＡが設立されたのをきっかけに、明治二〇年代以降には各種専門学校や高等学校の設立が相次ぐ中で広まりをみせていた。二高の忠愛之友倶楽部もそうした流れの中で設立されたものであり、その上部組織である「日本基督教青年会同盟」への加盟も自然な成り行きで行われたものであった。

図11　二高時代の鈴木義男（向かって3列目の左から3番目が鈴木義男、右上の貼付写真が吉野作造）

忠愛之友倶楽部では、設立当初から定期的に聖書の朗読会、キリスト教の普及・伝道を行っていたが、その一環として同会のＯＢを招き、交流会を開くこともあった。たとえば鈴木が二高三年次の一九一五（大正四）年四月一〇日、東京帝国大学教授を務めていた吉野作造を迎えての交流会が開かれた（『忠愛之友倶楽部　二十五年誌』忠愛之友倶楽部、一九一六年）。当日、吉野は午前中に「日支交渉の学術的観察」という講演を行い、終了後には夜半まで学生たちと懇談したという。

その時の様子については「吉野博士は秩序整然として一糸乱れず能弁に加うるに間々巧妙なる諧謔《かいぎゃく》を交え我国が対支交渉を開始するに至りし動機を前提

とし次に其開始せし時期の適不適を論断し更に論旨を進めて交渉の内容を、一　山東省に関する件、二　南満東蒙に関する件、三　揚子江沿岸に関する件、四　福建州に関する件、五　支那全体に関する件の五大項に分ち、尚各項を細別して一々詳細なる説明を試みられ、論断約二時間の長きに亘る該交渉の真相を遺憾なく説き尽し満堂の聴衆の拍采裡に降壇せらる」と記されている。

そして、この交流会のためにかけつけたもう一人の先輩も含めて、「此夜寄宿舎食堂に於て会員一同両先輩を囲み吉野博士の支那《シナ》観察談に腹の皮をよりつゝ、夜の更くるまで語り過《すご》しぬ」とある（同誌、三三頁）。この日に撮影されたであろう同会の写真には、鈴木と吉野が写っていることから、二人が接触していた可能性もあるが、この時点で鈴木が吉野からどのような思想的影響を受けたのか、詳細は不明である。

また、二高には当時、東北学院院長シュネーダーが主宰していた「ティモテ会」という聖書朗読会もあった。シュネーダーとの関係を考えれば、鈴木も参加していた可能性もあるが、現時点では不明である。

2　東京帝国大学で学ぶ

学者を目指して

鈴木義男は、一九一五（大正四）年七月に二高を卒業し、同年九月に東京帝国大学法科大学法律学科に入学した。同年七月一五日発行の『官報』には「東京帝国大学法科大学に於て選抜試験に依り法律学科、政治学科及経済学科へ入学を許可したる者の氏名（各校試験場着席順）左の如し」（文部省）とされ、その中の「英吉利《イギリス》語受験者」の欄に「鈴木義男」の名前が記載されている。鈴木は一九一九（大正八）年七月までの四年間、ここで学生生活を送った。当時の鈴木の学生生活について鈴木自身が後年、述懐した際の資料などを手がかりにたどってみよう。

東京帝国大学在学当時の鈴木は、鈴木自身の言葉によれば「プロフェッサー」になるため、つまり学者・大学教授になるため勉学に励んでいたようである。その当時について後にこう語っている。

私は学者になることが念願であったので、そのためには万巻の書を読破することが必要で、収入の半分以上は、書物を買うために費されたのである。

都育ちの友人は、学生時代から、菊五郎がどうの、羽左衛門がどうのとよく話し合っていたが、私には何のことか全然解《わか》らなかった。経済的に余裕がなかったことが、そういうものと縁遠くした第一の原因であるけれども、それよりも勉強の時間が惜しかったのである。

後年になって、『演芸画報』などを研究的に読んで、実物は観なくとも、菊羽左を語ることに於て人後に落ちなくなった。娯楽や趣味を解しないのではない、一時それを犠牲に供しただけである。

私はそういう物質的な窮乏の中にあっても、青春時代のロマンチックな精神を歪められな

図12　東京帝国大学時代の鈴木義男（中央）

いで、研究に精進《しょうじん》することができたことは、まことに幸福であったと思う。（鈴木義男「世に出るまでの生活法　筍《たけのこ》が頭を出すあばら家の生活」『主婦之友』一九三七年五月号、主婦之友社、一八〇頁）

　ここから、鈴木が勉学に没頭している様子が浮かんでくる。しかし、学者になるという目標に達することは容易ではなく、そのためには同大学の助手の採用試験に合格する必要があった。難関といわれた東京帝国大学の助手は、一八九七（明治三〇）年発令の東京帝国大学官制（勅令二一〇号）で「教授助教授の指揮を承け学術技芸に関する職務に服す」と規定されており、学者（教授・助教授）を養成する制度として設けられたものであった。それに採用されれば有給で研究を行うことができ、成果次第では教授・助教授に昇格する可能性もあったが、採用人数はごく少人数に限られており狭き門であった（佐々木研一朗「東京帝国大学法学部助手に関する一考察　大正期を中心に」『政治学研究論集』三四号、明治大学大学院、二〇一一年）。

　そのため鈴木は、不合格となった場合を想定し、第二の選択として官僚も目指していた。大学三年次の一九一八（大正七）年一〇月、鈴木は、高等文官（行政科）試験を受けた。試験終了直後、一〇日間も寝込んだというほどであったから、相当の猛勉強を行ったようである。

こうした努力が実を結び、翌一九一九（大正八）年七月、鈴木は、念願の東京帝国大学法学部（この年より法科大学から名称変更）の助手採用試験に合格した。それを伝える同月の『官報』には合格者が二名いることと、二名について、「五日（七月五日――引用者）河村又介《かわむらまたすけ》（政治学、政治史研究室所属）、鈴木義男（所属未定）を採用と決定（九月十日発令）」と記されている（東京大学百年史編集委員会編『東京大学百年史　部局史二』東京大学、一六八頁）。任期は同年九月から一九二一（大正一〇）年八月までの二年間であった。鈴木の所属研究室が「未定」であったのは、この時点では研究課題が複数あったため、公法研究室、私法研究室、政治学研究室のいずれに所属するか、さらには専攻分野を何に設定するか、指導教授を誰にするかといったことについて最終的に決定していなかったためと推測される。

かつて「大政治家」をめざしていた鈴木義男が、上述のような猛勉強をしてまで学者の道を歩もうと決心したのは、東京帝国大学での学びの中での〝出会い〟によるところが大きかったようである。特に同大学で政治史講座を担当していた吉野作造との再会は、鈴木の生涯において大きな意味をもつものであった。

吉野作造に師事――民本主義の受容、そして学者の道へ

吉野《よしの》作造《さくぞう》（一八七八～一九三三）は宮城県志田郡大柿村（現・大崎市古川十日町）出身で仙台の

図13　吉野作造と鈴木義男（向かって前列左から4番目が吉野作造、その隣が鈴木義男、後列中央が新明正道）

二高を卒業後、東京帝国大学法科大学に入学した。その後は紆余曲折を経て、東京帝国大学教授となっている。

　鈴木にとって吉野作造は、ゆかりのある宮城県出身で二高の先輩でもあり、ともにクリスチャンであったことから憧れの存在であった。かくして大学に入学した鈴木は法律学科所属であったにもかかわらず政治学科の吉野の講義を受講し、吉野が深く関与していた学内の緑会《みどりかい》弁論部、普通選挙研究会、新人会、基督教青年会といったサークルや研究会にも積極的に参加した。一年後輩の新明正道（後の東北帝国大学教授）によれば、鈴木は吉野の「高弟」のような存在であったという（『鈴木義男』六三頁）。

　後年、鈴木は吉野の「永眠に至る迄、先生一流の隔意《かくい》のない、そして恩情溢るる御厚誼《こうぎ》を頂戴した」（鈴木義男「人及び政治学者としての吉野先生」、赤松克麿編『故吉野博士を語る』中央公論社、一九三四年、二六二頁）と述べ、さらには「僕の今日あるのは主として吉野先生の大正初期における御指導の賜物」（『日本社会新聞』五四号、日本社会党、一九四七年六月二日付）とも述べている。

では鈴木は吉野から何を学んだのか。それは端的にいえば〝民本主義〟と呼ばれる民主主義思想である。吉野が民本主義を提唱したのは、『中央公論』一九一六（大正五）年一月号に掲載された「憲政の本義を説いて其有終の美を済《な》すの途《みち》を論ず」という論文においてである（『吉野作造選集2　デモクラシーと政治改革』岩波書店、一九九六年）。吉野は民本主義が「一般民衆の利益、幸福、並びに其の意向に重きを置くという政権運用上の方針」と定義され、「政治の目的」が一般民衆の利益・幸福に置かれること、「政策の決定」が一般民衆の意向によって行われることが二大綱領とされている。そして、それを実現するための措置として、普通選挙による政党政治の確立、言論の自由の保障などが必要であるとしている。こうした吉野の主張は、美濃部達吉《みのべたつきち》の天皇機関説とともに、後に大正デモクラシーとよばれることになる国内政治の民主化を求める大衆の主張や運動によって支持され、大きな反響を呼んだ。むろん、当時東京帝国大学一年生であった鈴木義男にも大きな影響を与えたであろうことは容易に推測される。

その後吉野は、民本主義についての論文を次々と発表していくが、中でも注目したいのが『中央公論』一九一九年六月号に発表した「民本主義・社会主義・過激主義」という論文である。ここでは国内・国外でのさまざまな動き、たとえば一九一七（大正六）年のロシア革命、一九一八（大正七）年の米騒動といった大事件を考慮しつつ、民本主義の特徴が語られている。吉野は、民本主義は社会主義の実現を目標とするものの、「プロレタリアートの執政の即時実現」（同一四九頁）を目指す過激主義とは目標に到達する手段が大きく異なるとし、そのうえで民本主義における社会主義の性格を「広義の社会政策」「所謂社会改良主義」（同一五二〜一五三頁）であるとしている。このことも、民本主義の大きな特徴として鈴木に受け継がれたであろう。

さらに、この時期の鈴木が吉野から大きな影響を受けたと思われるのは、国際民主主義の思想である。これは、『六合雑誌《りくごう》』の一九一九年六月号・七月号に連載された「帝国主義から国際的民主主義へ」という論文（『吉野作造選集6　大戦後の国際政治』所収）などで展開されていたが、注目に値することとして、アメリカ大統領ウッドロー・ウィルソンの第一次世界大戦の終結に向けての一四カ条の講和条件の提示を機に、世界が、「弱い者は強い者の餌食《えじき》になる」という「帝国主義」の時代から、「皆四民《しみん》平等の原則を国際間に応用して相和し相信じて極く新しい国際関係」の時代へ、すなわち国際的民主主義の時代へ移行したという認識が示されていたのである。

鈴木は、東京帝国大学在籍時のさまざまな活動を通して、こうした吉野の思想を継承していた。そのひとつが、普通選挙研究会への参加である。この研究会は吉野の呼びかけによって設立され、一九一八（大正七）年秋の原敬《はらたかし》内閣による改正選挙法案（小選挙区制導入と選挙権の納税資格の引き下げなど）に関する研究を主な目的としていた。その研究成果は、翌一九一九（大正八）年四月に『普通選挙論』（万朶《ばんだ》書房）として公表されたが、これは吉野自身が「東京帝国大学法科大学の特志なる数名の学生諸氏と謀って去秋以来此問題の包括的企て」を行ったものであり、「先ず自らの研究の綱目を編成し、之を夫々学生諸君に頒《あやか》って各自研究事項を分担せしめたもの」（六頁）としている。この研究会の「数名の特志なる学生諸氏」の中に鈴木がいたことは間違いなく、そのことは後年、鈴木が「普通選挙の研究をやらされて一冊の本にまとめたこともあります」（吉野記念会第五回例会〔一九五二年四月一三日〕での発言）と回顧していることからも裏付けられるが、どの箇所を鈴木が担当したのかは不明である。

また鈴木は、吉野の指導によって新人会の立ち上げにも参加している（ヘンリー・スミス『新人会の研究　日本学生運動の源流』松尾尊兊・森史子訳、東京大学出版会、一九七八年）。しかし鈴木は、発足直後にこの新人会を退会している（中村勝範編『帝大新人会研究』一九頁）。そのことについて鈴木は後年、「私は、吉野先生には、学生の時代から、普通選挙、社会民主主義で行わなければならないということを教育されました。（中略）そして社会主義こそ日本を支配する主義だと思っていました。吉野先生は、新人会をつくることを奨励され、私どもがその最初の委員になった。新人会はその後左翼化したが、つくったときは吉野先生のイデオロギーの極めて穏健なものであった。そして、私はもし、将来政界に出ることがあれば、社会民主主義でなければならないと思っていた」（吉野記念会第五回例会での発言）と語っている。つまり、新人会が発足直後から急速に左翼化しラディカルになっていったことから、鈴木は、吉野の民本主義思想の真髄《しんずい》は漸進的社会主義としての社会民主主義にあると見て、新人会を去ったのである。

実のところ吉野は、新人会が行っていたような学生の政治的実践運動には否定的であった。これについては「吉野は誕生したばかりの新人会の学生たちが「民衆の中へ」をスローガンにし、理論より行動を優先する動きをしていることには批判的で、運動の基礎づけとなる「学術的な研究」を望んでいた」（三輪建二『祖父三輪寿壮　大衆と歩んだ信念の政治家』一九頁）という。

要するに学生の本分は何をおいても学業であり、そのために「学術的な研究」に打ち込むべきだというのが吉野の考えであった。吉野の高弟であった鈴木はその本心を汲み取った結果、実践運動からは距離を置き、学者・研究者を目指す道を歩んだということになる。

なお、鈴木と吉野の自立的研究者であることを意識した上での交流が大学卒業後も続いていたことは吉野の日記からもうかがえる。吉野は一九二八（昭和三）年二月、衆議院議員選挙に宮城一区から立候補した娘婿（赤松克磨《あかまつかつまろ》）の応援のために三回にわたって仙台に来た際にも、ひそかに東北帝国大学の鈴木の研究室を訪れている。同年二月一日の吉野の日記には「鈴木君に案内されて書籍館に池田館長を訪い日本行紀を見してもらう」（『吉野作造選集15　日記三〔昭和2―7〕』五九頁）と記され、また二月一七日の日記には「朝仙台に着く　気分よろしからず　三十八度に上る　日中は床上に横はり午後一寸《ちょっと》帝大に鈴木君を訪ねて見る」（同六五頁）とあり、鈴木との交流を楽しんでいる様子が垣間見られる（仁昌寺正一「鈴木義男と吉野作造――一つの覚書」『吉野作造研究』第4号、吉野作造記念館、二〇〇八年）。

さらに一九二四（大正一三）年一二月、吉野は自らが仲介した東北帝国大学附属図書館への狩《か》野亨吉《のうこうきち》の書籍（「狩野文庫」）の納入トラブルについての調査を鈴木に依頼した。鈴木はこれに対して、「内密」に実施した調査結果を手紙で伝えている（『吉野作造選集別巻　書簡・年譜・著作年表ほか』四二一～四四頁）。

以上のように、鈴木は吉野が関与するさまざまな活動のほとんどに関与しつつ、吉野の学者・研究者としての姿勢を評価し、自らもそれを実践しようとしたのである。

3　学者としてのスタート

助手時代の始まり

一九一九（大正八）年九月、鈴木義男は東京帝国大学の法学部の助手として勤務することになった。とはいえ助手の給料は安く、月給四九円であったことから、これでは「始終《しじゅう》食えん」などと仲間と駄洒落を言っていたという（『鈴木義男』四九頁）。

前述のように鈴木は、助手の合格発表があった七月五日時点では、法律学科のどの研究室に籍を置くかが決定していなかった。しかし、一年後輩の蠟山政道《ろうやままさみち》によれば、鈴木は公法研究室に所属することになり、美濃部達吉（東京帝国大学教授、一八七三〜一九四八）の門下生として「行政法の研究に従事」することになったという（『鈴木義男』一七九頁）。また、鈴木は当時は新しい分野とされていた社会法の研究も志向していたことから、個人的に牧野英一《まきのえいいち》（同。一八七八〜一九七〇）の指導も受けることになった。同期生の河村又介によると、鈴木が助手の採用試験を受ける頃、その関心が社会法にあることを耳にした牧野が「社会法なら自分こそ専門家だ、鈴木は自分について研究すべきだ、といわれたという噂も伝えきいた」（『鈴木義男』五〇頁）という。

鈴木が美濃部達吉や牧野英一とどのような関係を持っていたのかについては、それを具体的に示す資料が見当たらないため、鈴木が当時を述懐している断片的記述などから判断するしかない。

たとえば、美濃部達吉に関して、鈴木は「明治以後の我が司法及法学界の変遷」（『正義』一九三一年一二月号、帝国弁護士会）という論文において次のように述べている。

穂積八束《ほづみやつか》博士の系統をひく上杉博士（上杉慎吉のこと――引用者）は法律学上に極めて具体的なものを求められ、其憲法論は公法学上の通説たる国家法人説を否認、天皇の意志なる絶対最高なるものに対して、臣民は絶対的服従の関係に立つべきものと主張され、国家の道徳的価値をすべてに優先せしめ、本居宣長《もとおりのりなが》を賛し、現実的なると共に理想的なる色彩の豊かなること実に国家主義の法律学的表現として最も相応《ふさわ》しいものがあった。この極端論に対して同じく東大の教授たる美濃部博士は、既に博士が一木博士（一木喜徳郎のこと――引用者）の系統なることよりして上杉博士に対立する地位にあるのであるが、これに対して君主専制を夢見るの謬説《びゅうせつ》として反対意見を述べられ、立憲の本義は民意尊重にありとし、学理としては法人たる国家を以て統治権の主体とみるべきものであるとし、従て天皇は其機関であるとされたのである。（中略）美濃部博士の主張の要点は当時にあっては人権確立にあったのであろうと思われる。憲法発布以来我国民の権利が学説として公認せられたことに付ては博士の業績を忘れることは出来ないのである。（同誌一五～一七頁）

このように鈴木は、憲法学説の紹介の中で、美濃部のいわゆる天皇機関説を「人権確立」の学説であったと評価している。鈴木自身、おそらく東京帝国大学在学時に美濃部の講義も受けていたのであろうが、当時すでに大正デモクラシーの影響を強く受けていたこともあいまって、美濃部に師事する契機があったとも考えられる。

鈴木と美濃部の直接的なやりとりを示している資料は極めて少ないが、長きにわたって親交があったことを示すエピソードは存在する。たとえば①東北帝国大学退職直前の一九三〇（昭和五）年三月頃、退職後のことを相談するために、鈴木が美濃部のもとを訪問したこと、②東北帝国大学退職後、美濃部が中心となって東京帝国大学で開いていた公法判例研究会に継続的に出席していたこと（『鈴木義男』五七頁）、③美濃部の著書（『改正増補・憲法撮要』有斐閣、一九三二年／『憲法と政党』日本評論社、一九三四年／『日本行政法　下巻』有斐閣、一九四〇年）の書評を『帝国大学新聞』や『法律時報』に寄せていたこと、④美濃部達吉の長男・亮吉が治安維持法違反容疑で検挙された際、弁護人を務めたこと（仁昌寺正一「弁護士時代の鈴木義男（4）——美濃部亮吉の弁護」『東北学院資料室』Vol.9、東北学院、二〇一〇年）などである。

牧野についても、鈴木が学生時代にどのような影響を受けていたかはほとんど不明である。しかし、牧野が後年「『法の社会化』という語は、おそらくは、わが国において、わたくしの用いはじめたところであろう。（中略）大正二年に留学から帰朝し、東京帝国大学における開講の辞に用いた頃から、学生の間に広く用いられ」（牧野英一『日本法的精神の比較法的自覚』有斐閣、一九四四年、一一六頁）るようになったと述べていることから、鈴木が学生時代に牧野の講義を受け、彼の論文を読むなどして、牧野から強い影響を受け、社会法に大きな関心を抱くようになったと思われる。

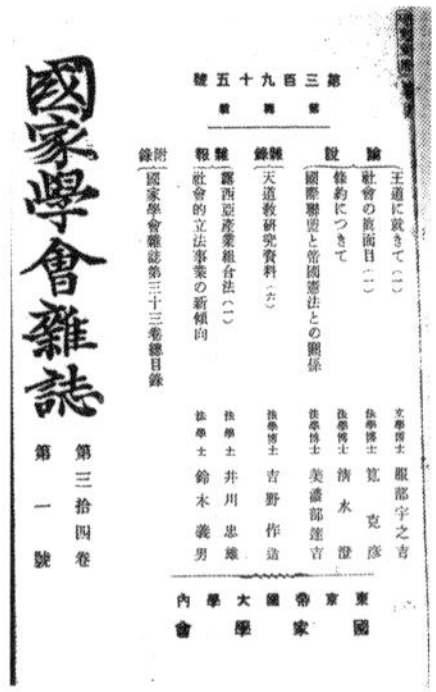

図14　東京帝国大学国家学会編『国家学会雑誌』第34巻第1号の表紙

助手時代以降の鈴木と牧野の親交を示すエピソードとしては、①助手時代の鈴木が『国家学会雑誌』に発表した社会立法に関する論稿や『中央法律新報』に発表した論稿の作成にあたり、何らかの指導を受けていたこと、②牧野の弟子である平野義太郎が鈴木の「畏友《いゆう》」として親しい関係にあったこと（鈴木義男「『法律における階級闘争』――平野義太郎の近業」『法学志林』二七巻五号、法政大学、一九二五年）、③鈴木の留学時のドイツとフランスからの論稿の送り先がすべて東京帝国大学の牧野研究室であったこと、④鈴木が東北帝国大学を退職するにあたり、相談に行った「恩師」の中に吉野作造、美濃部達吉とともに牧野がいたことなどが挙げられるだろう。

ワイマール憲法への強い関心

鈴木の助手時代の研究成果は、『国家学会雑誌』（東京帝国大学国家学会）、『中央法律新報』（中央法律新報社）に発表された論稿で知ることができる。これらの論稿は、この時期までに形成された鈴木の思想の特徴を考えるうえでも重要である。

まず『国家学会雑誌』に発表された論稿を見てみよう。それらのタイトルは①「社会的立法事業の新傾向」（三四巻一号、一九二〇年一月）、②「労働者の非政党連盟」（三四巻三号、一九二〇年三月）、③「社会的保険の価値」（三四巻五号、一九二〇年五月）、④「独逸《ドイツ》の社会的理想」（三四巻六号、一九二〇年六月）で、いずれも鈴木の関心に沿って選択された著書・論文の一部の紹介が中心となっており、したがって本格的な論文作成のための予備的考察と位置付けられるものかもしれない。

①は、ミラー（G.R.Miller）の著書 *Social Insurance in the USA*（『アメリカにおける社会保険』）の第一章の抄訳《しょうやく》である。この論稿では、社会立法に関するアメリカの新たな動きに言及しつつ、特に「最近迄米国民は社会的立法などと云うものに冷淡であったが、今は輿論《よろん》はこれに対して次第に好意を表するようになった」としている。その要因は主に大学を中心とした専門学会、雑誌、出版物、講演などで取り上げられるようになったことであるが、その一方で労働団体方面については「大学の勢力の未だ及ばざる状態」であると述べている（①一三一〜一三二頁）。

②は、*Reconstruction* 誌に載った論稿（その著者・タイトルは書かれていない）の紹介である。従来のアメリカの政党政治の下では労働者の要求が取り上げられなかったが、一九一九年七月二〇日にミネソタ州労働者無党派連盟が組織されたことがきっかけとなり、同連盟が中心となってさまざまな要求を実現するための新政府の樹立を標榜した動きがあるとし、既成政党の枠に収まらない新たな労働運動の展開があることを紹介している。

③は、①のミラーの著書 *Social Insurance in the USA*（『アメリカにおける社会保険』）の第八章の抄訳である。ここではまず「生命の保護」や「命数延長」のためには疾病《しっぺい》保険、老廃保険などさまざまな「社会的保険」実施の効果が大きいことを指摘し、「失職者に対する政府の責任」の項では労働者の失業の原因はさまざまであるものの、「如何《いか》なる原因たるを問わず労働者をして

無能力たらしむるに至る原因の除去に努力するのは政府の責任である」としている。つまりここでは、政府の公的介入の意義が強調されている。

④は、ブース（M.Booth）の著書*Social Reconstruction in Germany*の抄訳である。この文献を選択しているところに、当時の鈴木の思想の特徴がクリアに表れている。この論稿では、フランスの憲法との比較をしつつ、独逸新憲法（ワイマール憲法）への歴史的評価を行っている。鈴木によれば、この「新憲法が一七九一年仏蘭西革命第一次の憲法と共に人類文化史上時代を画すべき貴重なる文書たることは何人も異議なき所と思うが、殊にその第二編第五章の諸条項の如きは貴重なるものである。憲法の社会主義化それ丈けで既に多くを語るものである」という（④一三三頁）。ここで言及している。ワイマール憲法の「第二編第五章」は、第一五一条の「経済生活の秩序は、すべての人に、人たるに値する生存を保障することを目指す正義の諸原則に適合するものでなければならない」をはじめとする、生存権条項を含む経済規定の章である。

鈴木によると、フランス最初の憲法である一七九一年憲法が絶対王政から市民を解放し、個人の利益や権利を国家（政府）が擁護する立場を明確に示したという意味で「人類文化史上時代を画すべき」ものであったのに対し、一九一九年八月に登場したワイマール憲法は、「大なるカーテルの組織、都市における社会主義の発達、凡《すべ》ての大規模生産工業に於ける協働運動の進捗、信用制度の普及」といったかたちで経済分野や労働分野での「集産主義的傾向」が国際的にも顕著になる中、「これらは凡て個人主義的社会には期待出来ない複雑にして相互依存関係」を生み出しているため、人々の「人たるに値する生存」を保障するためには「国家及国庫補助保険事業の活動の増進」を不可欠とするという見解を打ち出した。そのような意味において、ワイマール憲法もまた「人類文化史上時代を画すべき」ものであったとしている。

このように、『国家学会雑誌』に掲載された①〜④の論稿では、アメリカなどの社会立法の動向を探りつつ、特に生存権（社会権）が盛り込まれたワイマール憲法に強い関心を抱いていたことがわかる。

「人類の社会的解放の第一声」としてのワイマール憲法

『国家学会雑誌』に掲載された四つの論稿の発表から約一年後の一九二一（大正一〇）年、鈴木は『中央法律新報』に「米仏憲法と独逸新憲法」（上・中・下）を発表した。これらの論稿は、当時のアメリカ、フランス、ドイツのそれぞれの憲法の特徴とそれらの成立史に関する考察をまとめたものである。

鈴木は、「米仏憲法と独逸新憲法」（上）（『中央法律新報』一年二号、一九二一年二月）の冒頭で、「文化現象として法律を見る時、個々の法律はその社会の文化の反映であると共に、法律全体を司配《ママ》する思想精神はその時代の人類文化の反映であることが明かになる様に思う。かくて凡ての法律の歴史的研究は多かれ少かれ人類自覚の沿革と相照応してのみ始めて意義を見出すことが出来る様に思う」（四五頁）と述べている。また、同論考の（下）（同誌一年四号、一九二一年四月）では、「米仏憲法から転じて独逸憲法を見れば如何《いか》にも鮮かに十九世紀文明から二十世紀文明への回転を示唆せられるの感に堪えない」（一一一頁）と述べ、さらには「自由競争の文化を背景としてフランス憲法あり共同の文化を背景として独逸憲法は生まれた。吾人は憲法史上に於て独逸新憲法に適当の地位を与うる事を忘れ度《た》くないと思うのである」（一一二頁）と述べている。

鈴木は、アメリカとフランスの憲法を「自由競争の文化」＝「十九世紀文明」を象徴するものとしてとらえ、独逸新憲法（ワイマール憲法）を「共同の文化」＝「二十世紀文明」を反映するものと考えていた。いずれにせよ、鈴木のこの論稿での狙いはワイマール憲法の歴史的意義を確定することにあるといってよいであろう。

また鈴木は、アメリカ・フランス・ドイツの憲法がこのような特徴を持つ歴史的経緯についても説明しており、特にアメリカとフランスについては詳細に述べている。アメリカの場合、一七世紀に宗教的自由を求める「清教徒的精神」（（上）四五頁）を主導力として動き出し、一七七六年七月四日に発布されたフィラデルフィアにおける独立宣言が「米国憲法の先駆」となり、さらにその後、一七八七年には「三権分立主義の根底を流れて居る民主主義、その又礎石《そせき》を形《ママ》って居る所の個人の権威絶対の思想」が反映されている「アメリカ合衆国憲法」が生まれたという（（上）四六頁）。そして同憲法成立後もフランスの如き「旧制度」がなかったことから、同憲法が改廃されることはほとんどなかったという。

一方で「旧制度」が存在するフランスの場合、一七九一年憲法の成立以降、「根本精神に於ては米国憲法と同じである」にもかかわらず、第三共和政が成立した一八七五年の憲法的法律に至るまでに一〇回近くも改廃されている。その間も、一八一四年憲法の如き極端な反動憲法となり、その後再び自由主義・民主主義憲法となるという歩みであった。それらの動きについて、鈴木は

「米国の人権宣言とその憲法とは邪魔のない新天地に新世帯を持った夫婦の様にすくよかに成長して行ったものとすれば、仏蘭西憲法のそれは舅姑小姑《きゅうここじゅうと》の群に苦しめられて波瀾重畳《はらんちょうじょう》を極めた様なものであった。旧世界に於てはしかく容易にその理想を実現することは許されなかったのである。厳然として控えて居る旧制度と云うものがあった」（〔中〕七七頁）と比喩的に述べている。

では、これらとは異なる「二十世紀文明」を反映するドイツのワイマール憲法とはどのようなものであろうか。鈴木は（下）においてフランスとアメリカの憲法を比較して、次のように述べている。

仏蘭西革命は政治的であった。従ってそのモットーとして高く掲げた自由平等博愛、彼等の所謂正義は只《ただ》形式的なものに過ぎなかった。その自由、その正義の中には婦人と無産階級とは含まれて居らなかったのである。米仏憲法は驚くべくラヂカルなものであった。しかもその宣言した解放は遂に一歩の資産階級の外に出ることは出来なかったのである。人類は再び次の解放を要求した。茲《ここ》に於て立法の精神も急速度を以て回転せざるを得なかった。或《あるい》は古き正義より新しい正義へと、個人的正義より社会的正義へと、或は正義より公平へと大きいうねりをなして回転しつゝあるかに思われる。其旋回点に立つものは新憲法である。

フランス革命から今回の露独の革命に至る約一世紀半の歴史にも最も目覚ましきものがあった。それは観念論と唯物論との戦であり、資本主義と社会主義との戦であり、個人主義と団体主義との戦、自由主義と干渉主義との歴史であった。而して至る所前者は後者に道を譲りつゝあるのを見るのである。これを憲法史の上に見るにフランス憲法は封建制度と教会の圧制と帝王の神権とから人類を解放するの宣言であった。然るに独逸新憲法は人類の社会的解放の第一声である。生存権の確立の門出である。(〔下〕一一二頁。傍線は引用者による)

また、鈴木はこの「独逸新憲法」は性の解放、思想の尊重、経済生活自由の制限、所有権観念の改訂、企業の団体化、労働権の承認、相続権に対する制限、経済会議・労働会議の新設などを盛り込んでいるが、これらはすべて社会主義の実現につながるとも述べている。独逸新憲法の系統は一八四八年の共産党宣言に遡り、それが一八七五年のゴータ綱領、一八九一年のエルフルト綱領を経て、最近のドイツの社会主義政党の政綱となり新憲法につながっている。よって、マルクスの思想が独逸新憲法の背景にあったことは否定できないとも述べている。そのうえで「かくて独逸新憲法の文化史上に占むべき地位は略《ほぼ》明かである」(〔下〕一一二頁)と結んでいる。

以上が欧米留学前の鈴木の思想の大きな特徴で、生存権規定を盛り込んでいるワイマール憲法を「人類の社会的解放の第一声」であるとして高く評価している。ヨーロッパへの留学は鈴木のこれらの研究をさらに大きく進展させ、視野を拡大させる可能性を秘めていた。

大正デモクラシーからの強い影響

助手時代の鈴木義男の活動をみると、国際協調主義や大正デモクラシーの風潮に大きな影響を受けていることがうかがえる。それは、次の三つのことからみてとれる。

第一に、前述したように、『中央法律新報』に論文「米仏憲法と独逸新憲法」（上・中・下）を寄稿したことが挙げられる。本誌を発行していた中央法律新報社は、もともと、一九一八（大正七）年に東京帝国大学学生基督教青年会（東大ＹＭＣＡ）の寄宿舎の一室に設立された簡易法律相談所であった。その設立に尽力したのが、同会の理事長を務めていた吉野作造であり、片山哲、星島二郎《ほしじまにろう》らの若い学士が法律相談に当たっていた。その後、これは一九二〇（大正九）年九月に日比谷に移転して中央法律相談所となり、吉野作造の紹介により東大新人会の出身者である三輪《みわ》寿壮《じゆそう》や細野三千雄《ほそのみちお》らが弁護士として活動を始めると彼らの仲間の出入りも活発となり、「中央法律相談所は、新人会周辺の若い活動家たちに一つの拠点を提供した格好であった」（伊藤孝夫『大正デモクラシー期の法と社会』京都大学学術出版会、二〇〇〇年、五三頁）という。

中央法律相談所は、間もなく会社組織化して中央法律新報社となり、機関誌『中央法律新報』を発行した。同誌には大正デモクラシーの先駆となった黎明会《れいめいかい》（一九一八年一二月に吉野作造、福田徳三《ふくだとくぞう》らが設立。一九二〇年夏に解散）の会員も数多く執筆しており、当時の進歩的知識人の思想・言論の重要な発信源でもあった。つまり『中央法律新報』への執筆は、大正デモクラシーという当時の一大潮流の陣営に属することを意味したのである。

先にもふれたように、鈴木が同誌に掲載したのは助手時代の一九二一（大正一〇）年であるが、その契機は、片山哲が「鈴木義男君が吉野作造先生の紹介で、日比谷の角に、法律相談所を開いておった（中央法律相談所、中央法律新報社、星島二郎君と共同）私を訪問せられ」（『鈴木義男』二〇〇四頁）と述べていることから、やはり吉野作造の紹介であったと考えられる。しかし鈴木自身は後に「僕が初めて片山総理を知ったのは大学二年生のころであった」（鈴木義男「片山総理と私」『社会新報』六四号、一九四七年六月二日）と回顧しており、すでに一九一六（大正五）年頃には東大ＹＭＣＡの先輩として吉野から片山のことを紹介されていた可能性もある。なお、片山は中央法律事務所を訪問した頃の鈴木について「鈴木君は当時から、単なる学究、研究家だけでなく、自由平等民主主義の信奉者」であったと述べている（『鈴木義男』二〇五頁）。

第二に、鈴木文治《すずきぶんじ》の率いる全国的な労働組合組織である友愛会の東京労働講習所の講師を務めたことである。この講習所での講義は労働運動の幹部養成を目的にしたものであり、友愛会会員を対象に、一九二〇（大正九）年から週一回（金曜日）二科目で夜七時から三時間（一科目あたり一時間半）行われた。鈴木義男が講師となったのは一九二一年からで、法学通論を担当した。講義は、同年三月四日、三月一八日、四月一日、四月二二日、五月一三日、五月二七日、六月一〇日、七月一日の全八回行われた。

この東京労働講習所は官憲から「危険思想の宣伝所」とにらまれており、鈴木の講義は欧米留学への出発日（七月二二日）の直前まで行われていたため、ともすれば鈴木も危険な目に遭っていたかもしれない（芳賀清明「戦前の労働者教育運動における鈴木義男と杉山元治郎」『キリスト教教育と近代日本の知識人形成（２）』東北学院、二〇二二年）。

この講習所での講師の仕事もまた、吉野作造の薦めによるものであった。鈴木は後年「吉野先生の為と思って僕も学問的方面から、政治経済上、無産階級解放運動に参加しようと決心し、大学を出ると鈴木文治氏に紹介され、松岡駒吉《まつおかこまきち》氏とも相知り、大学を出た年の夏、友愛会の労働者啓蒙講座に講師として出たことがある。そのとき同じく講師として出たのが片山さんと野坂参三《のさかさんぞう》君であった。（中略）そのころの受講生が何《いず》れも立派な政治家に成長して居ることを思うと愉快である」（前掲「片山総理と私」）と振り返っている。

第三に、「森戸事件」における東京帝国大学経済学部教授会の対応を批判したことである。この事件は、大正期の思想・学問の自由を弾圧した事件として知られるが、鈴木義男の東京帝国大学法学部の助手一年目にあたる一九二〇年一月に起こった。当時、同大学の経済学部助教授であった森戸辰男が、同学部の機関誌『経済学研究』創刊号に「クロポトキンの社会思想の研究」という論文を掲載したことに対し、同大学の教授である上杉慎吉らが、これを危険思想であると喧《けん》伝《でん》した結果、新聞紙法第四二条の「朝憲紊乱《ちょうけんびんらん》」の容疑であたるとして森戸と同誌の編集発行人であった大内兵衛が起訴された。これを受けて、文部省から森戸と大内に対する退職勧告が出され、これを受け入れた経済学部教授会の一連の姿勢には学生の中から強い反発が起き、頻繁に集会が開かれるほどであった。

この時の様子について当時、同大学経済学部一年生であった有澤廣巳は「まだ学生であった蠟山政道さんや、当時法学部の助手であった鈴木義男さんらが立って、鋭く経済学部教授会の軟弱な態度を非難しました。蠟山さんも鈴木さんも、当時すでに有名で、なかなかの雄弁でした」（『有澤廣巳の昭和史』編纂委員会編『学問と思想と人間と』東京大学出版会、一九八九年、一九頁）と述べている。なお、吉野作造も『我等』（一九二〇年二月号、我等社）に「言論の自由と国家の干渉」という論文を執筆し、国家は言論や学問の自由・独立に干渉してはならないと主張している

（『吉野作造選集3　大戦から戦後への国内政治』所収）。

東北帝国大学法文学部教授に内定

助手二年目の一九二一（大正一〇）年、鈴木は、東北帝国大学法文学部の教授に内定した。東北帝国大学（一九〇七〔明治四〇〕年創立。現在の東北大学）はそれまで、理学部、医学部、工学部などが設置されていたが、第一次世界大戦の勃発に伴う好景気の到来、全国的な高等学校卒業生の大幅な増加、文科系学部の設置要望の高まりなどを背景として、一九二二（大正一一）年に法文学部が新たに開設されることになり、一九二〇（大正九）年頃から設置科目やその担当教授の選考が行われていた。その当時のことについて河村又介は、「東北の法文学部創立委員長となられた京都大学教授の佐藤《さとう》丑次郎《うしじろう》博士が、教授の候補者選考のため東京に乗り込んで来られた。佐藤博士は鈴木君に会見するや、直ちにその人物に惚れこまれたらしい。法文学部の全科目を並べてみせて、どれでも好きな科目をよりどりしてくれと言われたときいている。鈴木君は毎年別々の学科を講義したいと答えた由である。鈴木君の自信と意気とが誠によく現れる。しかしさしあたっては行政法担任ということになったが、鈴木君は、従来のような注釈的又は形式論的な行政法の講義とは違うという主旨を現わすために、講座名を特に『行政法学論』とかいうことにしたいと申出て承認されたということであった。……こうして鈴木君は助手の任期二年が恐らくまだ終らない中、文部省在外研究員としてヨーロッパに留学することとなった」（『鈴木義男』五一～五二頁）と後に語っている。

こうして鈴木は、東北帝国大学法文学部の行政法学論担当の教授に内定した。また、後の経緯から考えると、このときすでに社会立法論の講義を兼担することも内定していたと思われる。鈴木の六九年の生涯において、東京帝国大学助手の任期の終了した時期が一つの大きな節目となったように思われる。鈴木は誕生から東北学院卒業までの青少年期においては、弁才・文才をはじめとする才能を磨き上げ、二高・東京帝国大学の学生時代から同大学の助手時代までは当時の進歩的思想である大正デモクラシーの思想や、憲法・行政法・社会法などに関連する専門的知識を身に着け、ついに「プロフェッサー」（学者・研究者）として世に出ていくことになったのである。

エピソード2　結婚、そして二人の娘の誕生

東京帝国大学の三年生であった一九一八（大正七）年、鈴木は鉄本常盤《ときわ》と結婚した。常盤は宮城県岩出山町（現・大崎市）の出身で日本女子大学の卒業生である。二人は知人の紹介で出会い、同年五月二〇日に結婚式が行われた。鈴木はこれについて「教会で結婚式を挙げ、恩師や友人を招《よ》んで合計十円也の披露式をやったものである。それでも精神的な内容は、数千円の華燭《かしょく》の典に勝るものありと自負し、且つ自ら慰めていたものである」（前出「世に出るまでの生活法　筍が頭を出すあばら家の生活」一八〇頁）と語っており、極めて質素なものであったという。また、結婚後の住宅については「それは実に甚《ひど》いあばら屋で、春先になると床の下から筍《たけのこ》がにょき〳〵と頭を擡《もた》げて、廊下の割れ目から突き出たものである。嵐の夜など

図15　家族との写真（左より、ゆり子、義男、常盤、絢子）

は、雨戸が飛ぶので夫婦して押《おさ》えて、まんぢりともせずに夜を明《あか》したこともあった」（同）と述懐している。

翌年の一九一九（大正八）年三月二四日には長女・絢子《あやこ》、さらにその翌年の一九二〇（大正九）年九月一日には次女・ゆり子が誕生した。

第三章

欧米留学とその「成果」――留学から東北帝国大学辞職まで

本章では、一九二一（大正一〇）年七月下旬の欧米留学への出発から帰国、さらには東北帝国大学教授就任を経て、一九三〇（昭和五）年五月の同大学退職までの時期を取り上げる。二年八カ月に及ぶ留学生活の中で鈴木は第一次世界大戦による惨禍を目の当たりにし、大きな衝撃を受ける。その一方でヨーロッパ各地の大学を訪れて著名な法学者たちの講義を受けつつ、さまざまな著書・文献にふれて自身の研究を深めていった。

ヴェルサイユ・ワシントン体制が形成・展開されつつある中で、鈴木は国際協調・戦争違法化政策に伴う平和思想、ドイツのワイマール憲法（一九一九年八月成立）にある生存権についての見識を深めていった。ところが帰国後、自身の思想・主張が当時の日本の軍国主義政策と衝突するようになり、ついには東北帝国大学教授の座を退くことを余儀なくされる。

1　留学の目的と行程

留学時の国際情勢

ここで、鈴木義男が欧米留学に向かう頃の国際情勢について簡単に触れておく。

一九一四年、サライェヴォ事件（ボスニアの洲都サライェヴォにて、オーストリア＝ハンガリー帝位継承者がセルビア人青年に暗殺された事件）を契機として第一次世界大戦が勃発した。当初はヨーロッパの数カ国間だけであった戦火は次第にヨーロッパ各地に及び、ドイツ・オーストリアなど四カ国と、イギリス・フランス・アメリカ・ロシア・日本など二七カ国の国々（連合軍）との大規模な戦争に発展した。

各国が総力戦を展開したこともあり、ヨーロッパを主な戦場とする戦闘は長期化・泥沼化していくことになった。一九一六年にはソンムの戦い、ヴェルダンの戦いなど西部戦線でも大規模かつ熾烈《しれつ》な戦闘が繰り広げられ、各国とも、相次ぐ新兵器（航空機、戦車、潜水艦、毒ガスなど）の相次ぐ開発・導入もあり、事態は膠着《こうちゃく》状態に陥った。一方、アメリカは当初、中立の立場を表明し、大戦への不干渉の態度をとっていたものの、一九一五年にドイツの潜水艦による無差別攻撃が行われ、中立国の商船が多数攻撃されたほか、アメリカ人が多数乗船していたイギリス客船も撃沈されたことを受け、一九一七年、ドイツに宣戦布告し、参戦した。

一九一八年一月には、当時のアメリカ第二八代大統領ウッドロー・ウィルソン（一八五六～一九二四）が議会演説の中でいわゆる一四カ条の平和原則を提唱し、全世界に向けて大戦の講話条件と戦後の平和講想を提示した。その後同年一一月、ドイツが連合国との休戦条約に調印し、翌年一月にはフランスでパリ講和会議が開かれた。そして一九一九年六月、ヴェルサイユ条約が結ばれ、第一次世界大戦が終結した。なお吉野作造がヴェルサイユ条約の意義やその締結に主導的役割を果たしたウィルソンの手腕を高く評価していたことは前述のとおりである。

こうしてヴェルサイユ体制が展開される一方、一九二一年から二二年にかけて、アジア・太平洋地域における平和維持および平和秩序の構築のため、ワシントン会議が開かれた。この会議はアメリカ主導で進められ、四カ国条約や九カ国条約といった条約を締結することにより太平洋地域の秩序を保つことが約束されただけでなく、アメリカ・イギリス・フランス・イタリア・日本による海軍軍縮条約（ワシントン海軍軍縮条約）も締結され、国際協調路線に基づく新たな国際秩序が形成された。これをワシントン体制という。

このように、ヴェルサイユ・ワシントン体制の構築により、世界が新しい秩序のもとで平和に向けて歩み始めようとしていたその時期に、鈴木は欧米に留学したのである。そこで経験したことの多くが鈴木のその後の人生の糧となり、やがて鈴木の思想と行動の核となり、大きな原動力ともなっていった。以下では留学前後の動きをたどってみることにしよう。

留学の目的・期間

鈴木は、一九二一（大正一〇）年九月から一九二四（大正一三）年三月までの約二年八カ月にわたり、文部省在外研究員として欧米へ留学した。当初は二年間の予定であったが、私費で八カ月延長した。一九二〇（大正九）年九月発布の勅令《ちよくれい》三九三号「文部省在外研究員規程」によると、在外研究員とは「外国に於て学術技芸を研究せしむる」ことを文部大臣が適当と認める者であり（第一条）、「研究科目、在留国及在留期間」は文部大臣が指定すること（第二条）、「学資、支度料金及旅費を給す」ること（第三条）、「研究上各地を巡歴し又は在留地を転ずるとき」などにも「相当の手当を給する」こと（第四条）などを定めていた。鈴木はこの規程に基づき、一九二一年五月に「行政法学研究の為め独逸国仏国両国に二年間留学を命ぜられ」た（『高等官之部　其ノ二　旧職員履歴書乙号　第二高等学校』東北大学史料館所蔵）。その後、文部省に提出した資料ではドイツ・フランスに加え、イギリスやアメリカにも訪れることになっていた（文部省専門学務局『文部省在外研究員表　大正十二年三月三十一日調』一九二三年七月、六頁）。

留学直前の鈴木の様子については一九二一年七月、白河の知人に宛てた次の葉書（鈴木義久氏所蔵）の文面からうかがうことができる。

謹啓向暑の砌《みぎり》、各位倍々御清福の段、奉大賀候、陳者《のぶれば》小生此度官命に依り、行政学、行政法学並に社会法研究のため欧米諸国に留学を命ぜられ、本月二十二日、横浜解纜《かいらん》郵船クライスト号にて仏国に向け出発の予定に御座候、是非参上御挨拶申上ぐべきの所、準備等にて多忙のまま失礼仕候段御諒恕《りょうじょ》祈入候、留守中は何分宜しく奉願上候
先は御挨拶迄、如斯に御座候　敬具
大正十年七月十日　鈴木　義男
留守宅　東京本郷蓬莱町一八

この文面から、留学の目的が「行政学、行政法学並に社会法研究のため」であること、留学先が「欧米」であることがわかる。なお、家族を日本に残しての単身の留学であった。

前章でみたように、鈴木は東北帝国大学法文学部教授に就任することが内定しており、着任および実際の講義は一九二四（大正一三）年から行うことになっていた。そのこともあり、欧米留学では、行政法論などの担当科目に関する書籍・文献・資料を調査・収集も行われる計画であったと考えられる。

当時、世界的に最も研究水準が高いとされていたドイツでは、ハイパー・インフレーションが発生していたが、対する日本の円の価値は第一次世界大戦に伴う好況により安定していたため、比較的安価で良質の文献類を入手すること

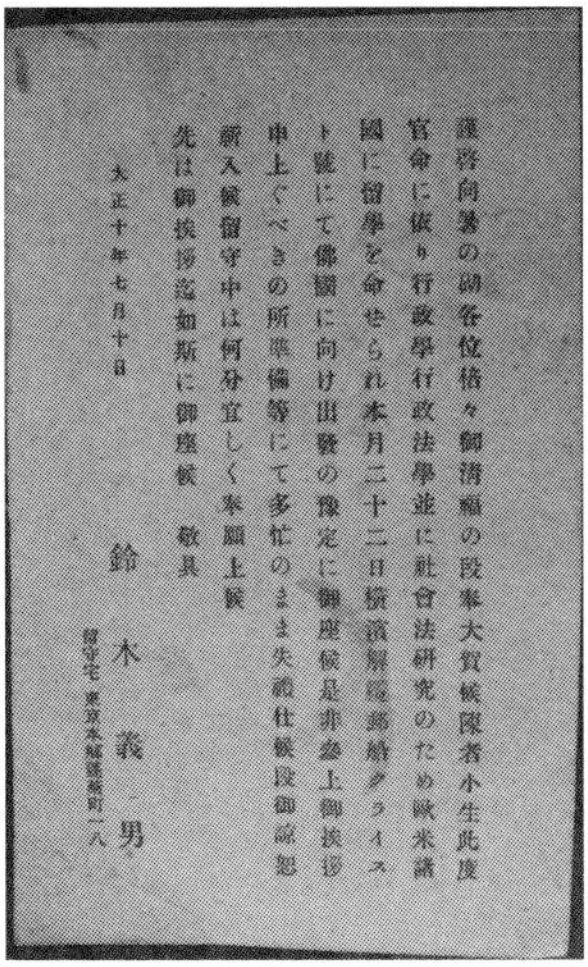
謹啓向暑の砌各位益々御清福の段奉大賀候陳者小生此度
官命に依り行政學行政法學並に社會法研究のため歐米諸
國に留學を命ぜられ本月二十二日横濱解纜郵船クライス
ト號にて佛國に向け出發の豫定に御座候是非參上御挨拶
申上ぐべきの所準備等にて多忙のまま失禮仕候段御諒恕
祈入候留守中は何分宜しく奉願上候
先は御挨拶迄如斯に御座候　敬具
大正十年七月十日
鈴木義男
留守宅　東京本郷蓬萊町一八

図16　留学を告げる葉書

が可能であった。そのため、東北帝国大学に勤務する予定であった教官たちによって膨大な文献が購入され、同大学の図書館に送られていたという（小川知幸「東北帝国大学附属図書館の蔵書形成」『図書館文化史研究』第三五号、日本図書館文化史研究会、二〇一八年）。

鈴木もまた例外ではなく、自ら収集・購入した文献などを東北帝国大学附属図書館に次々と送っていた。『大正十一年八月　館務日誌　東北帝国大学附属図書館第二部』（東北大学史料館所蔵）という文書綴には以下の記録が残されている。

①一九二三（大正一二）年一月一〇日（水）……「鈴木義男先生送付の書籍五箱（独逸より徳島丸にて）到着す」

②一九二三年一月一二日（金）……「独逸より鈴木義男氏発送の荷二箱の船荷証券（三通）到着に就き新伝馬町庄司好文堂に其由を知らす／独逸のローレンツにヴント文庫の代金支払いの手紙発送す」

③一九二三年一月三〇日（火）……「館長来館、鈴木義男氏発送荷物（受取人　庄司眼鏡屋書しある〔五個の内四ケ〕）」

④一九二三年二月二六日（月）……「鈴木義男氏宛書籍の船荷証券　寿福丸五個、徳島丸六個、大宝丸二個の三通を庄司眼鏡店に渡す」

なお、翌一九二四（大正一三）年三月二四日（月）の項を見ると「土居・鈴木両教授初《はじめ》て来館」

と記されている。送付した書籍類の確認をするためであろうか、鈴木は英文学担当教授の土居光知《どいこうち》とともに大学の附属図書館を訪れている。鈴木が横浜港に到着した二〇日後のことであった。

図17　留学時代の鈴木義男（パリ・凱旋門にて。向かって右端が鈴木義男）

留学の行程

では、留学中の鈴木の行程を追ってみよう。

鈴木が欧米留学に向けて出発したのは、彼がまだ東京帝国大学の助手を務めていた一九二一（大正一〇）年七月二二日であった。助手の任期はこの年の八月末までであったが、当時、ヨーロッパに向かう定期船の航行は二週間に一便のみであったため、任期を残して早めに出発したと考えられる。なお乗船したのは「横浜解纜郵船クライスト号」であるが、これは第一次世界大戦の賠償として日本がドイツから獲得したものであった。

当時のヨーロッパまでの船旅は、日本（横浜）から上海、マラッカ、スエズ、マルセイユ、ロンドンを経てアントワープに行くルートが利用され、天候の影響も勘案すると四～五〇日はかかるといわれていた（『日本郵船株式会社渡航案内――埃及《エジプト》見物 渡欧案内 欧洲大陸旅行日程／郵船の世界一周』ゆまに書房、二〇一五年）。鈴木は七月下旬に横浜を出発した後、九月上旬から中旬にかけてフランスのマルセイユに到着したと推測される。

九月一七日、パリに到着直後、鈴木はすでに当地に滞在していた小町谷《こまちや》操三《そうぞう》（鈴木と同じく一九二四年より東北帝国大学法文学部教授に就任予定。一八九三～一九七九）や早川《はやかわ》三代治《みよじ》（作家・のち小樽商科大学教授。一八九五～一九六二）らとともにフランス各地を周遊した。その後同年九月二三日には第一次世界大戦の最大の激戦地といわれたヴェルダンを訪れたという。九月二九日、早朝の列車でケルンを発ち、夜にドイツの首都ベルリンに到着している。

ヨーロッパ留学中および帰国後に書かれた鈴木の論稿によると、ドイツには一九二一（大正一〇）年秋から一九二二（大正一一）年秋まで滞在したのちフランスに移動し、一九二三（大正一二）年七月まで滞在したという。その後はイギリスに向かい、一九二四（大正一三）年一月初旬まで滞在した。その間、ベルギーやイタリアなどヨーロッパ各地も訪れている。

鈴木は留学中、東北帝国大学法文学部長であった佐藤丑次郎へ近況を伝える絵葉書を送っており、現時点では二通が残されている。

一通は、一九二三年四月二五日の消印でフランスのボルドーから出されたもので、次のように書かれている。

南仏巡歴の旅をつゞけ只今ボルドーに居ります。デュギー先生にも御会いいたし、いろ〳〵御厚意に話し居ります。
遙かに先生の御自愛を祈りつゝ、
四月廿三日　　　　　　　　　　　　　鈴木義男
（東北大学史料館所蔵資料）

ここに記されている「デュギー先生」とは、公法学において独自の法体系を築いたとされるレオン・デュギー（一八五九～一九二八、ボルドー大学法学部教授）のことである。後述するように、鈴木はフランスから書き送った七つの論稿（表1参照）の至るところで彼の学説を紹介している。
もう一通は、一九二三年五月二六日消印でイタリア・ローマから出されたものである。

ボロニヤより羅馬《ローマ》に参り候。この地にて一高柳教授のご紹介にて　デルヴェキオ先生に御眼にかかり研究上何かとご親切なる御世話に与《あずか》り居り候、大学の教授室の一椅子を提供され滞在中自由に図書館を利用するように又デルヴェキオ先生個人の蔵書、著書等貸与、又は沢山贈呈に与り感佩《かんぱい》いたし居り候。併し伊語が不充分にて恐縮に候。精々勉強いたし居り候。
遙かに御健在を祈りつゝ
五月廿三日　　　　　　　　　　　　　鈴木義男
（東北大学史料館所蔵資料）

文中に登場する「デルヴェキオ先生」とは当時、ローマ大学教授であった法律哲学者ジョルジョ・デル＝ヴェキオ（一八七八〜一九七〇）のことである。この葉書からは、フランス滞在時の一九二三年五月頃にはイタリアにも足を運び、新カント学派に立脚した法律哲学の教示を得たことがうかがえる。

2　留学先で学んだこと

ドイツ・フランスから送られた論稿

鈴木は、滞在先のドイツおよびフランスから日本に一五編の論稿を送っている（表1）。これ以外にもドイツから日本に送付されたものが三編あり、牧野英一（東京帝国大学教授）の研究室に保管されていたが、一九二三（大正一二）年九月一日に発生した関東大震災により、研究室の焼失とともに「灰燼《かいじん》に帰した」という。このことについて牧野は「斯《かく》の如き運命に在ったことを付加せねばならぬのを甚《はなは》だしく悲しいことに考えて居る」（鈴木義男「仏蘭西より（一）」『法学志林』二五巻一〇号、法政大学、一九二三年一〇月、付記）としている。

ヨーロッパ諸国の戦禍を目の当たりにして

この留学において、鈴木の学問・研究に最も影響を与えたのはドイツでの学びや経験であり、

【ドイツ】

タイトル	掲　載　誌	刊行機関	刊行年月	脱稿年月日（本人記入）	備　　考
「独逸より（一）」	『思想』第24号	岩波書店	1923（大正12）年9月	記入なし	文章の末尾に「この項未刊」と記入あり。
「独逸より（二）」	『思想』第27号	岩波書店	1924（大正13）年1月	1922（大正11）年9月15日	
「独逸より（三）」	『思想』第33号	岩波書店	1924（大正13）年7月	1922（大正11）年9月25日	
「スタムラー教授の近業」	『法学志林』27巻6号（第128号）	法政大学	1924（大正13）年6月	1922（大正11）年10月10日	冒頭に「本稿は本来『独逸より』の第一編法律哲学の近著紹介に一言すべき筈の所、通信が冗長に亙ることを慮り省略したものである」と記されている。
「旅の日記より」(一) マイヤー教授を訪ねてー」	『中央法律新報』4年1号	中央法律新報社	1924（大正13）年1月	記入なし	
「ヘーデマン教授の経済法論（上）——旅の日記より（二）」	『中央法律新報』4年2号	中央法律新報社	1924（大正13）年2月	記入なし	
「ヘーデマン教授の経済法論（下）——旅の日記より（三）」	『中央法律新報』4年3号	中央法律新報社	1924（大正13）年3月	記入なし	
「独逸の労働大学——旅の日記より（四）」	『中央法律新報』4年5号	中央法律新報社	1924（大正13）年5月	記入なし	

【フランス】

「仏蘭西より（一）」	『法学志林』25巻10号（第290号）	法政大学	1923（大正12）年10月	記入なし	
「仏蘭西より（一）（続）」	『法学志林』25巻11号（第291号）	法政大学	1923（大正12）年11月	記入なし	
「仏蘭西より（一）（続・完）」	『法学志林』25巻12号（第292号）	法政大学	1923（大正12）年12月	記入なし	
「仏蘭西より　第二信」	『法学志林』26巻1号（第293号）	法政大学	1924（大正13）年1月	記入なし	
「仏蘭西より　第二信（続）」	『法学志林』26巻3号（第295号）	法政大学	1924（大正13）年3月	記入なし	
「仏蘭西より　第三信」	『法学志林』26巻4号（第296号）	法政大学	1924（大正13）年4月	記入なし	
「仏蘭西より　第三信（続・完）」	『法学志林』26巻5号（第297号）	法政大学	1924（大正13）年5月	1923（大正12）年4月5日	脱稿年月日の後に「リヨンにて」と記述あり。

表1　ドイツ・フランスから送られた論稿

帰国後に記した「独逸の春」というエッセイでも「世の生涯に忘れ得ぬ思出《おもいで》」と述べている（『家庭文化』四巻三号、三三頁）。ここでは、鈴木の論稿を手がかりにして、ドイツ滞在時における彼の様子をみてみよう。

鈴木がドイツから牧野のもとに書き送った最初の論稿「独逸より（一）」（『思想』第二四号、一九二三年九月）には、「始めより予定したる独逸滞留十ケ月の日も漸く残り少《すく》く相成申候」と記され、この間の生活を振り返っている。「昨年（一九二一〔大正一〇〕年のこと——引用者）伯林《ベルリン》に入りたるは晩秋」からは「伯林の講筵《こうえん》に列し、図書館に通い申候」という生活を送っていたという（同七八頁）。「伯林にては勿論、その他の諸大学にても長く滞在致しし所にては努めて教授の許可を得、聴講いたし申候」とし、「只今迄の小生の経験にては何れも好感を以て遇せられ、親しく指導の労をも取られ、仲には度々書面を以て示教され或は参考資料を恵まるゝなど諸教授の厚意に対しては感佩禁じ難きもの有之《これあ》る次第に御座候」と綴《つづ》っている（同八〇頁）。ドイツ滞在時に訪れた大学では、授業の聴講だけでなく、参考となる資料の提供も受けていたようである。

翌一九二二（大正一一）年四月下旬からはヨーロッパ各地への「巡歴の旅」を行い、「爾来《じらい》滞留の大部を旅行に費し申候」としている。鈴木が訪れた国・地方は、バイエルン、ザクセン（ドレスデン）、チェコスロバキア、オーストリア、ハンガリー、セルビア、ポーランド（ワルシャワ、ダンツィヒ）、北ドイツ（ソポト。現・ポーランドの一部）、東プロイセン（ケーニヒスベルク。現・ロシアのカリーニングラード）、オランダ、ベルギー、フランスなど広範囲に及んでいる。

多くの国・地方を訪れた理由について、鈴木は「吾人が欧米に派遣せらるゝ使命の一半には、親しく各国の国情を視察して将来の研究の資に供すべきこと、殊に大戦後の今日に於てその意義あるべきことを信じた」ためであると述べている（同七八頁）。鈴木にとって、第一次世界大戦後のヨーロッパ各地を視察することも留学の目的のひとつであり、次のように述べている。

> 主たる欧州諸国を一通り巡遊したる次第に候が、小生の全体としての印象は極めて悲観的に御座候。世界大戦は全欧州を全く破壊せりとは兼て屢々《しばしば》聞き居りたる所に候が、今自ら親しく各国を視察してこの破壊の余りに大なるを痛感いたし候。この創痍を癒すことは如何なる力を以てするも近き将来に於て望み難き事と考えられ候。又しても人類は一大愚挙を敢てしたる次第に御座候。勿論、小生はこの混乱裏に於て幾多の注目すべき新価値の萌芽を見出すものに有之《これあり》、各国に於ける文化統制の運動、或は国家機能の分化に伴う政治組織の転化の曙《しょ》光《こう》、或は労働組合の組織化の各国に渡りて予想以上の盛大なるとその将来の産業組織に及ぼす影響等、夫々《それぞれ》種々の意味に於て注目すべき現象と観測いたすものに候。（「独逸より（二）」七九頁。傍線は引用者による）

鈴木は、ヨーロッパ各地を視察することにより、第一次世界大戦の「破壊の余りに大なるを痛感」し、この戦争を「人類」の「一大愚挙」と評している。ここに鈴木の戦争に対する考え方がみてとれよう。

このヨーロッパ各地の「巡歴の旅」は鈴木の強い決意のもと、多忙なスケジュールを調整して行われた。それは「学資を倹約して大旅行を計画するものに候えば苦心惨憺《さんたん》たるもの有之《これあり》、パンヂョンもホテルも得ること能《あた》わずしてカフェーのソファに一夜を明《あか》したることも両三回に御座候」（同七九頁）という記述からもうかがえる。しかし、ドイツを含む各地を巡歴する中で「この混乱裏に於て幾多の注目すべき新価値の萌芽を見出すものに有之」とあり、のちの鈴木の思想と行動のもう一つの大きな柱となる人権擁護や平和の思想の形成の萌芽がみてとれる。

法律哲学と労働大学への強い関心

ドイツ滞在時に執筆した鈴木の論稿をみると、その関心は多岐にわたっているが、とりわけ次の二つのことに強い関心を寄せている。

一つは法律哲学である。そもそも法律とは何か、それは社会の中でいかなる役割を果たすのかという点に関心があったようである。鈴木によれば「法律哲学の方面にては、遉《さす》がに哲学の郷土であるドイツにおいては「戦時より戦後にかけて出版せられたもの不少候《すくなからず》」であり、ヨーゼフ・コーラー、グスタフ・ラートブルフ、ハンス・ケルゼンといった法律哲学者たちの多くの著書が登場し、「法律哲学のルネサンスと申すのも至当の義」という状況であったという（同八二～八三頁）。そうした中で「本年（一九二二年――引用者）に入りて法律哲学界は二個の特記すべき収穫を得」たとして、フランクフルト大学教授マックス・エルンスト・マイヤー（一八七五～一九二三）の法学全書、ベルリン大学教授ルドルフ・シュタムラー（一八五六～一九三八）の法律哲学教科書を積極的に取り上げ、その学説の紹介に多くのページを費している（同八五頁）。

マイヤーは、「法規範と文化的規範」（一九〇三年）という論文を発表し、法律哲学界に一石を投じた人物である。鈴木は自身の論稿でマイヤーを積極的に紹介し、法律と文化との関係については「余の根本概念は、方法的には少《すく》なくとも終局に於て達し得べきは相対的価値であるという見解より発生する。何となれば法律は一の文化現象であるから。即ち、法律理念は最高の文化価値の中に発見し得る。各《おのおの》の文化価値は、一の社会、そは最高にして一切を包括し無制約的に拘束するところの社会に導かれる。即ち人類社会という極限概念に到達する」（鈴木義男「独逸より（二）」『思想』二七号、一九二四年一月、一八一頁）とまとめている。また、マイヤーの著作について「法律哲学の任務が純正哲学の任務と同じく、概念を定立し価値を批判するにあることは独逸の学界に於て最早動かざる所と申すべきか。蠟《ろう》を嚙《か》む如き概念分析の哲学に満足することは能わざりし小生もマイヤー教授の近著に於ては可《か》なりの程度迄渇《かわき》を医《いや》すことを得、ある種の感銘をさえ得たるは事実に御座候」（同一九一頁）と高く評価している。

ドイツ滞在中、鈴木は二度ほどフランクフルトを訪れ、マイヤーのもとで学んでいる。その体験は大きな刺激となったようで、その後の論稿でもマイヤーの主張が頻繁に取り上げられている。

シュタムラーは、新カント学派の中のマールブルク学派法律哲学の創始者の一人であり、『歴史的法律哲学の方法に就て』（一八八九年）を刊行して以来、法律哲学に関する多くの著書・論文を発表している人物である。鈴木はシュタムラーの著作について「今回出版せられたる法律哲学教科書は教授がこの方面を開拓されてから殆んど三十有余年の成果を集大成したものであって、驚くべき総合統一を以て、簡潔ではあるが、彼の全学説体系を組織的に明かならしめて居る」

（鈴木義男「スタムラー教授の近業」『法学志林』二七巻六号、一九二四年六月、八三頁）と評している。

鈴木はシュタムラーの思想からカルチャー・ショックともいうべき大きな影響を受けたようで、帰国後に発表した多くの論稿でもシュタムラーの論文や学説を援用し、シュタムラーのいう「自由に意欲する人間の共同体」の建設こそが自分の理想であると述べている（同八九頁）。

鈴木がシュタムラーの主張に深い感銘を受けたことは、後に弁護士となり、裁判の場でシュタムラーの主張を援用した弁護を行っていることからもわかる。たとえば、治安維持法違反事件で弁護を担当した有澤廣巳に対する弁論の中で、次のように言及している。

私は法律哲学に於ては新カント派の立場を執る者でありますが、新カント派のルドルフ、シュタムラーの如きは人類進歩の終局に於て到達すべき理想の社会として一個の社会理想を想定するのであります。彼に従えば、それは自由に意欲する人間の共同体 **Das Gemeinschaft der freiwollender Menschen** と云うものを想定して居るのであります。それは一種無政府共産の社会であります。政治的には治者と被治者と完全に合一する社会、経済的には搾取なき社会、倫理的には他人を手段とせざる社会各人の人格をそれ自身自主独立のものとする社会、身分的には差別的身分の世襲なき社会、是《これ》が自由に意欲する人類の共同体と云うものでありまして、之は総《すべ》ての社会哲学の帰一する所と申しても過言ではないと思うのであります。人類社会の進歩を説き、より理想的社会への改革を考える以上、常に其の目標となるべき理念がなければならぬのでありまして、其の終局目標をシュタムラーは社会理念と呼ぶのであり

ます。(『有澤廣巳治安維持法違反被告事件弁護要旨　鈴木義男』発行年月不明、一八二〜一八三頁)

ここからは、シュタムラーの影響がいかに大きなものであったかがうかがえる。マイヤーやシュタムラーのもとで法律哲学を学ぶ一方で、鈴木は労働法についても強い関心を持ち、見識を広めようとしていた。

労働法に関する調査・研究は、鈴木が関心を寄せていた社会法研究の一環でもあった。先にも述べたように、鈴木はドイツ滞在中、フランクフルトを二度訪れている。その際、マイヤーと同じくフランクフルト大学で教鞭《きょうべん》を執っていた労働法研究の大家、フーゴ・ジンツハイマー(一八七五〜一九四五)からも教えを受けている。鈴木自身も、フランクフルトを訪れた理由として「ジンツハイマー教授の研究室を訪うて、労働法等に就て教《おしえ》を受け度《た》いこと、(中略)昨年からこの大学に付設された、労働大学(Akademie der Arbeit)の実況を見度いため」と述べている(鈴木義男「独逸の労働大学――旅の日記より(四)」『中央法律新報』四年五号、一九二四年五月、一六頁)。

鈴木がジンツハイマーのもとを訪れたのは、一九二〇年代から農商務省嘱託として行っていた労働立法調査の一環でもあり(『鈴木義男』四五〇頁)、留学前に片山哲と約束していたためである。そのことについて片山は「鈴木君は……留学の目的で主としてドイツに向《む》かわれたが、出発前に数回おあいしたが、私と星島君の法律相談と法律新報に大変な興味を持ってドイツでもかかる施設を視察してくるし、又、ドイツから新らしい状況を報告しようと約された」(『鈴木義男』二〇五頁)と述べている。その報告の一環として、留学中の鈴木から片山のもとに論稿が送られた。それが『中央法律新報』に掲載された一連の論稿である。

ジンツハイマーは、ワイマール憲法に社会法・生存権の条項を盛り込むことに尽力したことでも知られている。鈴木が初めて訪れた時ジンツハイマーの研究室で懇談したようであるが、二度目の訪問の際にはジンツハイマーの自宅にも招かれている。鈴木は彼について「教授の労働法研究は、(中略)一朝一夕のものではないのであるが、それが革命と共に新独逸の形勢が一変し、多年その属する社会党の政綱の一つとして主張してきた主張が、着々実現せらる丶ことになって、教授の地位は一層重きをなすことになったのである。労働問題に関する立法には、大分参与して居らる丶のであって、絶えず伯林《ベルリン》とフランクフルトの間を往来してその事に鞅掌《おうしょう》して居らる丶のである」(「独逸の労働大学――旅の日記より(四)」一六〜一七頁)と述べている。

ジンツハイマーのもとを訪れる一方、鈴木は、フランクフルト大学付属の労働大学も視察した。鈴木によると、①労働大学の在籍学生は五〇名、うち二名が女性で、学生の年齢も幅広く、二〇〜三八歳にわたっていた(一九二一年当時)。②学生の大半が〝働きながら学ぶ〟、つまり何らかの労働(仕事)の傍らで学んでいた。③学生たちは何らかの労働組合に属し、学費は各々の労働組合から支給されていた。学校運営にかかる諸経費(教室・設備の管理・維持、教職員の俸給など)は政府が負担していた。④労働大学の修業年限は一年(三学期制)で、修了までに五〇時間分の授業を受ける必要がある。入学後に開講される「労働大学勉強法概論」(五時間分)は必修とされ、その後は時間割に沿って授業を受けるというしくみであった。

このような実情について、鈴木は「労働大学は呱々《ここ》の声を挙げたばかりであり、加うるに財政難のために甚だ小規模なものであるが、その文化史的使命は極めて大なるものであると思う」と述べている。二度目に訪問した時は「労働大学も時局の困難にも不拘《かかわらず》、第三年度を迎えて健全に発達を継続して居った。本学年は新たに端西《スイス》ベルンの労働組合連合から十名の留学生を送って居るとの事であった。この学校が現に国際的にならんとして居る傾向を物語って居る」（鈴木義男「独逸の労働大学――旅の日記より（四）」一二一頁）と述べている。

フランクフルトで労働大学を視察したことは、鈴木自身にとっても刺激になったようである。帰国後、片山と再会した際にも、報告を含めて自分の意見を伝えたことであろう。

国際法・国際連盟への関心

鈴木は、フランスからは七編の論稿を日本に送っている（表1）。これらはいずれも当時のフランスにおいて発表・刊行された法学関係の論文やその著書を紹介したもので、次のような二つの特徴がある。

ひとつは、レオン・デュギーに関して極めて高い評価を行っている記述が多くみられることである。たとえば「今日フランスの法理学界に於て特に異彩を放って居るものは、何と云っても公法の方面ではデュギー教授」（鈴木義男「仏蘭西より」（一）『法学志林』二五巻一〇号、五七頁）といった記述や、「フランスにおける公法近時の変遷、公法上の問題と云うことが又小生の興味に上《のぼ》ることであります。この問題を独立に研究することは容易でないので、適当な文献を求めたのであるが、デュギー教授の『公法変遷論』を除いてまだ新しい適当なものは見当らないようである」（鈴木義男「仏蘭西より　第二信（続）」『法学志林』二六巻三号、一〇一頁）といった記述がみられる。そしてデュギーの理論を紹介する際には、デュギーならではの独創的な見解とされる「社会連帯主義」に多くのページが割かれている。

もうひとつは、当時のヨーロッパの情勢を反映し、国際法や国際連盟に言及していることである。これらへの言及は、ドイツ滞在時にはほとんどみられなかったことである。鈴木はこれについて「今日独仏間には大戦の余波猶《なお》静まらず、憎悪敵愾《てきがい》甚だ盛にして兎《と》もすれば摑み懸らんとする勢の見ゆる」（鈴木義男「独逸より（二）」『思想』二七号一八七～一八八頁）と述べている。特にドイツにおいては、賠償問題が絡むヴェルサイユ条約に関する話題は避けられる傾向にあったのだろう。

鈴木は、フランスで書いた論稿で、ルイ・ル・フュールの『国際法哲学』を紹介しつつ、当時発足したばかりの国際連盟（一九二〇年創設）に関して、自分としては「全く新たなる構成を期待したい」とし、「現在の国際連盟を離れて一層広い国際社会の合理的組織化の将来に移らざるを得ないこと」、つまり将来においては現在の国際連盟よりさらに合理的な国際的組織が設立されるべきであること、「理想的世界国」に近づくためには国際立法機関や国際司法裁判所を設立し、制裁力と強制執行権を与える方策も考えられること、さらには「平和の禍根《かこん》である経済的帝国主義」を協調させるためには「万国の労働者」の役割が大きいこと、それとともに「各国の識者に課せられた任務」が遂行されるべきであることを主張している（鈴木義男「仏蘭西より（一）（続・完）」『法学志林』二五巻一二号、九二～九三頁）。大きな期待をかけつつも、多くの課題が残されていることを指摘している。

アメリカで語られた鈴木の平和思想

ヨーロッパ各地でさまざまなことを学んだ鈴木は、一九二四（大正一三）年一月初旬、日本への帰路につく。

ここで、帰国するまでの鈴木の行程をたどってみよう。まず、イギリスのサザンプトンで乗船し、大西洋を横断したのちカナダのハリファックスに到着した。その後、アメリカのニューヨークに向かい、コロンビア大学の法学部および理学部を訪問し、次いでロックフェラー研究所を訪れた。その後はボストンに行きハーバード大学を訪問し、ワシントンに滞在後はランカスターに向かい、当時アメリカに帰国していた東北学院院長シュネーダーと再会した。その後サンフランシスコに向かい、カリフォルニア大学を見学した後、天洋丸に乗船してアメリカを出発し、三月三日、横浜港に到着した。その際には家族も迎えに来ており、二年八カ月ぶりに再会したのであった。

図18　帰国後の鈴木義男とその家族（向かって左から妻・常盤、ゆり子、義男、絢子）

この行程の中で注目すべきは、シュネーダーと再会したことである。一九二四年二月半ばのある日、鈴木は東北学院専門部校舎（現・東北学院大学土樋キャンパス本館）の建設費用を集めるために帰米していたシュネーダーの自宅（ペンシルヴァニア

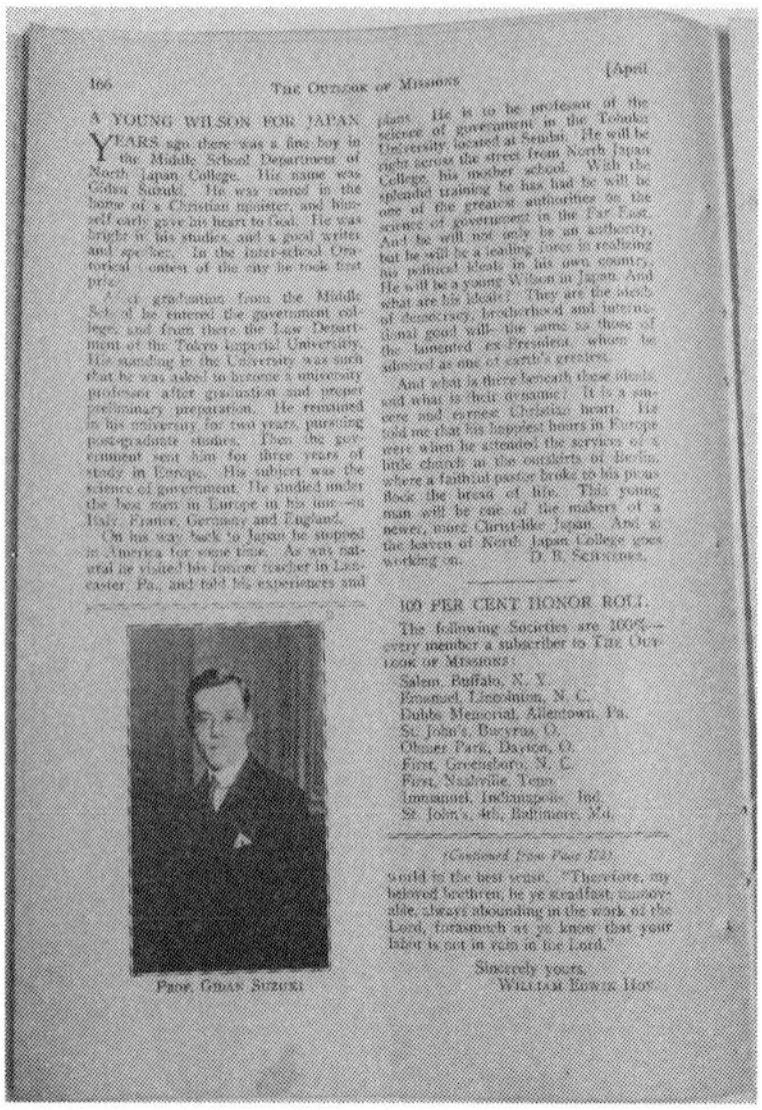

160 The Outlook of Missions [April

A YOUNG WILSON FOR JAPAN

100 PER CENT HONOR ROLL

Prof. Gihan Suzuki

図19　シュネーダーの記した“A Young Wilson for Japan”の部分

州ランカスター）を訪れた。この訪問をとても喜んだシュネーダーは、後にアメリカの教会機関誌 *The Outlook of Missions*（一九二四年四月号）に *A Young Wilson for Japan*（日本の若きウィルソン）というタイトルの文章を寄稿した。二人の会話を基にして執筆されたその文章には、鈴木の当時の平和思想の一端が表われているため、その一部を見てみよう（原文は英語で書かれているが、引用者が訳した）。

　彼はペンシルヴァニア州ランカスターに旧師である私（シュネーダーのこと――引用者）を訪れ、ヨーロッパの見聞と今後のプランについて語った。彼は仙台にある東北大学の行政法の教授になることになっている。（中略）彼はすばらしい修業によって、政治学において東洋一の権威となるであろう。そして彼はその一権威たるに留まらず、かの国（日本のこと――引用者）に彼の政治理想を実現する推進力となることであろう。彼は日本の若き「ウィルソン」になるであろう。彼の理想は果してどのようなところにあるか。それはデモクラシーと国際友愛の理想であろう。それこそ彼が最も尊敬した故大統領のそれと完全に一致するものである。（『鈴木義男』二六七～二六八頁）

ここからわかるように、シュネーダーは、かつての教え子である鈴木の将来に大きな期待を寄せつつも、「彼は日本の若きウィルソンになるであろう」と評している。鈴木自身が理想としているることについては「デモクラシーと国際友愛」であるとして、ウィルソンが理想とした国際平和構想にも通ずるものがあると述べている。おそらく鈴木も、恩師との対話を通して、先の第一次世界大戦の終結に際してウィルソンが果たした役割の大きさを再確認し、帰国後は自分なりの立場から国際編和の実現のために尽力することを決意していた。

このように鈴木は、二年八カ月に及ぶ欧米留学において自身の重要な関心事である行政法・憲法・社会法に関する知識をより深く修得した。また、ヨーロッパ各地を歴訪する中で、戦争の悲惨さを知るとともに、戦争を違法化させる動きがあることや、国際協調主義に基づく国際平和をめざす動きが普及・浸透しつつあることなどを学んだのであった。鈴木がこの留学を通して培った知識や経験は、その後の思想の根幹を為すものとなり、さまざまな場面であらわれることになる。

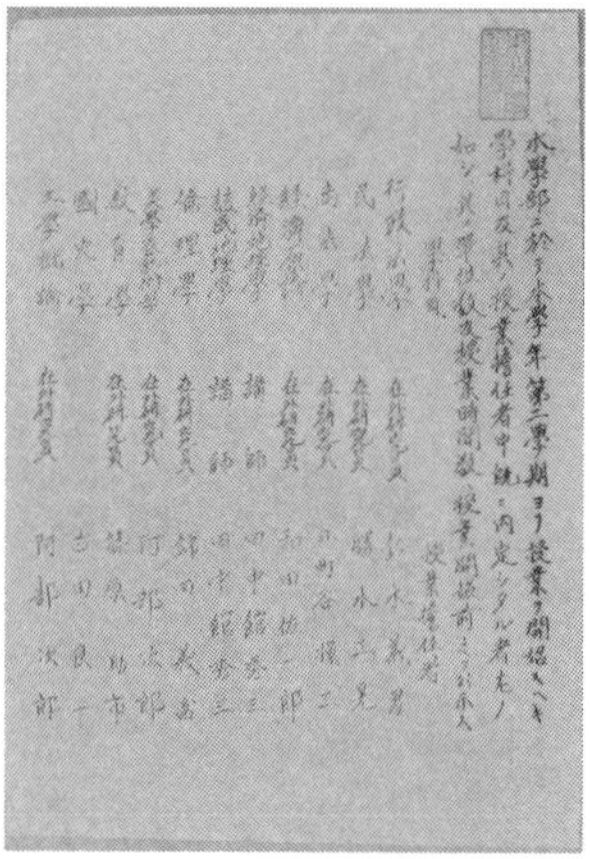

図20　「法文学部授業科目及び授業担任内定者一覧」（1924年頃）

3　東北帝国大学法文学部教授に就任

学内外で活躍する「花形教授」として

一九二四（大正一三）年三月三日に帰国した鈴木であるが、同月二八日には辞令が交付され、東北帝国大学教授に正式に就任した。実際の講義は四月から行われたが、当時の受講生によれば「欧米新帰朝の嶄新《ざんしん》な知識を、雄弁と機智につつんで講義されたので、学生はすっかり魅了された。教場はいつも学生であふれ、先生の周囲を鈴木ファンがとりまいていた」（『鈴木義男』七〇頁）という。

「法文学部授業科目及び授業担任内定者一覧」（東北大学史料館所蔵）の一覧によると、鈴木の担当科目は「行政法論」であった。講義は、鈴木が独自に作成したテキスト等を配付・使用し、受講生に口述内容を筆記させるというスタイルであった（木下彰『行政法論ノート』同館所蔵）。そのようなスタイルにした理由について、鈴木は『行政法総論講義案　行政法総論　序論通則　東北帝国大学法文学部用』という講義テキストの序文で「口述に依る時は初学者たる学生の注意散漫となり印象稀薄にして充分法理的思索に習熟せざるの憾あり」と説明している。講義では「緒論」「総論」という大きな柱が立てられており、まず「緒論」では、「国家の活動を三個の範疇に分別することは所謂三権分立論として古くより行われたるところなり」とし、三権分立の立場から行政ならびに行政法論とは何かということを講じている。「総論」では、行政法の基本概念について佐々木惣一《ささきそういち》（京都帝国大学教授）や美濃部達吉の学説に依拠しつつ、「行政関係」「行政法関係総説」「行政法関係の内容」「行政法関係の種類」「行政法関係の主体」「行政法関係の過程」という六つの章に分けて講じている。そのうえで「かかる方法によりて広汎なる行政法総論を僅少の時間を以て一学年に講了することを得べく」としている。ここからも、教員としての鈴木が限られた講義時間で大きな学習効果を上げるべく配慮をしていたことがうかがえる。

一九二六（大正一五）年度からは、「行政法論」に加えて「社会法論」の講義も担当することになった。これについて、『東北帝国大学一覧　自大正十五年　至大正十六年』（東北帝国大学、一九二六年一一月三〇日発行）の鈴木義男の担当科目欄には「行政法学講座担任、社会法論講座兼任」（九二頁）と表記されている。この科目はもともと、東北帝国大学法文学部の講義科目としては「社会立法論」という名称で文部省に登録されていたが、一九二五（大正一四）年七月二三日、東北帝国大学総長小川正孝《おがわまさたか》から文部大臣岡田良平に宛てて上申書が提出され、「社会立法論」から「社会法論」への名称変更が認可されたことによるものであった（「大正十四年七月廿三日　第二三〇三号」国立公

図21　東北帝国大学法文学部教授時代の鈴木義男

文書館デジタルアーカイブ資料）。

では、鈴木は「社会法論」ではどのような講義をしたのであろうか。鈴木が受講生に配布した講義テキスト『社会法論』（名古屋大学法学図書室「瀧川文庫」所収）を手がかりとして見てみよう。

このテキストは「序論」と「本論」から構成されている。「序論」は「第一章　社会法の意義」「第二章　社会法の理念」「第三章　社会の構成原理としての基本権／生存権、扶助要求権、労働要求権、人格権、団体的闘争権」「第四章　社会法の内容」、「第五章　社会法の研究方法」の五章から構成されている。「本論」は「第一編　労働法」で構成されているが、この部分は口述で講義が行われたようである。

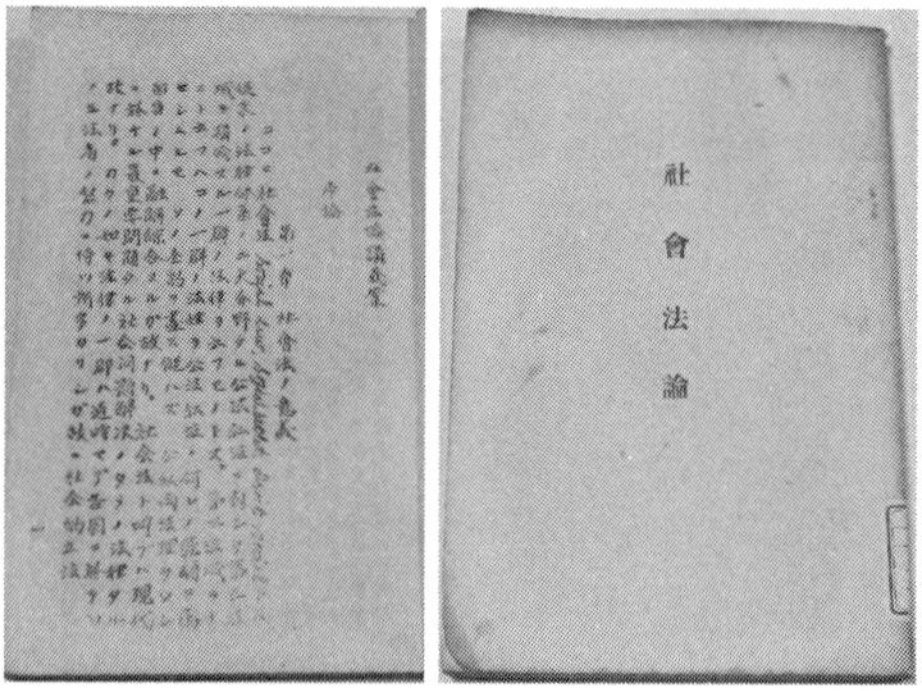

図22　『社会法論』（表紙・内容の一部）

「序論」の「第一章　社会法の意義」を見ると「社会法」と「社会立法」の違いについて「社会法と呼ぶは現代に於ける最重要問題たる社会問題解決のための法律たる故なり。かくの如き法律の一郡《ママ》は近時まで各国に於てその立法者の努力に待つ所多かりしが故に社会的立法 Social Legislation, Sozialgesetzgebung, Législation sociale の名称を慣用せらる。されど立法の名は必《かならず》しも妥当ならず。近時この法域の法律的規範は各種の団体の内部に於て自活的に又慣習的に発達すること広く認めらるるに至りたればなり」（『社会法論』一～二頁）としている。これまでの「社会法」は、社会問題を解決することを目的とした立法者の努力を論ずる「社会立法」とされてきたが、近年は社会問題が広範囲に及び、その解決が「最重要問題」となっているという時代状況を反映し、立法運動の中心である各種団体においても「社会法」という言葉が使用され始めていることを述べている。

このような新たな観点を取り入れた鈴木の講義は、多くの受講生の知的好奇心をかきたて、すでに述べたように「教場はいつも学生であふれ」ている状態であった。また鈴木は講義だけでなく、少人数の演習も担当し、優れた研究者も輩出した。教え子の一人である村教三《むらきょうぞう》（後の専修大学教授）は後年、「鈴木教授のもとで三年間社会法学を勉強したことが、私の学問の方法論を決定づけたように思います」（『専修法学論集』第二〇号、一九二頁）と述懐している。

このように、学内での研究・教育活動に尽力する一方で、鈴木は学外での講演、第二高等学校や東北学院専門部などでの非常勤講師、論文・新聞記事の執筆なども精力的に行っていた。まさに学内外で活躍する「花形教授」であった。

「人格的生存権」論

欧米留学を機に深められた研究の成果として、後には教育と関連づけた平和論も展開されるが、もう一つの成果として「人格的生存権」の考え方を習得していたことも忘れてはならないだろう。鈴木は、欧米留学前から「独逸新憲法」（ワイマール憲法）に規定された生存権に強い関心を寄せていたが、ドイツ留学を機に一層の考察を進め、独自の理論を打ち出した。

ワイマール憲法第一五一条では「人間に値する生活」menschenwürdiges Daseinsについて規定されている。オーストリアの法学者アントン・メンガーが言うように、これは人格面よりもむしろ経済面を重視する規定となっていた。鈴木は社会法論の講義テキストにおいて「アントン・メンガーは、これらの権利を社会権たる経済的基本権と云へり。されど余の解する所によればこれらの権利は独り経済上の要求を負荷するものならず、人格価値の認承をも包含するが故に「経済的」の語を冠せざるなり」とし、次のように述べている。

人の生存はその人格と分離して考うべからず。人は単にその動物的生存を完うするを以ては人としての生存を遂ぐるものと云うことを得ず。従て生存権を認承する社会に於ては人の生理的生命の保障を出発点とすれども社会文化の進展に応じてその社会、その時代に許されたる最小限度の「人らしき生存」を保障するものならざるべからず。余は生存権の内容をかくの如き意義に解す。従て従来屢々用いられたる生存権と貧民救助要求権とを同義語と解する説を採らず。餓ゆるものの食を求むるの権利はその一部のみ。人格の保障は他の重要部分なり。かくの如くにして始めて凡ての法制は生存権の完全なる認承に向ってその努力進展を続けつつあるものと云ふことを得べし。即ち余の解する生存権は包括的名辞なり。その派生的権利として幾多の個別権を有す。その社会法上最も重要なるものは扶助要求権、労働要求権、人格権、団体的交渉及統制権とす。そが抽象的なる点よりして従来の諸種の権利の個人権たるに対して社会権と呼ぶことを得べし。（鈴木義男『社会法論』一九二六年、四三〜四四頁）

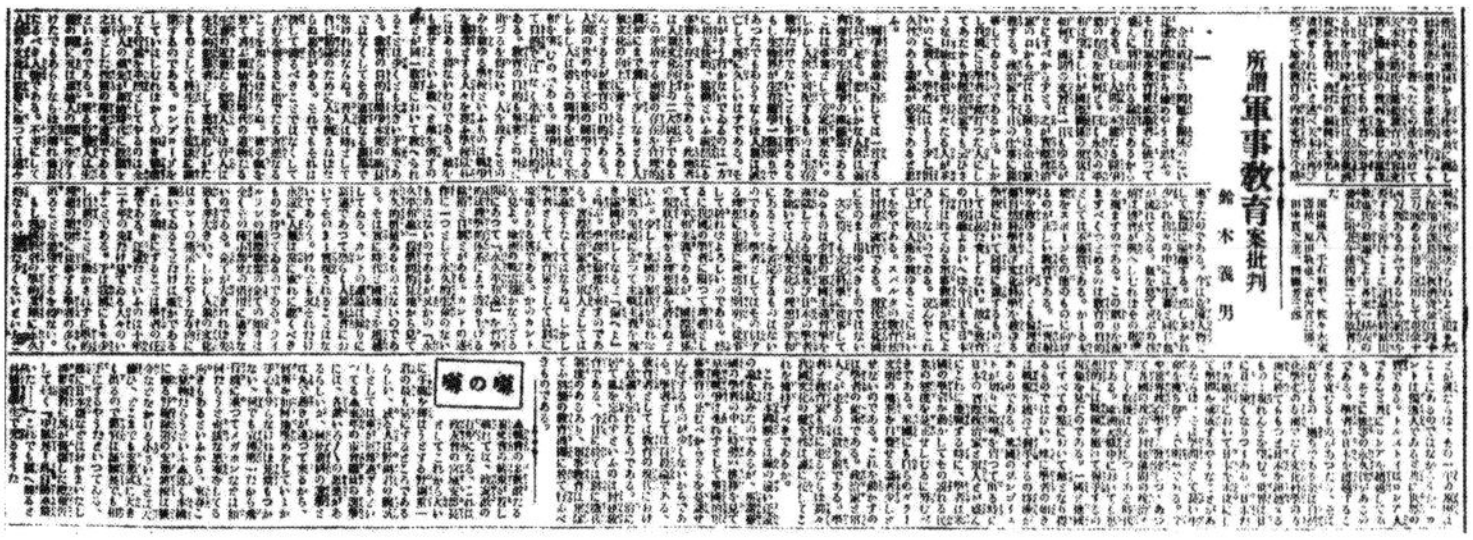
所謂軍事教育案批判
鈴木義男
噂の噂

図23　鈴木義男「所謂軍事教育案批判　一」（『河北新報』1924年12月9日）

この時期以降、「社会権」の一つとしての「人格的生存権」は鈴木の独特の主張のひとつとして、その後の多くの論稿で頻繁に用いられるようになる。

軍事教育政策への批判

東北帝国大学教授に就任してから八カ月後の一九二四（大正一三）年一二月頃、順風満帆であった鈴木の生活が徐々に波立つ出来事が起きた。そのきっかけは、鈴木の軍事教育政策への批判であった。

ワシントン会議のあと、各国では軍備縮小（軍縮）に向けた動きを本格化させていった。軍縮には兵力量の削減も盛り込まれていたため、日本でも現役将校を削減するかたちで対応を行った。そのひとつが、陸軍省・文部省の共同で打ち出された「軍事教育案」であった。これは、現役将校を公立・私立問わず中等学校以上の各学校に配属し、学校教育の一環として軍事教練を行わせようとするものであった。

この案は、実質的には日本の軍事力を温存させることを企図していたため、実際には軍縮といえず、しかも現役将校が普通学校の教育現場に配属されることで、効果的な軍事教育の実施を可能にしたのである。こうした動きに対して、鈴木義男は激しく反発し、批判的姿勢を鮮明にしたのである。

一二月七日、鈴木は東北帝国大学内で行われた「仙台軍事教育学生反対同盟」主催の集会に招かれて同僚の服部栄太郎《はっとりえいたろう》（法文学部助教授）とともに演説を行った。服部の演説内容は不明であるが、鈴木はそのときの内容を、『河北新報』紙上で「所謂《いわゆる》軍事教育案批判」と題し、一二月八〜一五日の七回にわたって連載した。それは文部省と陸軍省が共同で打ち出した軍事教育案に対し、極めて痛烈な批判をしたものであった。特に、現役将校を学校に配属することは、「軍縮に依る将校を一方に於て維持し、他方国民教育を軍国主義化せんとする、一弾を以て二鳥を射んとする巧妙なる政策である」（同紙一九二四年一二月一五日付）と述べて批判した。

鈴木がこの連載で繰り返し指摘しているのは、普通教育（一般教育）の場に軍事教育を持ち込むことの弊害である。鈴木は、自身の教育制度に関する見解を交えつつ、次のように述べている。

> 予の意見は一般教育は学校教育に委ね、軍事教育は軍隊に委《ゆだ》ねよとする普通教育、軍事教育分離論なのであって、この意味において今日までの教育が既に誤っていることを主張するものであって、今更軍事教育案が持ち上がった《ママ》について俄《にわか》に反対するものではないのである。只現役将校を各学校に派遣せしむることによって反対の理由が一層拡大するだけである。
> （同紙一九二四年一二月八日付）

では、当時の日本の「今日までの教育」はどのようなところが「誤っている」のだろうか。鈴木は「我々の学んだ歴史はこと〲く戦争の歴史であり、修身、国語、その他の教育書も政治及び軍事上の英雄の記述を以て満ちているのである。軍国主義的教育は充分徹底しているのである」（同紙一九二四年一二月一〇日付）とし、「文学、宗教、哲学、科学、芸術、音楽に於て、日本は世界に誇るべき何物を有して居るのであるか。我国に一人のカントもなく、一人のグーテ（ゲーテのこと——引用者）もなく、一人のベートーベン、ワグナーもなくして、しかも東郷、乃木両将軍の雷名《らいめい》のみ世界に轟ろいているのである。余が西洋に於て彼《か》の地の人々に遭《あ》うと先《ま》ず挨拶として「日本は軍《いくさ》の上手な国だ、兵隊の強い国だ。そして富士山と云う美しい山があるそうだ」と異口同音に云うのである。その位、戦争に巧なることは知れ渡って居るのである」（同）と述べている。つまり、教育の分野において軍国主義教育があまりにも大きな位置を占めており、その一方でヨーロッパで行われているような「文学、宗教、哲学、科学、芸術、音楽」などを含む文化面を重視した普通教育が軽視されていることを憂慮している。

しかしながら鈴木は、ここで軍事教育不要論を主張しているわけではなく、「軍事教育は軍隊という別個の教育機関に於て行うべきものである」（同紙一九二四年一二月九日付）という立場を明確にしており、普通教育を行う学校での軍事教育には強く反対している。陸軍士官学校や海軍士官学校といった軍事的な教育機関での軍事教育の実施は否定していない。当時の日本のような徴兵制度を採用している国においては、そのほうが軍事教育の目的を達成しやすい。問題としているのは、普通教育を行う学校での軍事教育の実施である。普通教育の場に軍事教育を持ち込むことの弊害は文化面での教育の軽視に限ったことではなく、むしろその最大の弊害は教育の最大の目的である平和教育がおろそかにされることにあると考えていた。この点について、鈴木は次のように述べている。

人間の世の中は不断の闘争である。しかし人は皆この闘争を超えて平和を望むのである。闘争は決して目的ではなく平和こそ目的である。教育の目的も畢竟《ひっきょう》この外に出ずるを得ない。人を殺すことのみ教《おし》ゆる学校というものは戦争を職業とする人々を養う学校以外にはあり得ないわけである。敵をも愛せよという教えと敵を倒すの術とが同一教場において教えられることは少くとも大きい矛盾である。教育の目的は闘争本能の助長ではなくしてその適当なる調節でなければならぬ。（同紙一九二四年一二月九日付）

また、鈴木は、先の第一次世界大戦のことにも言及し、ヨーロッパ各国でも軍事教育に偏った教育を行っていなければ、先の大戦を回避できたと考えていた節がある。これについて鈴木は次のように述べている。

ドイツが軍備の充実すると共に自個の力に対する自信を生じ、之に加《くわ》うるに戦争哲学の信念を以てしたのであるから、大戦の到来は不可避であったのである。（中略）この戦争哲学は独《ひと》り独逸に於てのみならず、フランスに於てもイギリスに於ても広く遵奉《じゅんぽう》せらるゝに至ったものであって、さればこそ国交危機に頻《ママ》したる場合、更に彼等は一層慎重に考慮すべきであったにもかゝわらず、恰も待てるもの、来れるに会する如く馬を国境に進めたのである。その結果は如何。大戦に依って利したる国は一もないのである。今なお大戦は不可避であったと論ずるものが多いけれども各国民の態度にしても少し慎重であったならば其惨害《さんがい》は避け得られないことではなかったのである。真に避け得られざる戦争というものは少いのである。力に対する自信は兎もすれば容易に戦争に導くのである。少青年の心にかくの如き動機を植付けることは我国の現状に鑑みて出来るだけ避くべきである。（同紙一九二四年一二月一一日付）

再び行われるかもしれない戦争を回避するためにも、普通教育の場に軍事教育を持ち込んではならない。これが鈴木の基本的な主張であった。多感で様々なことに関心を抱きやすく、人間の人格形成に最も大きな影響を与える年代の生徒・学生で集う学校で軍事教育を実施すること、すなわち「軍事教育を全国の学校に大規模に行うことに依って次代の国民の精神に及ぼす大なる悪影響は少青年心に知らず〳〵戦争的本能を植え付け激発して戦争を好ましむるに至ることである」（同紙、一九二四年一二月一一日）と述べ、強い危機感も抱いていた。

中等学校以上の学校に現役将校を配属し、軍事教育を実施することによって、従来の教育制度にも支障をきたす可能性があることも指摘した。なぜなら「進退の鍵を陸軍大臣が握っている以上、現役将校は学校にあっては校長の監督権に対しては治外法権にも等しく、裁判官と等しく地位の保証を有するものである」からである（同紙一九二四年一二月一五日付）。また「将校系の尚武心の旺なる一団の学生」と「一般訓育の教育に親む一団の文学青年」とが対立することになれば、「前者が国家の権力を背景にしている以上、優位となることは避けられない」（同紙一九二四年一二月一五日付）ことも指摘した。

鈴木がこのような考えを持つに至ったきっかけは、欧米留学時のヨーロッパ各地への「巡歴の旅」であり、このような痛烈な軍事教育政策批判にはその影響が色濃く反映されている。

すでにみたように、鈴木はパリに到着して間もない一九二一年九月二三日にフランスのヴェルダン戦跡を訪れ、ドイツ滞在時の一九二二年春にはヨーロッパ各地も旅している。その感想として「この破壊の余りに大なるを痛感いたし候」としつつ、「小生はこの混乱裏に於て幾多の注目すべき新価値の萌芽を見出すものに有之《これあり》」と述べている（鈴木義男「独逸より（一）」『思想』第二四号、七九頁）。

鈴木がこの時に見出した「新価値の萌芽」には、戦争防止＝平和実現に関するものが含まれていたと考えられる。そしてその「新価値」はその後の研究の進展により、さらに理論的に精緻化されていったのではなかろうか。そのことを示唆するかのように鈴木は次のように述べている。

今日ドイツに遊んで戦前に行われたる多くの文献等を見て如何に戦争を是認し、戦争は人類文化の進歩に必要欠くべからず、戦争あるによってのみ尚武心を維持し人類の堕落を防ぎ得る。戦争なくんば国民を腐敗め早老せしむる所以を論じ、武力に訴えても独逸文化を世界に宣揚することは独逸民族が神よりゆだねられたる使命であると云う様な思想が広く行われていたかということを見出すのである。(『河北新報』一九二四年一二月一一日付)

一連の「軍事教育批判」の中で、鈴木は自らの平和論にだけでなく、それを論ずる学者や教育者のあるべき姿勢についても述べている。これは鈴木が自身の課題としていたことでもあったのであろうが、真理を極める学者たらんとするならば「国際関係の現状」を口実として妥協的な姿勢をとることなく、どこまでも「人類文化の理想が平和にあること」から目を背けることなく、「信ずる理想に忠実に理想の闡明《せんめい》に従事して居ればよろしい」と述べ(同紙、一九二四年一二月九日付)、その例として永久平和論を打ち出したカントを挙げている。

苟《いやし》くも文化科学に従事しているものは少数の軍国主義哲学を奉戴《ほうたい》している独逸及び日本の学者を除いては人類文化の理想が平和にあることを否定するものはないのである。学者としてはその信ずる理想に忠実に理想の闡明に従事して居ればよろしいのである。然るに我国の学者に限って理想としては平和主義であるが、国際関係の現状は斯かる理想論を許さぬという。少しく米国の暴状が募れば民衆の先頭に立って主戦主義を説き、露国が怪しくなると「備えよ」と叫ぶ。学説に動揺を来すのである。実際政治家及び軍人としては無論そうなくてはならぬ。しかし学者として、教育家としては別に境地がある筈である。かのカントを見よ。欧州の戦雲穏かならざる間にあって『永久平和論』を哲学的法理学的体系にまで造り上げる余裕と自制とがある。カントの述作に一つとして永久的生命のないものはないのであるが、又かの『永久平和論』程、学問的見地から見て永久的価値あるものはないのである。そは実に時代と国境とを超越している、カントの議論は余りに高邁《こうまい》であって、恐らく人類社会においてそのまゝ実現されることはないであろう。けれども又それだけ永遠に人類は常に彼に聴くべきものを持っているのである。ウィルソンの国際連盟の企ての如きは全くその極小部分の借用に過ぎないのである。企てが大きければ失敗も亦大きい。しかし人類の文化はカントの指示したような方向に動いていることだけは確かである。これを明かにすることは学者の任務である。迂遠だというのは、十年、二十年の先だけを見ている人々のいうことである。予は我国にもモ少し目前のことに動かされずに学的理想の闡明に従事する学者の多く出ることを希望せざるを得ない。(同紙一九二四年一二月九日付。傍線は引用者による)

鈴木は、思想の一貫性を持たず便宜的に「平和主義」を口にする傾向のある内外の「学者」に対して、徹底して理想を追求する姿勢を崩してはならないと苦言を呈している。その一方で、これまでの学者たちが追及してきた「永久平和」の理想から判断すれば、「ウィルソンの国際連盟の企ての如きは全くその極小部分の借用に過ぎない」が「人類文化の理想が平和にあること、そして「人類の文化はカントの指示したような方向に動いていることだけは確かである」と述べ、国際連盟の創設を含め、国際平和の実現に向けた世界的な動きが出てきたことを高く評価している。ここからも、欧米留学により深められた鈴木の思想が端的に現れている。

鈴木はここではあえて研究・教育に携わる「学者」を批判し、「人類文化の理想が平和にある」ことを追究すべきであると主張しているが、一方でそれ以外の人々がそのような姿勢を持つことの可能性を軽視しているわけではない。可能であるならばすべての国民がそのような思想を持ち、あらゆる戦争を過去のものとしてほしい。これこそがこの連載を通じて、鈴木が最も言わんとしていたことであろう。

鈴木が軍事教育政策を強く批判したのは、それによって学問・思想・言論の自由が脅かされることを懸念してのことであった。鈴木は、一連の連載の「はしがき」で次のように述べている。

予は一個の学徒として学の内外を問わず完全なる自由を有し、未《いま》だかつて何人よりも干渉等を受けたことはないのである。（同紙一九二四年一二月八日付）

鈴木はここで、学問を志す者として「学の内外を問はず完全なる自由を有し」て学究生活を送り、自分の研究について誰からも干渉を受けたことはないと述べている。これまでの自分の生涯では「自由」が尊重されており、学問・思想・言論の自由は政治的・軍事的圧力によって抑圧されるものではないことを身をもって経験していた。これらの自由は何者かによって抑制（弾圧）されるものではなく、むしろ保障されるべきものであると考えていたのである。鈴木のその姿勢はその後の鈴木の思想と行動に貫かれていくこととなる。

4　無念の辞職

「赤化教授」追放の中で強められた辞職への圧力

『河北新報』で鈴木が行った一連の軍事教育批判は、軍事教育政策を進めようとする陸軍省や文部省にも届き、やがて当局からの圧力により鈴木の立場が危うくなっていくことになる。鈴木の連載終了後の一九二四（大正一三）年一二月一八日・一九日の『河北新報』には「某陸軍少将」による「鈴木氏の軍教批判の批判」（上・下）が掲載された。この「某陸軍少将」が誰であるのかは定かではないが、当時の仙台には陸軍省の第二師団が配置されており、本文中にも執筆者は「在仙の某陸軍少将」とあるため、恐らく第二師団の幹部の一人であろう。その記事では「大学教授の地位にある人の議論として或は純真な青少年の心裡に誤解と謬想《びゅうそう》を持たしむる憂いなきを保し難いことを想うて黙し難く敢て批判を試み」るが、鈴木の主張は「日本国民たる立場を離れ理想論」に過ぎないことや「軍人と雖《いえど》も決して血を好む者ではない」ことなどを挙げつつ、現役将校の学校への配属については「帝国の現況に鑑《かんが》み学校の軍事予備教育をして一層の効果あらしめんとならばこの方法以上の良策はない」とし、鈴木の一連の主張に真っ向から反論した。

その後、翌一九二五（大正一四）年四月一三日、文部省令・陸軍省令として「陸軍現役将校学校配属令施行規程」が公布され、同年五月から施行された。公立学校はもちろんのこと、私立学校においても徴兵猶予などの特典がなくなることへの恐れなどから反対されず、むしろ積極的に現役将校の学校配属を進める動きが強まっていった。

かくして、鈴木の立場はさらに危うさを増すこととなり、一九二六（大正一五）年九月に文部省が作成した「左傾教授」のリストには鈴木の名前が掲載されていた。それを掲載した一九二六年九月二〇日付の『河北新報』の記事によると、鈴木は「西瓜《すいか》のように外観は青くても中味は赤い」と書かれていた。当時危険視されていたマルクス主義者のような思想の持ち主ではないにしても、行動面では反体制的であると目されたのである。

赤い部類に入る
東北大學の教授と助教授
當局は監視を怠らぬ

図24 「赤い部類に入る」と書かれた記事（『河北新報』1926年9月26日）

そのような中、一九二五（大正一四）年五月に加藤高明内閣のもとで衆議院議員選挙法が改正され、満二五歳以上の「帝国臣民たる男子」を対象としたいわゆる「普通選挙法」が制定された。そしてこれに基づき、一九二八（昭和三）年二月に第一六回衆議院議員選挙（普通選挙）が行われた。宮城一区では吉野作造の娘婿（次女の夫）の赤松克麿が社会民衆党から立候補することになり、鈴木はその応援に尽力した。その動機について後年、鈴木は「現職の教授が政党の応援演説をやるのは不謹慎ですが、これは、吉野先生から頼まれてやったのです」（吉野記念会第五回例会〔一九五二年四月一三日〕での発言）と回顧している。

鈴木は吉野の要請に応えて、河村又介・堀経夫（いずれも東北帝国大学教授）・新明正道（同大学助教授）を加えた四人で組織された「応援団」の中心的役割を担っていた。その応援活動の様子について『河北新報』（一九二八年二月一一日付）は「赤松氏の為に教授の応援団が組織せられた」という見出しで報じているほか、「東北大学教授鈴木、河村、堀の三教授はその後も依然渾身の熱情をかたむけつくして友人赤松克麿氏のために連日連夜転戦」と報道されていることからも、鈴木が赤松の応援演説のために奔走していたことがうかがえる。それに対する人々の反応も極めて良好で、「応援の諸教授の熱弁は聴衆に少なからぬ感動を与え」たという（『河北新報』一九二八年二月一七日付）。

応援活動は演説だけではなく、新聞紙面を活用した呼びかけも行われた。たとえば鈴木は、『河北新報』に「普選の側面観察　重要なる意義を持つ権利行使の態度」という一文を一九二八年二月一二日に発表したが、その中で「輸入候補」に対して「偏狭な郷土観念によるようなことのないことを希望したい」と述べ、遠回しにではあるが赤松への投票を呼びかけている。しかし鈴木のこのような活動も奏功せず、赤松は落選した。

この選挙では、社会民衆党などの無産政党からも全国で八人もの当選者が出たことで、田中義一《たなかぎいち》内閣は大きな衝撃を受けたという。そのため、普通選挙法と同時に制定された治安維持法（国体の変革と私有財産制度を否認する結社の組織またはその加入者に対する取り締まりが目的）がただちに適用され、思想統制や取り締まりを実施していった。一九二八（昭和三）年三月には、日本共産党などへの大弾圧（いわゆる「三・一五事件」）が行われ、同年四月には全国の各大学の「赤化教授」追放の動きへと向かっていった。

東北帝国大学では、同年四月一七日に当時の総長の小川正孝が、鈴木義男、河村又介、服部英太郎、宇野弘蔵、堀経夫、新明正道の六名を総長室に呼び出している（『河北新報』一九二八年四月一八日付）。彼らは政府当局や文部省が「赤化教授」、またそれに近い人物としてマークしていた者たちであった。しかし、その時の小川の対応は、他の大学の総長とは異なり、強引に辞職を迫るものではなかったという。その当時の様子について、後に鈴木は「私は、小川総長に呼ばれたのですが、そのとき総長は巻紙をもっており、その巻紙には、私、河村、堀ほか三名ほど名前が書いてあった。そして総長の曰く、「君はきけんではないだろうな」と。私は、「まあ、桃色くらいでしょう。」と答えた。結局、小川総長は、当時の九大の総長と違って、休職、免職の勧告をしませんでした」（吉野記念会第五回例会〔一九五二年四月一三日〕での発言）と述べている。

しかし、一九二八（昭和三）年四月一八日付の『読売新聞』朝刊には「学府に弾圧加はる」という見出しで、京都帝国大学教授の河上肇、東京帝国大学助教授の大森義太郎《おおもりよしたろう》と並び、東北帝国大学教授の鈴木義男も「辞表を提出した」と報じられた。実際のところ、この時の鈴木は辞表を提出しておらず、何の処分もなかった。結局、この記事は誤報であったが、これによって鈴木の名前は「赤化教授」として全国的に知られることになった。

その後、これを受けるかたちで、一九二八年四月二一日付の『河北新報』では、「罷免《ひめん》の噂さる、鈴木義男教授」という見出しで「連日いずれかの新聞にその退職決定の旨が伝えられる」と報じられ、市民の間でも鈴木の退職の噂が広まっていた。このような動きに対して、東北帝国大

図25 「罷免の噂さるゝ鈴木義男教授」と書かれた記事（『河北新報』1928年4月21日）

学法文学部の同僚の多くは、鈴木を擁護する立場をとっていた。たとえば同日付の『河北新報』では、同僚の一教員が「鈴木君がマルキストでないことは多少とも学界の現状に通ずるものならば簡単に判別し得るところで、同君の罷免についてはこれこそ何等《なんら》合理的基礎のないことは明瞭で、若しこの様な噂が具体化して行く様なことがあれば、我々同僚は勿論結束して同君のために立つ」と述べているほか、同じく鈴木の同僚で『三太郎の日記』の著者である阿部次郎《あべじろう》は「その事は僕が責任を以て明言するが、その様な馬鹿な事は絶対にない」とまで断言している。

このように「上から」の圧力があったにもかかわらず、同僚の多くが擁護したことにより、鈴木は辞職を免れたのである。

「不本意な出版事件」

そのような不穏な動きの中、鈴木を辞職に追い込む出来事が起きた。それが「不本意な出版事件」（『宮城県百科事典』）である。

一九二九（昭和四）年一〇月一六日付の『河北新報』は、突如「某教授の著作権　侵害問題再燃」という見出しで、東北帝国大学の「学内の話題」として、「某教授」の印刷物がとある著者の著作権を侵害していると報じた。この記事ではまだ「某教授」が誰のことであるかは明示されていなかったが、翌日の同紙には「鈴木氏の著作権侵害は　法文学部の体面問題」「東北大学に暗い影さす　学生募集にも悪影響　大学当局将来を憂慮」という見出しで、その「某教授」が鈴木義男であることが報じられたのである。しかし、これらの記事では、鈴木義男のどの印刷物が誰の著作権を侵害したのかということについてはまったく伝えられず、その後の『河北新報』ではこの事件のことが一切報じられなかった。

このセンセーショナルかつ奇妙な事件において非難されたその「印刷物」は、鈴木が非常勤講師を務めていた東北学院専門部の政治学のテキスト『政治学講義案』であった。このテキストでは、知人の蠟山政道の著書が使用されてはいたが、鈴木によって事前に蠟山本人の許可を得ていることが明記されていた。そのため、必ずしも著作権の侵害には当たらず、現に蠟山からも抗議はなかったという。しかもこのテキストは、公刊（営利目的での発刊）ではなく、あくまでも受講生に無償で配布することを目的として作成・印刷されたものであり、鈴木自身も「公刊して世に問うべきものではない」と明記していた。しかし、その印刷を依頼した仙台市内のとある書店が、鈴木に無断でこのテキストを販売したのである。このことがまさしく「不本意な出版事件」であった。後に鈴木は、一九四八（昭和二三）年六月一七日、芦田内閣での法務総裁を務めていた時、衆議院本会議である議員からそのことを質問された際、次のように答弁している。

東北大学に職を奉じておりますとき、東北学院という、中学校の一つ上の学校でありまするが、その学校に講義に参りまして、政治学の講義を委嘱されたのであります。夏期大学に頼まれて政治学の講義をいたしたのでありますが、蠟山政道君が中央大学の夜学部で使ったプリントをリプリントして、最初に特別につくる予定でありましたが、時間がなかったために、蠟山君に手紙を書いて、承諾を得て印刷に付したのであります。そうして、謄写《とうしゃ》に代うるに印刷をもってするとして使ったのでありますが、本屋がこれを一円五十銭で販売をいたしたのでありまして、まことにその点は申しわけないのであります。しかし、そのために私は、他人の本で金もうけをしたというような事実はないのでありまして、まったく一文ももうけたわけではないのであります。責任を感じて辞表の提出もいたしたのでありまして、そのことは、この機会に明らかにしておきます。（一九四八［昭和二三］年六月一七日の答弁より。「第二回国会衆議院会議録第六十五号」『官報　号外　昭和二十三年六月十八日』）

このように鈴木は、「蠟山君に手紙を書いて、承諾を得て印刷に付した」ものが「本屋がこれを一円五十銭で販売」し、そのことに「責任を感じて辞表の提出もいたした」と説明している。「本屋」による講義テキストの販売は、鈴木にとっても予期せぬ出来事であったことは想像に難くない。

ところで、この不本意な出版事件が起きた背景として、当時の文部省と東北帝国大学法文学部の関係が険悪となっていたことにも留意しておく必要がある。その一例として挙げられるのは、当時助教授であった宇野弘蔵と新明正道の教授昇格を文部省が容易に認可しなかったことである。『東北大学五十年史』によれば、マルクス経済学者であった宇野について、法文学部教授会では「同助教授の学識と人格とをもって教授に昇任を何の問題もなく議決した。さてその発令の上申を文部省に行ったところ、文部省は理由はいわぬが、発令もしなかった。もちろんその学説をいやがったにちがいない」（同一〇一四〜一〇一五頁）という。また、新明についても「学生時代から吉野作造博士のもとに新人会に属して若きデモクラットとして声名があったが、その教授昇任も法文学部教授会は議決したが、文部省は容易に承知しなかった」（同）という。これらのことから、文部省の東北帝国大学に対する圧力が顕著となっていたことがうかがえる。なお、新明の教授申請については一九三一（昭和六）年に認可されたが、宇野についてはついに認可されなかった。彼らだけでなく、鈴木に対してもまた監視の目が厳しくなり「中杉山通《なかすぎやま》の宅には所謂《いわゆる》角袖《かどそで》と称する特高の刑事や憲兵隊員が折々監視していた」（『鈴木義男』一三二頁）という。

これらの状況から考えると「不本意な出版事件」は、鈴木に対して社会的なダメージを与えようとする軍部などの国家権力が「アラさがし」して飛びついた事件であったと言えよう（仁昌寺正一「鈴木義男」『大正デモクラシーと東北学院——杉山元治郎と鈴木義男』東北学院、二〇〇六年、一九六頁）。つまりこの事件は、まさしく政治的事件であったのである。

東北帝国大学評議会での辞職決議

「不本意な出版事件」が報じられた後の東北帝国大学の動きについては、いまだに不明な点が多いが、その事件が起きた約二カ月後の一九二九（昭和四）年一二月一七日の東北帝国大学評議会（各学部から選出された代表者による協議組織）では、鈴木義男の処遇についての協議が行われた。そのときの議事録には、次のように記されている（「評議会議事録　昭和四年十二月十七日午後四時於総長室」『評議会議事録（第一号）　自大正四年十月至昭和四年十二月』東北大学史料館所蔵）。

一、鈴木教授に関する件
中村（中村善太郎のこと。引用者）法文学部長より事件の顛末《てんまつ》詳細に報告する処あり、即《すなわち》同学部教授会に於ては、一、同氏をして再び教壇に立たせざること　二、辞表は時期を見て当局に提出のこと　三、当分病気静養を勧むることを協議せり、本会に於ても同学部教授会の意を汲み諒解あらんことを述ぶ、本件は別に異議なし

このように、同評議会では、鈴木を教壇に立たせないこと、時期を見て辞表を提出させること、当面の間は病気静養を勧めることを決議した。鈴木が担当していた講義については、第三学期（一月〜三月）からは佐々木惣一（京都帝国大学教授）が担当することとなった。その経緯については不明な点もあるが、後の吉野作造の日記の一九三〇（昭和五）年三月一日（土曜日）の欄に

「晴　朝佐々木惣一君より電話かゝる　仙台より帰った所（行政法の講義に往ったのである――鈴木義男君辞表を出した為め）と云う　直ぐ来いと返事して待つ　やがて来る」（『吉野作造選集15日記三〔昭和2―7〕』一七四頁）と記されていることから、少なくとも佐々木は一九三〇（昭和五）年二月下旬には仙台に滞在し、東北帝国大学で鈴木の代講を行っていたことがわかる。

鈴木の代講者として佐々木惣一が選ばれた理由は、それまでの鈴木の行政法論の講義が佐々木惣一の説を中心に展開されていたからであった。そのことは、前述の『行政法総論講義案　行政法総論　序論通則　東北帝国大学法文学部用』の「序言」で「余の見る所に依れば既存の行政法教科書中最も周到なる注意を以て現行法規を彙類《いるい》し之を学理的に列序し併せて最新の泰西《たいせい》の学説をも参照して余蘊《ようん》なきものは佐々木惣一博士の日本行政法論なりとす。殊《こと》にその総論通則篇は我国に於ては全く博士の開拓に属す。故に余は底本《ていほん》として博士の著に依るべきことを決し、書を寄せて博士にその許諾を求めたり。ここに之を記して感謝の意を表す」と述べられていることからも見てとれる。

三人の恩師を訪ねて――弁護士への転身

佐々木惣一が仙台に滞在していた一九三〇（昭和五）年二月下旬頃、鈴木は佐々木と会い、今後のことを相談したようである。その約一カ月後、鈴木は佐々木に対して手紙を送り、自身の今後について綴っている。なお、この手紙は、京都大学大学文書館「佐々木惣一関係資料」（松尾《まつお》尊兊《たかよし》名誉教授から寄贈されたもの）として公開されている。やや長文になるが、全文を引用しておこう（傍線は引用者による）。

拝啓

其後は御無沙汰申し上げました所気候殊の外不順の折柄いかに御暮しで居らせられますか。過般は下仙の節は御多忙中時間を御割き下され種々の小生の将来のため御懇篤の御垂示賜はり先生の温情に対しましては只々感泣いたして居ります。早速御礼も申上げ又御言葉にも甘へ御願も申上げ度《た》く考えましたが一応上京在京諸先生の御助言も得ました上でと遷延いたしました次第不悪《あしからず》御諒恕願上ます。美濃部、吉野、牧野諸先生の御意見にては新聞記者たることは小生に適任と思惟するも新聞業界の現状から見て入ることが頗《すこぶ》る困難であろう。次にかりに幸にして入り得たとしても小生今回の経歴が仲間等の折合甘く行かざる場合には又々邪魔になりはせぬか等の懸念ありとの事でありまして至極尤《もっと》ものことと存じます。先生にもこの方面に就いて御考慮下され感佩《かんぱい》に堪えない次第でありますが後日却て御迷惑に相成りますようではと存じ御辞退居し度いように存じます。

で暫らく韜晦いたしますためは矢張り自由職業たる弁護士などいたし最初二、三年弁護士として生活出来ざる場合には匿名にて飜訳《ほんやく》雑誌編輯等を内職といたしてやって行ってはどうかと云うような事が多数の御意見であります。美濃部先生を始め各先生もかくて小生が二、三年隠忍いたしますならば都合によりては私立大学等に世話してもよろしく、小生の業績並教授会の空気の緩和と相俟って論文などの通過も見込あるであろうとの事でありまして忝《かたじ》けないことに存じて居ります。小生としましては弁護士としてやって行ける限りはこのまま公生活から引退いたしてもよいと覚悟はいたして居るのであります。刑事、行政事を主としてやって行こうかと考えて居ります。但し是は大体の方針でありまして上京後一週間でありまして具体的のことは未だ何一つ決定いたしては居りません。これから各方面に当って見ようと考えて居ります。何卒以上の事情の御諒察下さいましてこの後とも先生の御寛容なる翼の下に御庇護下さいまして御見捨てなく御誘掖《ゆうえき》の程偏《ひとえ》に願上げます。

定めし先生にもいろいろと御配慮下されて居らるることと存じ未だ確定的のこと申上げる時期には達しないのでありますが不取敢《とりあえず》右申上げます。当分この地に滞在いたし新方針につき努力いたすつもりであります。

春とは申せ気候殊《こと》の外《ほか》不順の折柄何卒御摂養第一と祈申上ます。

敬具

四月三日　　鈴木　義男

佐々木先生

御侍史

この手紙によると、鈴木は佐々木惣一から新聞記者になることを勧められたものの、恩師である吉野作造、美濃部達吉、牧野英一のもとを次々と訪問し、助言を求めていた。上京した鈴木は、三月二九日には吉野作造を訪問したようで、同日の吉野の日記には「夜鈴木義男君来訪　数時間

懇談す　例の事件につき頗る河村君にふくむ所あるものの如し　四月一日付にて辞表を出し直に聴許なるはずなりと云う　先き〴〵は東京にて弁護士をやる考《かんがえ》らし　差当り生活にも困るらしい話なり」と書かれており（『吉野作造選集15　日記三〔昭和2―7〕』一八〇頁）、当時の鈴木の状況がうかがえる。

このような訪問の結果、「新聞業界の現状」や鈴木自身の「今回の経歴」に鑑みれば、鈴木が新聞社に入っても仲間と折り合いがつかない場合は「又々邪魔になりませぬか」という懸念があるため、新聞記者への転身は「御辞退居し度い」という意思が伝えられている。その上で、「自由職業たる弁護士」となり、弁護士として生計が立てられるようであれば、「公生活から引退いたしてもよいと覚悟はいたして居る」ということまで表明している。

その後、鈴木は、一九三〇（昭和五）年四月二〇日付で文部大臣田中隆三に次のような「辞職願」を提出した（『任免裁可書　昭和五年　巻三十』所収、国立公文書館アーカイブ資料）。

辞職願

私儀、病気その職に堪えず候間、辞職仕り度く、別紙医師の診断書相添、此段及御願候也

昭和五年四月廿日

東北帝国大学教授

鈴木　義男

文部大臣田中隆三　殿

この「辞職願」には東北帝国大学医が作成した「診断書」が添付されているが、それによれば「病名」は「神経衰弱症」で、その原因として「心身の過労」が挙げられているほか、具体的な症状が列挙されている。しかし、この辞職願が提出される直前の一九三〇（昭和五）年三月頃には上京して恩師たちを訪問し、自身の進退について相談していたことに鑑《かんが》みれば、この診断書は先の東北帝国大学評議会の決議に基づき作成・提出されたものであると考えられる。

その後、この「辞職願」は受理され、同年五月八日付で鈴木の「免官届」が文部大臣から内閣総理大臣に提出された（『昭和五年任免　三月　巻三十』、国立公文書館アーカイブ資料）。

こうして鈴木は、約七年にわたる東北帝国大学教授としての生活にピリオドを打ち、弁護士としての生活をスタートさせる。それにあたり、いわゆる帝大特権（帝国大学法学部卒業生は無試験で弁護士の資格が得られる権利）で弁護士資格は取得できたものの、実際の弁護経験のないいわば素人同然の状態であったから、軌道に乗るまでの生活はそう楽なものではなかったことはいうまでもない。

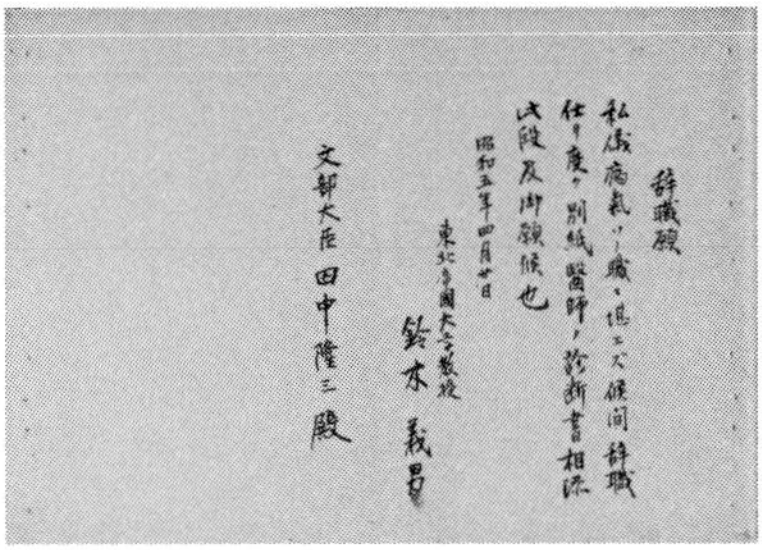
辞職願
私儀病氣ニ付職ニ堪ヘ難ク候間辞職
仕リ度ク別紙醫師ノ診斷書相添
此段及御願候也
昭和五年四月廿日
東北帝國大學教授
鈴木　義男
文部大臣　田中隆三　殿

図26　鈴木義男の辞職願（1930年4月20日）

第四章
弁護士として――無名弁護士から人権派弁護士への飛躍

本章では、鈴木が弁護士事務所を開設した一九三〇（昭和五）年六月頃から、アジア・太平洋戦争が終結した一九四五（昭和二〇）年頃までをたどる。鈴木は弁護士資格を有するも、弁護士の経験は皆無であったことから、開業早々から苦難のスタートを余儀なくされる。しかし、一〇代の頃から培ってきた弁才・文才を遺憾なく発揮して、弁護士としての手腕に磨きをかけつつ、社会的に弱い立場に立たされた人々の弁護を次々に引き受けたこともあって、やがて人権派弁護士としての名声を不動のものにする。

1　弁護士生活の始まり

法律事務所開設と今村力三郎への師事

東北帝国大学教授の辞職から間もない一九三〇（昭和五）年六月一五日、鈴木は東京市麴町《こうじまち》四番丁（現在の東京都千代田区麴町）に「鈴木義男法律事務所」を開設した。この事務所は自宅も

図27　弁護士時代の鈴木義男（弁護士事務所メンバー、前列中央が鈴木義男）

兼ねており、前月には家族も仙台から転居していた。弁護士事務所の開設については、母校である東北学院にも六月一五日付で「小生今般東北大学法学部教授の職を辞し、弁護士として（中略）一般法律事務に従事いたすこと、相成り候間、此段御披露申上候」（『東北学院時報』第八九号、一九三〇年七月八日発行）と記した通知文を送っている。

こうして鈴木は、新たに弁護士としての人生をスタートさせた。資格を有していたとはいえ、弁護活動の経験が皆無であったため、開設当初はさまざまな事件の弁護を手当たりしだいに引き受けていたようである。

後に発行された石井敬三郎・亀谷正司・黒澤松次郎・佐伯俊二『現代弁護士大観・第一巻』（丸万商店、一九三二年）では、鈴木自身へのインタビューをもとに、当時の様子を次のようにまとめている。

開業されて日尚浅いのであるが、帝大法学部の教授をもされて居ただけあって開業草々、鉱業権、漁業権、水利組合事件、当選無効等の行政訴訟を取り扱って行政処分に対する救済の不完全を痛感され、又、寺院仏堂管理権、著作権侵害事件等の民事訴訟を取扱って、現行法の余りにも煩瑣《はんさ》なる為め権利容易に保護されざるを驚嘆して居られる。治安維持法事件、嬰《えい》児《じ》殺、精神耗弱による放火事件、夫の危急に対する妻の防衛（傷害致死）事件、越鉄山手事件、鉄道汚職事件、東京市疑獄事件等関与して、刑事弁護の困難化と、弁護上科学的方法採用の重要なることを痛感するに至ったと言って居られる。（同書五四頁。傍線は引用者による）

ここからも、鈴木が弁護士事務所の開業早々から行政事件、刑事事件、民事事件と広範囲に及ぶ諸々の事件の弁護に取り組んでいたことがわかる。また鈴木はここで、自身の弁護活動を通して「弁護上科学的方法採用の重要なることを痛感するに至った」と述べている。この「科学的方法」による弁護は、後に鈴木独特の弁護弁論の手法として確立されていくことになる。

その一方で鈴木は、執筆活動にも意欲的に取り組んだ。たとえば、三日おきに発行される『法律新聞』には毎号のように寄稿しており、東北帝国大学を辞職した一九三〇年五月から一九三二年八月までのわずか二年余の間に掲載された論稿の数は、実に四八編にも及んでいる。また『国家学会雑誌』『法律春秋』『正義』『帝国大学新聞』『経済往来』『裁判と法律』などの学会誌・雑誌にも論稿を寄せていた。さらに『大百科事典』（平凡社）では母校の東北学院の先輩であり、この事典の編集責任者であった木村久一《きむらきゅういち》（一八八三〜一九七七）の配慮により、多数の法律関係の項目を執筆している。（仁昌寺正一「弁護士時代の鈴木義男―平凡社『大百科事典』への執筆―」『杉山元治郎・鈴木義男の事績を通して見る東北学院の建学の精神』東北学院、二〇〇八年）

また鈴木は、弁護士活動のかたわら、当時、刑事弁護の大家であった今村力三郎《いまむらりきさぶろう》（一八六六〜一九五四）に師事し、刑事弁護のノウハウを学んだ。今村のもとで研鑽を積むことについては吉野作造の勧めもあったようであるが、実際に仲介の労をとったのは小町谷操三（後の東北大学名誉教授）であったという（『鈴木義男』五六頁）。今村のもとで学んだことについて後年、鈴木は次のように回顧している。

それほど熱心に希望するならば、何とか役に立つかも知れないから、ときどき自分（今村のこと。引用者）の事務所に来てみたらよかろう、裁判所などにも一緒に行って事件を扱うのを見ておったらよかろう。こういうことを仰せられまして、ときには先生のカバンを持って法廷に行き、当時の名弁護士といわれた占部先生、花井《はない》卓蔵《たくぞう》先生、鵜沢《うざわ》総明《ふさあき》先生、その他いろいろな先生のご弁論などを拝聴して非常に得るところがあったわけであります。そういう関係で別に先生から給与というようなものは一銭も頂戴したことはないのでありますが、精神的な指導者として非常に得るところがあり、先生もまた叱咤《しった》鞭励《べんれい》して隔意なくご忠告をくださったのでありまして、不肖私が今日あるは、主として大過なく弁護士としての途を歩むことができたといたしますれば、先生のご薫陶の賜であると考えておる次第であります。（鈴木義男「弁護士を名誉ある天職と考えておられた」、専修大学総長今村先生追憶会編『今村力三郎翁追想録』二九四頁）

こうして鈴木は、自身の活動の合間に今村と行動をともにし、その中で弁護士活動に関するさまざまな手ほどきを受けた。そしてその経験を、自身の活動にも生かしていった。

弁護士や執筆活動に注力するかたわら、一九三二（昭和七）年からは法政大学の二部（夜間部）で非常勤講師を務め、「法学通論」の講義を担当した。当時、鈴木義男弁護士事務所に勤めていた伊藤章（弁護士）が「私のいた頃、民事事件からの収入は月平均約百円程度のもので、他の収入は先生の原稿料や講師の謝礼などで賄われた」（『鈴木義男』一〇一頁）と述べていることから、この講師の仕事も弁護士事務所の維持費に充てられていたようである。

社会情勢に伴う弁護活動の変化

開設当初はさまざまな苦労があったものの、鈴木はその後も着実に実績を積み上げ、日本の刑事弁護界で確かな地位を確立していくことになる。この約一五年間にわたる「弁護士時代」の鈴木義男の事績をたどってみよう。

表2は弁護士時代の鈴木義男が携わった主な裁判記録や弁論要旨などをまとめたものである。これらを手がかりとして、戦前期・戦時期における鈴木の弁護士としての活動を、弁護活動の範囲、取り扱った事件の概要、弁護の方法などを基準として区分すると、次の三つの時期に分けることができる。

第一期は一九三〇（昭和五）〜一九三三年（昭和八）頃で、弁護士への転身直後の時期である。この時期は、前述のように大小さまざまな事件に関わりつつ、刑事事件としてはいわゆるインテリや知識人層を中心とした治安維持法違反事件に取り組んでいた。第二期は一九三四（昭和九）〜一九三七（昭和一二）年頃で、引き続き治安維持法違反事件の弁護を手がけつつ、当時世間で

判決	参照資料	参照資料所蔵元
懲役2年・執行猶予3年	寺出道雄『山田盛太郎　マルクス主義者の知られざる世界』（評伝日本の経済思想、日本経済評論社、2008年）	
懲役2年・執行猶予1年	『河上肇弁護弁論要旨・平野義太郎弁護弁論要旨』	東京大学社会科学研究所
懲役2年、執行猶予3年（第一審） 同上（第二審）	『大塚金之助著作集』第九巻	
懲役5年	『河上肇弁護弁論要旨・平野義太郎弁護弁論要旨』	東京大学社会科学研究所
無罪（全員）	高屋市二郎編『帝人事件弁論　弁護人鈴木義男』（1938）	東北学院史資料センター
懲役2年・執行猶予4年	『治安維持法違反（一）宮本ユリ』	東北学院史資料センター
懲役2年・執行猶予3年	仁昌寺正一「弁護士時代の鈴木義男（4）―志賀暁子の弁護―」（『東北学院史資料センター年報』創刊号）	
懲役5年	『被告大竹廣吉治安維持法及軍機保護法違反弁護弁論要旨』	東京都立大学図書館
※李光洙の場合 無罪（第一審） 懲役5年（第二審・控訴審） 無罪（第三審・上告審）	「修養同友会事件判決文」（控訴審・上告審）	韓国・国家記録院データベース
	「修養同友会事件上告趣意書」『思想彙報』第二十三号 「全被告無罪言渡」、『毎日新報』1941（昭和16）年11月18日記事	神戸市立中央図書館（青丘文庫）
懲役5年（第一審）	『鈴木茂三郎　公判調書　下』	東北学院史資料センター
懲役2年6ヶ月（第二審・控訴審）	鈴木茂三郎判決文	法政大学大原社会問題研究所
免訴		
懲役5年（第一審）	「証人申請書」 山川均判決文	法政大学大原社会問題研究所
懲役3年（第二審・控訴審）		
免訴		
懲役2年、執行猶予3年（第一審）	『有澤廣巳治安維持法違反事件被告弁護要旨』	国立国会図書館（海野普吉関係文書）
無罪（第二審）	有澤廣巳判決文（第一審）	法政大学大原社会問題研究所
無罪（第一審）	『宇野被告治安維持法違反事件弁護要旨』（控訴審）	東北学院大学中央図書館
無罪（第二審）	宇野弘蔵判決文（第一審・第二審）	法政大学大原社会問題研究所
無罪（第一審） 無罪（第二審）	『美濃部亮吉治安維持法違反事件弁護要旨』	東北学院史資料センター
無罪（第一審） 無罪（第二審）	『治安維持法違反被告事件記録　大内兵衛氏』 大内兵衛判決文	東北学院史資料センター 法政大学大原社会問題研究所
無罪（第一審） 無罪（第二審）	脇村義太郎判決文	法政大学大原社会問題研究所
無罪		
懲役3年、執行猶予5年→上告（のち、1945年10月に免訴）	『戦時下のキリスト教運動』1・2・3	

被疑者（および事件名）	検挙前の主な職業	容疑	検挙された年月	判決年月
山田盛太郎	東京帝国大学助教授	治安維持法違反	1930（昭和5）年5月	1932（昭和7）年
平野義太郎	東京帝国大学助教授	治安維持法違反	1930（昭和5）年5月	1933（昭和8）年4月
大塚金之助	東京高等商校教授	治安維持法違反	1933（昭和8）年1月	1933（昭和8）年7月（第一審） 1933（昭和8）年11月（第二審）
河上肇	京都帝国大学教授	治安維持法違反	1933（昭和8）年1月	1933（昭和8）年8月
帝人事件（高木復亨ら）	帝国人造絹絲株式会社（帝人）社長	刑法違反（背任・涜職容疑）	1934（昭和9）年4月	1937（昭和12）年12月
宮本百合子	作家	治安維持法違反	1935（昭和10）年5月（4度目）	1936（昭和11）年6月
志賀暁子	女優	刑法違反（堕胎罪）	1935（昭和10）年7月	1936（昭和11）年11月
大竹博吉（大竹廣吉）	ナウカ社社長	治安維持法違反・軍機保護違反	1936（昭和11）年	
修養同友会事件（李光洙ら）	文学者・思想家など	治安維持法違反	1937（昭和12）年6月	※李光洙の場合 1939（昭和14）年12月（第一審） 1940（昭和15）年8月（第二審・控訴審） 1941（昭和16）年11月（第三審・上告審）
鈴木茂三郎（第一次人民戦線事件）	政治家（日本無産党）	治安維持法違反	1937（昭和12）年12月	1942（昭和17）年9月（第一審） 1944（昭和19）年9月（第二審・控訴審） 1945（昭和20）年11月
山川均（第一次人民戦線事件）	著述業	治安維持法違反	1937（昭和12）年12月	1942（昭和17）年9月（第一審） 1944（昭和19）年9月（第二審・控訴審） 1945（昭和20）年11月
有澤廣巳（第二次人民戦線事件）	東京帝国大学助教授	治安維持法違反	1938（昭和13）年2月	1942（昭和17）年9月 1944（昭和19）年10月
宇野弘蔵（第二次人民戦線事件）	東北帝国大学助教授	治安維持法違反	1938（昭和13）年2月	1939（昭和14）年10月 1940（昭和15）年12月
美濃部亮吉（第二次人民戦線事件）	法政大学教授	治安維持法違反	1938（昭和13）年2月	1942（昭和17）年9月 1944（昭和19）年9月
大内兵衛（第二次人民戦線事件）	東京帝国大学教授	治安維持法違反	1938（昭和13）年2月	1942（昭和17）年9月 1944（昭和19）年9月
脇村義太郎（第二次人民戦線事件）	東京帝国大学助教授	治安維持法違反	1938（昭和13）年2月	1942（昭和17）年9月 1944（昭和19）年9月
和田博雄（企画院事件）	企画院調査官	治安維持法違反	1941（昭和16）年4月	1945（昭和20）年9月
安倍豊造	牧師（日本聖教会）	治安維持法違反	1942（昭和17）年6月	1944（昭和19）年12月

表2　鈴木義男が弁護を担当した主な裁判

注目を集めていた帝人事件や志賀暁子堕胎事件の弁護に取り組んだ時期である。第三期は一九三八（昭和一三）〜一九四五（昭和二〇）年頃である。この時期は、日中戦争の勃発（一九三七年）や太平洋戦争の始まり（一九四一年）など戦局の悪化に伴い、治安維持法による思想・言論統制が一段と強化される中、その標的とされたマルクス主義経済学者一派と目される労農派教授グループ、キリスト教牧師、朝鮮の修養同友会のメンバーなどの弁護を行っていた。この時期区分に沿って、鈴木の弁護士時代の活動をみていこう。

2　弁護士時代・第一期（一九三〇〜一九三三）

「共産党シンパ事件」の弁護とその影響

鈴木が初めて治安維持法違反事件の弁護を担当したのは、一九三〇（昭和五）年五月に発生した「共産党シンパ事件」である。被告は平野義太郎（元・東京帝国大学助教授）、山田盛太郎（元・東京帝国大学助教授）、小林良正《こばやしよしまさ》（専修大学教授）であった。この事件の概要を『河上肇弁護弁論要旨・平野義太郎弁護弁論要旨』（東京大学社会科学研究所所蔵）をもとにみておこう。

一九三〇年一月一五日、海外留学から帰国した平野は、その四日後の一月一九日に東京帝国大学に向かい、親友の山田盛太郎の研究室を訪れ帰国の報告をした。その直後には小林良正宅を訪問したが、その際に小林から知人を紹介された。その知人は労働運動に参加する傍ら、同年二月の衆議院議員選挙に向けて結成された選挙闘争同盟の活動資金の収集にも取り組んでいたため、平野に対しても資金援助を求めた。この時、平野には知らされなかったが、その人物は日本共産党員でもあったという。二月一六日、平野は小林のその知人に「金二百円」を渡したという。つまり平野は、事情は知らなかったとはいえ、間接的に、共産党に対して活動資金を提供したのである。後日、この行為が問題視され、一九三〇年五月に平野は治安維持法第五条（国体の変革・私有財産制度否認を目的とした団体への「利益供与」）に該当するとして、山田盛太郎、小林良正らとともに検挙された。

鈴木が彼らの弁護を担当することになった経緯は定かではないが、鈴木にとっての平野義太郎は、東京帝国大学の助手を務めていた時期からの「畏友《いゆう》」であったことも関係しているようである。（鈴木義男「法律における階級闘争——平野義太郎の近業」『法学志林』二七巻五号、一九二五年五月）。

鈴木による平野義太郎の弁論要旨によれば、「被告（平野のこと——引用者）は帰国後二週間の際、何等《なんら》具体的事情を知るに由な」く、そもそも小林の知人が共産党関係者だとは知らなかったのであるから「目的遂行の為《た》めにする行為を為《な》さしむると云う以上は提供者も亦《また》、受領者が国体変革又は私有財産制度否認の目的を以て行為することを認識し、且つこれを目的として出捐《しゅつえん》したものでなくてはならぬ。然るに、本件の場合には、この所謂《いわゆる》「大目的」がないことは余りにも明瞭である」として無罪を主張した。

鈴木の弁論が奏功したのかは断定できないが、一九三三（昭和八）年四月一日、平野に対して

「懲役二年・執行猶予一年」の判決が言い渡された（平野義太郎「人と学問」編集委員会編平野義太郎　人と学問』三一三頁）。有罪であったとはいえ、処罰としては極めて軽いものであった。一方、山田盛太郎の場合は、平野とは別ルートで共産党関係の団体に資金提供したこともあり、一九三二（昭和七）年に懲役二年・執行猶予三年の判決が下された（寺出道雄『山田盛太郎　マルクス主義者の知られざる世界』四一頁）。

　この事件の弁護を契機として、鈴木のもとには治安維持法違反の嫌疑をかけられていたインテリ・知識人層やその関係者たちから、弁護の依頼が次々と寄せられるようになった。鈴木自身、一九三三年末に「私は秋《とき》の過去の経歴上若い学徒乃至《ないし》インテリの友人と知己《ちき》とを多く有って居る関係上、この数年間に於てこれらのインテリの治安維持法違反事件の弁護を担当すべく余儀なくされた場合が多かった。かつて大学の教授、助教授、専門学校の講師たりしもの及び文筆を以て立つインテリ等の事案を担当したもの十指《じっし》を屈するに足る。然《しか》して時代の産《う》める被告事件と云うべきか。私はこれらの人々の記録を読み法廷に座してその供述を聞き実に種々の感想を懐《いだ》いたことであった」（鈴木義男「治安維持法の改正に就て（一）」『法律新聞』三六二〇号、一九三三年一二月五日付）と述べている。

　ではこの第一期で、鈴木はどのような人々の弁護を担当したのであろうか。鈴木の論稿によると、「治安維持法の改正に付ては余は河上博士、大塚、平野、山田、小林各教授、瀧内前判事、藤森、鈴木安、鈴木清等の文士著述家其他インテリの各事犯を弁護した経験に基づき、余自身の改正意見を有するものである」（鈴木義男「思想犯罪と治安維持法の改正」『労働立法』一巻二号、労働立法研究所、一九三四年九月、二五六頁）と述べており、河上肇（元・京都帝国大学教授）、大塚金之助（元・東京商科大学教授）、平野義太郎、山田盛太郎、小林良正、瀧内礼作（判事）、藤森成吉（作家）、鈴木安蔵（憲法研究者）、鈴木清（作家）らの弁護を行ったことがわかる。

社会的関心を集めた河上肇の弁護

第一期における鈴木の弁護活動の中でも特筆すべきは、河上肇（一八七九〜一九四六）の弁護であろう。河上肇は「日本におけるマルクス主義経済学の先駆者」（『日本近現代人名辞典』）であり、『貧乏物語』（一九一七年）や『資本論入門』（一九二八〜一九二九年）をはじめ多数の著書を執筆しており、当時の日本において知名度は非常に高かった。一九一五（大正四）年に京都帝国大学教授となるが、一九二〇年代以降にはマルクス経済学の研究を進めたため、文部省より「左傾教授」として辞職を迫られ、依願免官というかたちで同大学を辞職した。その後は政治的な実践運動に携わり、日本共産党を支持する立場から資金援助も含めた積極的な活動を行っていた。一九三一（昭和六）年九月には正式に入党し、「三二年テーゼ」など同党にとって重要な文書の翻訳・提供を行っていた。しかし一九三二（昭和七）年一〇月、同党に対する大規模な検挙が行われるようになると、翌年一月、河上は治安維持法違反の容疑で検挙され、公判に付された。

図28　河上肇（1879～1946）

鈴木が河上の弁護を担当するようになったのは、河上の知人・山田盛太郎の紹介によるものであった。河上肇の自叙伝によれば、当初、河上は「弁護の如何によって自分の刑が軽くなる望みがあろうなどとは、到底考えられなかったから」、「名ばかりの弁護士一人だけ付けてもらえばいい」と考え、「新労農党時代からの友人である上村進《かみむらすすむ》君に弁護を頼もうと思った」という（河上肇『自叙伝（三）』岩波書店、一九九六年、八〇頁）。

河上の妻・秀《ひで》はその意向を汲み、上村進の事務所を訪れて弁護を依頼した。この時、上村は快諾したが、秀が自宅に戻ると「留守宅では山田盛太郎君などが待っていて、弁護士は上村ではいけない、是非鈴木義男にしろ」と主張したという。山田は、鈴木が平野義太郎や自分が検挙された時もその弁護を引き受け、執行猶予を勝ち取ったという前例があるだけでなく、「裁判所方面の受けも良い弁護士」であるため、「もし上村への依頼を断れないのであれば、少なくとも河上の弁護は上村と鈴木の二人にしなければならないという注意を行った」（河上前掲書、八一頁）という。山田は鈴木の弁護能力やその手腕を高く評価しており、河上の弁護も鈴木が担当することを強く勧めたのである。

一方、河上の検挙が報道されると、またたく間に「赤色弁護団の若手連中」が「大々的に法廷闘争を展開せねばならぬ」と強硬に主張し始めた。この「赤色弁護団」（「自由法曹団」）は一九二八（昭和三）年の三・一五事件、翌年の四・一六事件における数多くの公判でも、裁判を階級闘争の一環として位置づけた「法廷闘争」を展開していたが、、河上の裁判もこの闘争の絶好の機会と捉えていた。彼らは河上の弁護人として、上村のほかに左翼弁護士を加えるべきであると主張し、神道寛次《しんどうかんじ》の三人に弁護を依頼することとした。そして河上はこれらの声におされるかたちで、鈴木義男、上村進、神道寛次の三人の名前を挙げた。

河上の意向を受けて、秀が神道のもとを訪れ、弁護を依頼したところ「幸にして彼も機嫌よく承諾した」という。しかし秀が自宅に戻ると山田盛太郎が、今度は平野義太郎と安田徳太郎（山本宣治の従弟で医学博士）とともに訪れ、次のように語ったという。「赤色弁護団の意向などは毫《ごう》も顧慮する必要はない。この際は先生が一日も早く自由を得られることこそが、学界のためマルクス主義のため最も肝要なことなのだから、詰らないことで無益に裁判所の心証を害するのは、極めて不得策である、神道はぜひとも断れ、上村もなるべく断るといいのだが、行掛かり上致方がなければ、鈴木弁護士の方を主にして、上村の方は従にするがよい、たとい赤色弁護団がどんなに怒ったとて差支えないから、至急右の手配をして、先生の諒解をも得て来いと、こういう話であった」（河上前掲書、八二頁）という。ここまで強弁されると河上も反対できなくなり、すぐさま秀を通じて神道寛次への弁護依頼を取り下げた。

他方、鈴木はどうだったのかといえば、同年五月一八日、「鈴木弁護士の方はもとより問題はなかった。秀子（妻・秀のこと――引用者）が頼みに行って見ると、自分の方から進んで弁護に立ちたいと思っていた位だといって、即座に快諾した」という（河上前掲書、八三頁）。こうして鈴木義男は上村とともに河上肇の弁護を担当することになったのである。

鈴木は、河上の弁護を引き受けた当初から、罪はそれほど重いものにはならないと考えていた。河上肇の自叙伝には、一九三三（昭和八）年五月二六日、豊多摩《とよたま》刑務所で鈴木義男と面会した時のことが記されている。それによると「五月二十六日に鈴木弁護士が来た。その時彼は私に次の意味のことを語った。事件は極めて簡単だから、自分は執行猶予に漕ぎ付けて見せる積りである。もし保釈は駄目だろうと思うが、ともかく自分が引受人になって、その方の願書も出してみる。裁判はかえって都合の好い結果になるかも知れない。どうせ執行猶予にして間もなく出すのだから、それまで苦しめて置け、というような考慮も働き得るものである」（河上前掲書、八四頁）とある。鈴木はこの時点で、河上に執行猶予が付けられるという予想を立てていた。なお、秀が著した『留守日記』（筑摩書房、一九六七年）によると、この面会後、河上の自宅に立ち寄った鈴木は河上肇に話したことと同じような見解を伝えたようである。

このとき鈴木は、河上に対して、治安維持法（一九二八年六月改正）一条一項の後段が適用されると考えていた。一条一項の前段では「結社の役員其他指導者たる任務に従事したる者は死刑又は無期若は五年以上の懲役若は禁錮に処」するとされ、後段では「情を知りて結社に加入したる者又は結社の目的遂行の為にする行為を為したる者は二年以上の有期の懲役又は禁固に処す」とされており、前段と後段では量刑に極めて大きな差があった。執行猶予が付くとすれば後段が適用される場合であり、そのときは懲役二年以下になるとみられていた。

鈴木のこの予想は、河上とほぼ同時期に治安維持法違反容疑で検挙され、やはり鈴木が弁護を行っていた大塚金之助（東京商科大学教授）の裁判が進む中でさらに確信に近いものとなった。河上によると「秀子が話したところによると、同氏（大塚金之助のこと――引用者）の公判は七月十五日に行われ、検事は四年の求刑をしたとのこと。その日、同氏のためにも弁護を引受けていた鈴木弁護士は、公判廷からの帰路を秀子の所に立寄って、「大塚さんの方は、都合好く執行猶予になるかどうか心配しているが、先生の場合は、大塚さんより譲歩の度合が遥に大きいから、私は大丈夫執行猶予になるものと期待しています」と語った」（河上前掲書、一六一頁）という。「譲歩の度合いが遥に大きい」とは、検挙後の一九二八（昭和三）年七月二日に河上が発表した「獄中独語」のことである。この文書は河上の「転向声明」、つまり実践運動からの引退を宣言したもので、当時、河上の取り調べを担当した検事の戸沢重雄の誘導により作成されたといわれている。そのため鈴木は、「獄中独語」を発表したことで、河上には執行猶予付きの判決が出る可能性が高いと考えていた。

一九三三（昭和八）年八月一日、東京地方裁判所において河上肇の第一回公判が行われた。約一〇〇席ある傍聴席は「曽《かつ》て博士の教えを受けた人々や男女学生等の青白きインテリに依って占められている」状況であったという（『河北新報』一九三八年八月二日付）。この時の検察側は、前述の治安維持法一条一項の前段の規定を採用し、懲役七年という重いもので、これは鈴木の予想を裏切るものであった。

『留守日記』の同年八月五日の欄には「政策上から刑を科し、法律的には何の根拠もない、いままでの社会的存在が大きな損になっている、というのが、昨日鈴木弁護士のお話だった由」（河上秀『留守日記』四八～四九頁）と記されている。ここからもわかるように、当時の河上の「社会的存在」の大きさが重い求刑につながるという、政治的な判断に基づく不当な処罰が下されようとしていた。

当時の鈴木の弁論の内容について、河上は「私は自分のような罪状の明白な者の弁護がどうして出来るだろうかと思っていたが、さすがは東北大学の刑法教授までしたことがあるだけに、鈴木弁護士の弁論はドイツの刑法学者の新しい学説などを引用して主力を法理論で固め、ただお情に縋《すが》るという風なものではなかった。親しく傍聴していた左京（河上肇の実弟――引用者）は、あとで秀子への報告に、「鈴木弁護士の弁論は実に立派だった。あれなら兄さんも満足だったでしょう。」と語ったほどである」（河上前掲書、一七二頁）と述べている。このようにして鈴木は河上やその周辺の人々からの信頼を徐々に得ていくこととなる。

その一週間後の一九三三（昭和八）年八月八日、河上に懲役五年の判決が下された。鈴木の予想に反して執行猶予は付されなかった。この判決に対し、弁護を担当した鈴木は、河上に控訴することを進言するが、河上がそれを断ったことにより刑が確定した。河上は一九三七（昭和一二）年六月の仮釈放までの約四年間、刑に服することになる。

「京大事件」への想い

鈴木が河上肇らの弁護を行っていた頃、大学教授を含む学者・研究者に対する思想・言論の統制（弾圧）がさらに強まっていた。そのような中で、「京大事件」（瀧川事件）が発生した。鈴木はその事件に直接関与はしていないが、彼自身の見解を述べている。これは鈴木自身の立場を表すものでもあるため、ここで言及しておこう。

この事件は、一九三三年五月二六日、首相の斎藤実《さいとうまこと》が瀧川幸辰《たきがわゆきとき》（京都帝国大学法学部教授）に休職処分を下したことに端を発する。以前より政府は、瀧川を「赤化教授」としてリストアップしており、一九三二（昭和七）年一〇月に瀧川が行った講演も共産主義的であるとして批判した。また一九三三年四月には、瀧川の著書『刑法講義』『刑法読本』を発禁処分にするなど、徹底的な弾圧を行っていた。

瀧川の休職処分に対し、京都帝大法学部の教授陣は一九一四年の「沢柳事件」（京大総長沢柳政太郎総長が同大法科大学の教授会の同意なしに教授を罷免したのに対し、同教授会が抗議行動を起こした事件）以来の大学自治の慣行を否定するものであるとして激しく反発し、教授・助教授から副手に至るまでの全教員三二名が総長の小西重直に辞表を提出した。

また、京都帝大学生たちの間にも抗議運動が広がり、六月六日には全学学生大会も開かれた。しかし京都帝大では、法学部以外の教授会の支持を得るまでには至らなかったほか、東京帝大など他の帝国大学でも支援の動きは活発化せず、むしろ状況を静観しているような状態であった。六月一七日、総長の小西は、学内での混乱の責任を取るため辞意を表明し、七月七日には後任として松井元興が総長に就任した。これにより、事件は急速に終息へと向かい、佐々木惣一を含む六人の教授が免官となり、他の教授八人が残留することになった（松尾尊兊「京都大学滝川事件」『昭和ニュース事典Ⅳ　昭和八年／昭和九年』毎日コミュニケーションズ、一九九一年、二八〜三一頁）。

そのような中、鈴木義男は、一九三三年九月一三日付で、その渦中にいた佐々木惣一に手紙を送っている。その文面は次の通りである（京都大学大学文書館「佐々木惣一関係資料」所収）。

拝啓　其後は御無沙汰申し候処、先生には益々御健勝の由、何よりの事に存上候、此度の京大事件に際しては正しき学徒としての態度を持され、終始一貫理義透徹、学の自由と独立のために御健闘被下《くだされ》候事、我々後進として遥かに感激推服至し居り候、自由主義闘争史上に花と散れ候雖も、その後世に遺す影響並に全日本に与えたる道義的影響は至深のものと信じ上候、今後の先生の御行路に就ては小生共も深く思を致し居り候雖、何卒御自重被下、最も意義ある方面に御活躍祈願候、此度河上博士のために作田先生を通して与《あた》え被下候御忠言に対しても奉感謝《かんしやたてまつり》候、御高見の通り相運び申可能候、呉々《くれぐれ》も先生の御健勝願上候　敬具

九月一三日　　　　　　　　　　鈴木　義男

佐々木　惣一先生

御侍史

鈴木は、「京大事件」を「自由主義闘争史上に花と散れ候雖もその後世に遺す影響並に全日本に与へたる道義的影響は至深もの」と位置付け、この事件での佐々木の行動を「正しき学徒としての態度」と讃えている。かつて鈴木が東北帝国大学を辞職することを余儀なくされた時、代講を行って鈴木を支援した佐々木に対して、今度は鈴木が激励の言葉をかけている。この手紙からも、鈴木が大正デモクラシーの思想的陣営の中にいたことを確認できる（仁昌寺正一「手紙より見た鈴木義男と佐々木惣一」『東北学院資料室』Vol.11、学校法人東北学院、二〇一二年参照）。

3　弁護士時代・第二期（一九三四〜一九三七）

帝人事件の弁護

第二期では、鈴木は帝人事件の弁護も担当していた。

帝人事件とは、一九三四（昭和九）年に発生した帝国人造絹絲株式会社（帝人）の株式売買をめぐる疑獄事件である。当時、帝人は台湾に拠点を置く鈴木商店の系列会社であったが、一九二〇年代に発生した金融恐慌の影響で鈴木商店が倒産すると、同社が保有していた帝人の株式（約二二万株）が担保として台湾銀行に預けられることになり、そのうち約半分を財界の若手グループである「番町会《ばんちょうかい》」が買い戻した。その後、帝人は経営を立て直して証券取引所に上場し、好業績により増資が行われて株価が上昇した。

これにより「番町会」は大きな利益を得たが、この株式の売買に対しては批判が集まった。一九三四年一月、『時事新報』は帝人の株式をめぐる番町会の一連の動きは贈収賄にあたるとして、彼らを批判する記事を掲載した。この記事を契機として、株の売買に関わった人々が次々と明るみとなり、やがて商工大臣中島久万吉をはじめ、大蔵次官、台湾銀行頭取、帝人社長、「番町会」の幹部など一七人が刑法違反（背任罪・涜職《とくしょく》罪）で起訴された。これにより、当時の斎藤実内閣は責任を追及され、総辞職にまで追い込まれた。

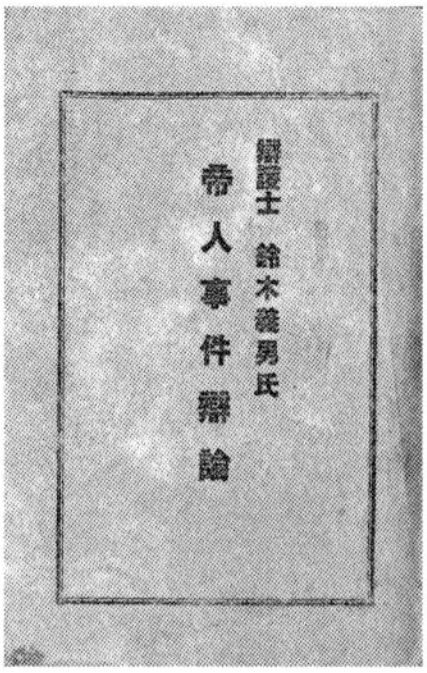

図29 『帝人事件弁論』（表紙）

この事件において鈴木は、今村力三郎を主任とする弁護団の中で奮闘した。弁論において鈴木は、将来における株価の変動は予測できないため、帝人株の売買価格は取引時点において妥当であること、今回の株式取引は背任行為となり得ないことを立証しようとした。また、予審において、検察による被疑者への不当な取り調べ（自白の誘導・強要など）が行われたこと（いわゆる「検察ファッショ」）も厳しく批判した（高屋市二郎編『弁護人鈴木義男氏　帝人事件弁論』一一六頁）。

この時の鈴木の弁護の方法は、他の弁護士とは少し異なっていた。当時、鈴木義男法律事務所に勤務していた元地方裁判所判事の福田《ふくだ》力之《りきの》助《すけ》によると、鈴木が重視していたのは「科学的構成の弁論」であったという。それは文字通り、科学的な根拠を客観的に示しながら弁論を組み立てていく方法であり、「帝人事件の場合には、拘禁性心理の研究を専門家に委嘱し、被告の予審自白を覆す資料とされた」という（『鈴木義男』一一六頁）。鈴木は「弁護人は本件に於ける虚偽自白の心理と云うものを説明する為めには、どうしても経験あるものの主観的研究が必要」であると判断し、拘禁性異常を経験したある博士からの詳細な聞き取りの結果なども盛り込んだ弁論を行ったという。そして「この博士の意見というものは一般教科書又は心理学的文献には書いてない。尊い経験から演繹《えんえき》した刑事被告人の心理説明でありまして、これは裁判官、検事、弁護士の、共に一度は熟読すべきものと思うのであります」と主張している（高屋市二郎編『弁護人鈴木義男

氏　帝人事件弁論』三四五〜三七〇頁）。

また、鈴木によるこの事件の「科学的構成の弁論」には刑法学者ら専門家の研究、とりわけ木《き》村亀二《むらかめじ》（東北帝国大学教授）や瀧川幸辰らの背任罪に関する研究が積極的に採用されたという。帝人事件の弁論の中でも、木村の研究に関して「本弁論に於ても独逸の文献と共に之に負う所大なること、殊に木村教授の示唆に負うこと大なりしことを一言しておく次第であります」（高屋前掲書、一三五頁）と言及しており、木村自身もこの時の経緯について「わたくしは、同君の依頼を受けるとともに直ちに、諸外国特にドイツにおける背任罪に関する多数の文献を取り寄せ、徹底的に背任罪の本質を研究し、帝人事件に対する具体的適用の結論を明らかにした意見書を同君に渡した。同君の弁論を後に単行本となったので贈られたのを見ると、わたくしの書いた事件に対する具体的適用の部分が極めて手際よく採り容れられ、弁論の法律論の重要部分を形づくっているのを知り、わたくしも大いに得意になったものである」（『鈴木義男』一〇四〜一〇五頁）と述べている。この記述から、鈴木の人脈が十分に活かされていること、鈴木の弁護がまさに論文のように論理的に組み立てられていることがわかる。その点でも、鈴木の弁護の方法は、当時の他の弁護士の方法とは大きく異なっていた。

一九三七年一二月一六日、東京地方裁判所において判決が下されたが、鈴木の「科学的構成による弁論」が功を奏したのか、被告一七人全員が無罪となった。被告人の一人であった高木復亨（帝人社長）は、後に「三年有余、鈴木先生の事件実相研究の御苦心は想像を絶するものがあり、先生の透明且緻《かつ》密の頭脳により、その弁論は微《び》に入り細《い》《さい》にわたり、余す処なく起訴事実に対し駁《ばく》論《ろん》反撃を加え、完膚なからしめたのであり、誠に感謝の言葉もありませぬ」（『鈴木義男』一〇二頁）と述べている。

盛岡地方氣温急低下

二三日は續く この梅雨氣味

堕胎罪發覺

志賀曉子喚問さる

図30 「堕胎罪発覚」（志賀暁子）記事
（『河北新報』1935年7月19日）

志賀暁子堕胎事件の弁護

弁護士時代の第二期における弁護活動のもう一つに、志賀暁子墜胎事件の弁護がある。

この事件は、一九三五（昭和一〇）年七月、当時人気を博していた女優・志賀暁子が映画監督・阿部豊との間にできた子を堕胎したとして刑法違反（堕胎罪）の容疑で逮捕・起訴された。東京地方裁判所において一九三六（昭和一一）年七月から一一月までに五回にわたって行われた公判は、華やかな女優のスキャンダルに対する人々の関心の高さから毎回傍聴人が殺到し、新聞や雑誌でも大きく取り上げられた。

ここでは公判における検事井《い》本《もと》臺吉《だいきち》と志賀暁子の弁護人・鈴木の応酬に注目してみることにする。

一九三六年一一月一四日に開かれた第五回の公判において、検事の井本は志賀暁子が「この犯罪を犯すにいたった経過中には、一掬《いっきく》同情すべき点もないではないが、被告としてはその軽率に対して充分責任を負わなければならぬと思う。殊に、被告はかくの如き犯罪を犯すことは、女として欠くる点があるのではないかと思う。即ち、母たることを最上の喜びとする女性の本能に欠くるところがあるのではないか」としつつ、山本有三《やまもとゆうぞう》の著作『女の一生』になぞらえて「『女の一生』の主人公允子《まさこ》は、被告と同じような立場にあったにもかかわらず、一切の苦しい事情を考慮しつつも、敢然として堕胎の勧めをしりぞけ、苦しい中にも胎児を産み落して、私生児としての自分の子を育て愛したのである。その努力こそ真に偉とすべきで、これが女性として本当の性質でなければならぬと思う。然るに、漫然、男に棄てられたというのみを以て、堕胎を決意し、これを実行するということは、女性として欠くる所があると思う」と主張し、暁子に対して懲役二年を求刑した（「志賀暁子の裁判記録全文」『婦女界』一九三七年二月号、婦女界社、三三六頁）。

　これに対して鈴木は、三時間にもわたる長大な弁論で反論したという。その中で鈴木は、堕胎罪について定めた当時の刑法（二九章二一二条）では、堕胎した女性のみが裁きの対象になっており、男性についてはいわば「お咎めなし」となっていることの不当性を指摘したうえで「御立会検事は山本有三氏の『女の一生』の主人公允子の場合を引例されまして、被告が女として母性愛に欠くる所ありと詰責《きつせき》されたのでありますが、之は弁護人として承服することが出来ないのであります。被告が母たることを喜ぶ女としての本能を十二分に有《も》って居ることは、援用致しました手記に徴しても明かであります。允子と同じ立場にあり乍ら、好んで堕胎したものではないのであります」と述べし（同、三三八頁）、次のように主張した。

私は、本件を担当して、世の多くの男性と女性に「汝等の中罪なき者先ず之《まこれ》に石を擲《なげう》て」と云わざるを得ない心持がするのであります。インテリ女性の中には、相当同情があって、被告を弁護するに遺漏なからんことを求める声も、弁護人の耳朶《じだ》を打つのであります。インテリと否とを問はず、女性にして被告と同一の立場に立ちました時、峻厳なる刑罰の前に戦慄しながらも、猶、打ち勝ち難い堕胎の誘惑に捉われないでありましょうか。名誉心あり、羞恥心ある人間として当然陥る誘惑であります。私はどうしても之に石を擲つ気にはなれない。血も涙もある当裁判所に置かれましても、私は敢て之に石を擲つものでないことを信ずるものであります。無罪の御判決なき迄も、刑の執行猶予の恩典は必ず与えられることを信ずるものであります。(同、三三〇頁)

「汝等の中罪なき者先ず之に石を擲て」という『新約聖書』の「ヨハネによる福音書」の引用を交えた鈴木の弁論は注目を集め、文壇でも大きな反響を呼んだ。たとえば山本有三は一九三六年一一月一七日から二〇日までの四日間にわたり『東京朝日新聞』に「検事の論告と「女の一生」」を連載し、宮本百合子は一一月二三日付『国民新聞』に、「「女の一生」と志賀暁子」を寄稿した。

結審から一〇日後の一一月二四日、暁子に対して懲役二年・執行猶予三年の判決が下された。翌日の『東京朝日新聞』は「執行猶予の恩典 暁子嬉し泣き 裁判長・情けの訓戒」という見出しでこれを報じ、この判決となったのは鈴木の弁論が効を奏したためとしている。その後、暁子は菊池《きくち》寛《かん》(文藝春秋社長)の計らいもあり、映画界への復帰を果たすことになった。

この事件は、裁判の終結後もしばらく世間を賑わせた。作家の広津和郎《ひろつかずお》は『婦人公論』一九三七年一月号に「石もてうつべきや」というタイトルの論稿を発表し、暁子の擁護・支持を表明した。

その一方で、当時の文壇の重鎮であった久米正雄《くめまさお》は、雑誌『改造』一九三七年二月号に、暁子を妊娠させた映画監督を擁護する一文を発表した。久米は、この映画監督は自分のゴルフ仲間であり「リンクの芝の上に関する限り、こんな好人物は無い」と述べ、その女性が妊娠したことについては責任などないのであるから「ステッキを打振り、銀座を平気で歩け！」と結んでいる。これは居直りともいえる一文で、これに対して鈴木はただちに『文藝春秋』一九三七年三月号で「志賀暁子のために　久米正雄に与う」というタイトルの論稿を発表し、真っ向から反論した。そこでは「苟《いやしく》も公刊の紙上で人の名誉に関することを言う以上いざと言う場合証拠を挙げ得なければならぬ。それ丈けの用意と覚悟をもって言うのでなければ漫罵《まんば》と言われても弁解の辞《じ》なかるべきである。文壇の良識と言われる久米氏にこのことあるは真に惜しむべきことです」とし、「事の序に久米氏に申して置き度いと思うのです。一度裁判にかかった事件には可《か》なり詳細な捜査記録というものがあるのです。そこで当事者は意外なことを言って居《お》るものです。そう言うことを計算中に置かずに、軽々に芝の上の話を信ずることは貴君の人のよさを証明しうる資料にはなっても、人生のあらゆる面を洞察して之を表現する文壇の最高常識と言わるる価値には若干の傷がつくというものです。名誉棄損の告訴が提起されないのがせめてものことと言うべきです」（三四七頁）と述べ、久米の主張を強く批判した。この鈴木の主張に対して久米からの反論はなかった。おそらく鈴木の主張を受けざるを得なかったのであろう。

当時の鈴木に対する世間の評価

帝人事件や志賀暁子堕胎事件が決着した一九三七（昭和一二）年半ば頃、鈴木は弁護士としてある程度の評価を受けるようになっていた。たとえば『主婦之友』一九三七年七月号の法律相談コーナーの人物紹介欄には「〔鈴木弁護士〕鈴木先生は元東北帝大教授で、東都第一流の少壮弁護士です。志賀暁子事件、帝人事件など、著名な法廷には必ず立たれ、深い研究心と、豊富な人生体験と、若々しい情熱とを以て、幾多の難件を処理しておられます」（四四五頁）と記されている。これが当時の鈴木に対する一般的な評価であったと考えられる。

その一方、鈴木の弟・義臣によれば、当時、立憲民政党・立憲政友会という二大保守政党から政治家として立候補を打診されていたという。兄・義男の考えについて、義臣は「帝人事件などを取り扱って全員無罪という判決を出させ、その時は当時の民政、政友両党からしきりに立候補をすすめられ、また戦時中は翼賛選挙にもかつぎ出されようとしたが常にことわりつづけました。……帝人事件などで保守政界の裏までみすかしその汚い世界に飛びこむのを潔しとしなかったようです」（『福島民友』一九五五年二月六日）と述べている。

また、義臣によれば「兄は私に「僕の出るのは社会主義の政策をもつ政党からだ。だからあるいは一生政界には出る機会はないかもしれない」と語って法律の勉強に専念していました」（『福島民友』同上）という。「社会主義」的な政策をもつ政党というのが吉野作造の民本主義の系譜上にある「穏健な社会主義」の政党であるとすれば、それはまさに終戦直後に成立した日本社会党であったといえる。

人権擁護および司法改革に関する提案

さて鈴木は、弁護活動に精力的に取り組む一方で、一九三四（昭和九）年から一九三七（昭和一二）年にかけて『正義』『法律時報』『中央公論』などの雑誌に人権擁護や司法改革に関する一〇編もの論稿を発表している。

その当時、帝人事件における「検察ファッショ」を契機として、刑事被告人に対する人権蹂躙が大きな問題として浮上してきた。鈴木によれば、これまでは主に警察による「殴る蹴る、指の間に鉛筆を挟んで置いて固く握るとか、鞭で叩くとか、変なつるし方をする」といった物理的拷問、「偽装温情」「詐言」などの心理的拷問が人権蹂躙として問題視されてきたが、帝人事件の発生以降、検事による人権蹂躙《じゅうりん》・つまり検察ファッショも大きな問題として浮上してきた。

鈴木は「今回某事件（帝人事件のこと——引用者）等に於て検事が屡々《しばしば》物理的力を用いたと云うことが訴えられて居るが、私は信じたくないものである。しかし多くの場合検事も見込んだ結果を挙ぐるに急なる余り、物理的拷問に当らないその他の方法ならば随分之を用うるに躊躇《ちゅうちょ》しないようである。所期の自白をしない場合、拘置場への待呆け革手錠等は別として、聞くに堪えざる罵言、伝票の媒介、被疑者同志の会見斡旋《あっせん》、時としては菊の御紋章を引用すると云うようなことも絶無とは云い難いもののようである」（鈴木義男「人権蹂躙の防止」『正義』一九三五年四月号、帝国弁護士会、一二頁）としている。

鈴木は人権蹂躙の横行を問題視し、いくつかの論稿でその対処・改善の必要性などを提起した。たとえば、当面改善すべきこととして挙げているのが「拘置場への待呆け」という被疑者の勾留期間に関する問題であるが、これについて鈴木は「刑事被告人と雖もその人格は尊重されなければならず、その自由は不必要に妄《みだ》りに侵犯さるべき筈はないのである」と主張している。

そのうえで「然るに事の実際は如何と云うに必要ありと云う口実の下に一年二年の勾留を継続せしめらるもの比々然りである。刑事訴訟法が最長期を二ケ月と限定した規定は何等の意味を為さないものの如くである。或は被告が自白せざる場合、期限に先《さきだ》って勾留更新を決定し、心理的畏怖心を利用して自白を強要するが如く解せらるゝ事例すらも存する。更に最近はある刑事々件に於て勾留せらるゝこと一年一ケ月の久しきに及び、再三被告人自身及び弁護人より取調べを進捗せんことを懇願し、家族が路頭に迷うにつき保釈の一日も速やかならんことを哀訴したにも不拘《かかわらず》、一回の取調もなくして過ぎ、最後に死亡前数日形式的取調が一回なされたと云うが遂に死亡を以て終局に達したと云うことである」（鈴木義男「勾留規定の改正に付て」『正義』一九三四年一月号、五七〜五八頁）と述べ、勾留中における種々の問題、とりわけ明確な理由のない勾留期間延長も問題視している。これについて鈴木は、刑事訴訟法を改正し、新たに第一一三条として「勾留の期間は二月とす　止むこと得ざる事由ある場合に於ては其理由を附したる決定を以て一月以内の期間を定めて之を更新することを得」るべきとしている（同、六二〜六三頁）。しかし、この提案が実現したとしても、在野法曹の監視がなければ適切に運用されない可能性があることも指摘し、「法文がいかに理想的に改正されようとも、これを運用するものは人であるが故に、改正案成立後に於てもその運用に対する監視の事は在野法曹に課せられて居る常住的任務であろう」（同、六三頁）と述べている。

また鈴木は、検事と裁判官の密接な関係についても疑義を呈しており、それぞれの立場を分離し明確化させる必要性を強調した。その理由について、鈴木は「如何なる時代に於ても、苟くも立憲主義を採用する以上、その時代の社会の諸勢力の相克から超然として、裁判丈《だ》けは天皇の名に於て不偏不党に行はれて行かなければ、国家の綱紀も国民精神の安定も国民の道義も遂に維持すべからざることは殆んど公理である。然るに現行制度に於ては、裁判権は検察事務と不可分離の関係に置かれて居る。もとより検察と裁判は車の両輪の如く無関係に存し得べきものではない。しかし裁判の厳正公平を期待するに於ては、少くともこの両者はその支配する所の権力統制関係に於て互に相影響する所なきものとして存しなければならぬと思う。然るに現在の制度の実際は如何。現行制度の下に於ては検挙のことは検事局之を掌《つかさど》ることは云う迄もない。しかもその検事と之と独立に裁判の任に当る裁判官とは同一系統の行政権に関し行政大臣の指揮監督下に在るのである。ここにある種の影響を及ぼさないと云うことが期待し得られるであろうか」（鈴木義男「検察と裁判の分離を要望す」『正義』一九三四年九月号、五三〜五四頁）と述べている。

ここで鈴木は、裁判において検事と裁判官が互いに影響しあうことを懸念し、検察と裁判の分離を提言している。当時、検事と裁判官はともに司法省に所属し、司法大臣の指揮・監督下に置かれていたため、制度的に裁判の超然性、いわゆる司法権の独立が確保されない状況にあった。

これについては当時の法曹界でも問題視されており、鈴木も「司法省幹部の指揮下にあり、云わばその愛情深き検事の起訴し主張する案件につき判事が果して憲法に期待する如くよく不羈《ふき》独立《どくりつ》常に自主的見解のみを以て対し得るか否かは甚だ疑問とせざる得ないのである」（同五五頁）という見解を持っていた。

しかし、司法権の独立は明確にされず、法曹界の要望が実現されることはなかった。これが徹底され、日本における三権分立が確立されるのは第二次世界大戦終結後、鈴木も関わる新憲法（日本国憲法）成立後であるが、鈴木が戦前期にすでにこのような主張をしていたことは注目に値する。

4　弁護士時代・第三期（一九三八〜一九四五）

「労農派教授グループ」の弁護

鈴木義男の弁護士時代の第三期、すなわち一九三八（昭和一三）年から一九四五（昭和二〇）年までの時期は、治安維持法違反事件の弁護を中心とした弁護活動を行う中で、「いかなる思想も法律で裁くことはできない」という主張が繰り返し強調されていることが特徴的である。当時の日本は、日中戦争の勃発を契機として戦争への道へと突き進み、国家総動員法（一九三八年四月公布）をはじめとするさまざまな法律・制度により総力戦体制が構築されていった。その一方で、治安維持法を根拠として行われてきた思想・言論の弾圧・統制も、より一層強化されていった。

　このような情勢下にあっても、鈴木は治安維持法違反事件をはじめとするさまざまな弁護を引き受けていった。中でも特に注目すべきは「労農派教授グループ」の弁護である。労農派とは、昭和戦前期において、日本共産党や講座派（一九三二年創刊の『日本資本主義発達史講座』に執筆し

THE YOMIURI SHIMBUN　昭和十三年二月二日
第一夕刊
讀賣新聞
人民戰線派の第二次大檢擧
今曉・九府縣に亘り卅二名
大内教授ら東大三名
美濃部教授ら法大五名
東北帝大からも一名
主要檢擧者
早曉六時五班で檢擧
東京關係十五名各署へ
勞農派教授グループ潰滅
九年來の根强い共同研究
學期末控へて兩大學狼狽
直ちに緊急教授會

図31　第二次人民戦線事件（教授グループの検挙を告げる新聞記事。『読売新聞』1938年2月2日夕刊）

たグループ）と対立していたマルクス主義者のグループの一つである。労農派の名称の由来は、一九二七（昭和二）年、堺利彦・山川均・猪俣津南雄《いのまたつなお》・鈴木茂三郎らによって創刊された雑誌『労農』である。後に大内兵衛・向坂逸郎・有澤廣巳ら学者・研究者のグループも『労農』に寄稿するようになり、労農派、まはは労農派教授グループとよばれるようになった。

労農派と講座派の対立が進む一方、一九三五（昭和一〇）年七月、コミンテルン（第三インターナショナル）によって反ファシズム統一戦線結成の呼びかけがなされるようになった。日本においても反ファシズムに呼応する動きがみられた。講座派は、『日本資本主義発達史講座』に続き『日本封建制講座』の刊行を企画していたが、次第にコム・アカデミー（一九二四年から三六年にかけてモスクワに設けられた社会科学分野の最高研究機関）の役割を担うことを企図するようになったとして、一九三六（昭和一一）年七月、講座派の学者・研究者や左翼文化団体関係者が治安維持法違反容疑で一斉検挙を受けた（いわゆる「コム・アカデミー事件」）。次いで一九三七年から三八年にかけては、やはり同法違反容疑で労農派の学者・研究者が一斉検挙を受けた（いわゆる「人民戦線事件」）。

労農派教授グループが検挙されたのは一九三八（昭和一三）年二月一日のことであった。このとき検挙されたのは東京では大内兵衛（東京帝国大学教授）、有澤廣巳（同助教授）、脇村義太郎（同助教授）、美濃部亮吉（法政大学教授）、阿部勇《あべいさむ》（同）、南謹二《みなみきんじ》（同）、芦沢彪衛《あしざわひょうえ》（巣鴨高商教授）、仙台では宇野弘蔵（東北帝国大学助教授）らであった。このグループには、東京帝国大学経済学部の重鎮であるマルクス経済学者・大内をはじめ、彼の直弟子や学問的影響を強く受けた者が多く、人民戦線事件は学問・思想・言論の弾圧が学界の奥深くまで及んだことを象徴するものであった。なお、それから二カ月後の同年四月一日には、海外留学から帰国したばかりの高橋正雄（九州帝国大学助教授）も同グループの一員として横浜港で検挙された（高橋正雄先生米寿記念刊行会編『二十世紀の群像　高橋正雄の証言』第一書林、一九八九年）。

この労農派教授グループのうち、鈴木が弁護を担当したのは大内兵衛、有澤廣巳、脇村義太郎、美濃部亮吉、宇野弘蔵で、いずれも数人の弁護人とともに弁護が行われた。

鈴木は宇野弘蔵、美濃部亮吉、有澤廣巳の三人については、自らが行った弁護の内容をまとめた「弁護要旨」を作成している。『宇野被告治安維持法違反事件弁護要旨（控訴審）弁護人鈴木義男』、『美濃部亮吉治安維持法違反事件弁護要旨　弁護人鈴木義男』、『有澤廣巳治安維持法違反被告事件弁護要旨　弁護人鈴木義男』がそれである。それぞれの弁護要旨には、弁護を引き受けるに至った動機、検察が挙げた容疑内容（「公訴事実」）とそれへの鈴木の反論などが事細かに記されており、事件の概要はもちろんのこと、当時の鈴木の弁護の様子を知るうえでも極めて興味深いものである。

これらの弁護要旨を手がかりに、鈴木が彼らの弁護を引き受けた動機をみると、宇野と有澤については友情によるもの、美濃部については大学時代の恩師であり、亮吉の父・達吉との関係からであったことがわかる。

鈴木と宇野は、東北帝国大学在職中の同僚であった。そのこともあって、鈴木は宇野の弁護を引き受けたと考えられる。宇野の弁護要旨の中でも鈴木は、「被告はその当時の職場の同僚とし

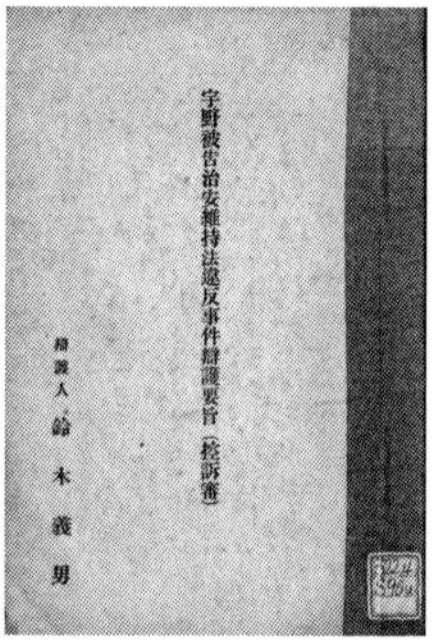

図32 『宇野被告治安維持法違反事件弁護要旨（控訴審）』

図33 『美濃部亮吉治安維持法違反事件弁護要旨』

て親交を忝うしたのであります、そういう関係を持ちまして今回の奇禍《きか》に対し専門弁護士ではありますけれども、友情を以て立つと云う意味に於きまして云わば特別弁護人として馳せ参じたものであります」（前掲『宇野被告治安維持法違反事件弁護要旨（控訴審）弁護人鈴木義男』一〜二頁）と述べている。さらに、宇野の人柄や研究に対する姿勢についても、次のように言及している。

　私は東北大学に職を奉じて居りました間、専門を異に致しますが、被告とは常に交友致して居たものであります。故に被告の為人、学徒としての態度等は相当よく知って居るつもりであります。

　被告は御覧の通り温厚篤実そのものの人格者であります。愛すべく敬重《けいちょう》すべき人格であります。学問に志した以上飽《あ》く迄《まで》良心に忠実でなければならぬと言う堅い信念を持って居りまするが故に、その研究する所は苟くもない。一、二冊の新しい外国の書物を読めばすぐに論文を書くような軽佻《けいちょう》な学者もあるのでありますが、宇野は苟くもとっぷりと肚《はら》に入らぬ限りは物を書かない。マルクスの資本論を読破し本当に理解したと信ずる迄には留学当時より帰朝後にかけて五、六年かかって居るものであります。

その学風が如何《いか》に重厚なものであるかはその今日迄書きました著書、論文をご覧くだされば解ることとであります。その材料の蒐集《しゅうしゅう》消化、理論構成の厳密、しかして表現は一字一句を苟くもしないと言う風であります。その業績が科学的に高い価値を許されて居りますことは同僚間に於ても学会に於ても定評の存する所であります。私もその学者的態度に対しては常に密かに畏敬して居た一人であります。(同一一七~一一九頁)

また、有澤廣巳の場合も、やはり彼に対する深い友情から弁護を引き受けたのであった。そのことは、有澤の弁護要旨にも「有澤被告は私の同学の後輩であり学者として密かに尊敬して居たものであります。此度私は被告並に被告の友人、親戚、知己の御懇嘱《こんしょく》を受けて弁護の為めに立ったものであります。……私は本職の弁護士ではありますが、特別弁護人のような心持を以て之より被告の為めにその冤《えん》を雪《すす》がんとするものであります」(前掲『有澤廣巳治安維持法違反被告事件弁護要旨 弁護人鈴木義男』一頁)と記述されていることからも明らかである。

一方、美濃部亮吉の弁護については、亮吉の父・美濃部達吉との関係から弁護を引き受けたと考えられる。亮吉の著書『苦悩するデモクラシー』(文藝春秋新社、一九五九年)によれば「父も、弁護士の登録をすまし、私の弁護士として法廷で大いに政府の非を鳴らそうと張り切っていた。しかし、天皇機関説で大問題となった父が、息子のためとはいえ、公判廷において獅子《しし》吼《く》するのは、却《かえ》って逆効果になるのではないかと言って心配する人が多く、父もその忠告をいれて、弁護演説をすることは断念した」(同書一六九頁)という。そこで亮吉の弁護人として選ばれたのが鈴木であった。当時の鈴木の知名度からしても最良の選択であり、弁護の内容も「本件は如何なる観点よりするも無罪なり。被告は稀に見る俊秀なり。東大経済学部ありて以来の秀才にして、その頭脳の明晰、その人格の高潔、父及祖父の名を辱めず。この人を葬るは国家の損失なり。弁護人等全力を挙げて被告を検察権の弾劾《だんがい》に対して守り再び青天白日を仰がせしめんと欲す」（前掲『美濃部亮吉治安維持法違反事件弁護要旨　弁護人鈴木義男』一～二頁）と記されているように、恩師の期待にも応えるべく、必ず無罪を勝ちとるという意気込みが感じられるものであった。

鈴木が弁護を行った宇野弘蔵・美濃部亮吉・有澤廣巳に対して、どのような判決が下されたのか。まず宇野は、一九三九（昭和一四）年一〇月一六日に無罪（第一審）となった。これに対して検察側が控訴したものの、翌年一二月二三日に再び無罪（第二審）の判決が下された。次に美濃部亮吉は、大内兵衛・脇村義太郎とともに一九四二年九月に無罪の判決が下された。有澤は、美濃部らとともに判決が言い渡されたが、懲役二年・執行猶予三年の有罪判決（第一審）が下された。有澤は控訴し、一九四四（昭和一九）年九月二五日、ついに無罪の判決（第二審）が下された（「休職東京帝国大学助教授有澤廣巳外一名休職ノ件」『任免裁可書　昭和十九年　任免　巻二百三十九』、国立公文書館デジタルアーカイブ資料）。これらの判決に鈴木の弁護が奏功したことはいうまでもない。

三万字にも及んだ有澤廣巳の「弁護要旨」

鈴木が作成した宇野・美濃部・有澤の「弁護要旨」はいずれも謄写版刷りで、字数は宇野のものが約二万字、美濃部のものが約五千字、有澤のものが約一三万字であり、分量としては有澤のものが突出している。さらに鈴木が作成している「労農派教授グループ」以外の治安維持法違反容疑者の「弁護要旨」と比較してみても、これほどのボリュームのものは見当たらない。

それではなぜ、有澤の「弁護要旨」のみがこれほどの分量となったのか。これは有澤の無罪判決が「労農派教授グループ」の中では最も遅く出されたこととも関連するのであろうが、それまで多くの治安維持法違反事件の弁護で展開してきた自らの弁護の方法や内容を総括しておきたいという考えがあったものと推測される。

有澤の「弁護要旨」の構成は、他の「弁護要旨」のそれと大きな違いはなく、公訴事実に対する反論を中心に弁論が組み立てられている。有澤の場合、公訴事実は、①改造社版『経済学全集』に『カルテル、トラスト、コンツェルン』（上・下）、『世界恐慌と国際政治の危機』を執筆したこと、②『中央公論』に世界経済批判会の名前で「世界経済総観」などを執筆したこと、③大森義太郎の依頼により『労農』誌上の「国際情勢欄」に執筆したこと、④大森義太郎の生活費援助のため、『改造』誌上の「世界情報欄」に原稿を提供したこと、⑤大森義太郎の依頼により『改造』一九三五年・一九三六年の各新年号の附録年鑑を作成したことなどであった。有澤のこれらの行為が治安維持法違反にあたるとして、有澤は一九三八（昭和一三）年二月一日に検挙されたのである。

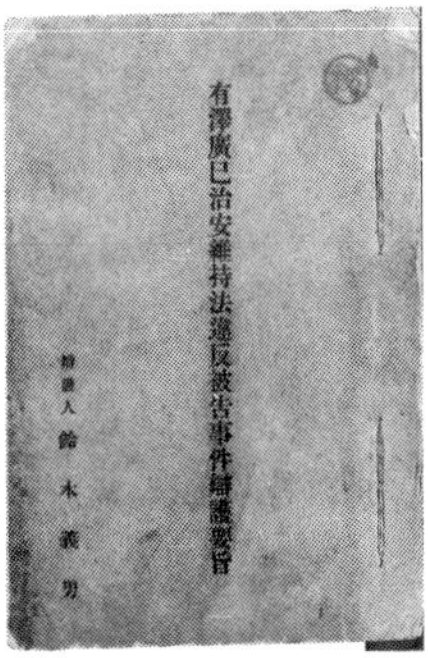

図34 『有澤廣巳治安維持法違反被告事件弁護要旨』

しかし、これらの公訴事実に対する弁論の内容をみると、他の弁護要旨とは大きく異なっている点が二つあることがわかる。

その一つは、マルクス主義の理論についての解説に相当のページが割かれていることである。有澤の「弁護要旨」の目次をみると、「第一、マルクス主義とは何ぞ」「第二、マルクス主義の発展とマルクス主義の運動」「第三、マルクス主義者とは何ぞ」「第四、経済学者とマルクス主義」となっており、その後の「第五、有澤被告の立場」でようやく有澤本人への言及がなされている。第一〜四のマルクス主義の理論についての解説では、マルクス・エンゲルスの著書が数多く引用されている。マルクス主義とは哲学としては唯物弁証法であり、ヘーゲル哲学を批判的に摂取したものであること、その哲学を人類の歴史に適用して独自に作り上げた歴史観が「唯物史観（史的唯物弁証法）」であること、マルクスの経済学は「資本論」、政治論は「階級闘争論」であること、その「資本論」は価値論（剰余価値論）と資本増殖論（資本の再生産論、資本蓄積論）を柱として展開していくことなどが詳しく述べられている。

鈴木は、こうしたマルクス主義に関する体系的な知識を法廷で開陳しつつ、数多くのマルクス主義者や労農派教授グループらの弁論を行ってきたのである。これは他の弁護士には容易にできることではなく、終戦後に日本社会党委員長を務める鈴木茂三郎をして「マルクス主義に関する学識の深さを法廷において立証したものであって、裁判官を驚かせた」（『鈴木義男』九八頁）と言わしめたものである。また前述したように、山田盛太郎が河上肇の治安維持法違反事件の弁護人の選定の際、自由法曹団の弁護士よりも鈴木義男を優先させようとした最大の理由もここにあったように思われる。
もう一つは、近代刑法理論の大原則に立脚したうえで、「法律が裁くことができるのは行為であり、行為として実行されていない思想はいかなるものであっても裁けない」ことを、さまざまな事例を取り上げつつ繰り返し主張していることである。そのことは、有澤の「弁護要旨」の次の箇所からも読みとれる。

刑法上或者がある思想を抱懐《ほうかい》したと云う丈《だ》けで刑罰に処せられると云うようなことはあるべきことでもなく、全くあり得ないことであります。「法は思想は之を罰せず、罰するを得ず」と云う大原則があります。老荘の思想でも、プラトーの思想でも、釈迦《しやか》基督《キリスト》の思想でも、トルストイ、カント等々の思想でも之を現実の社会に直ちに行おうとするならば安寧秩序に害なきものはないのであります。（中略）特定思想の抱懐の故を以て直ちに刑罰の目的としえない所以のものは一種の天賦権としての人間の思索の自由なるものがあるからでありまして、観念の世界で丈け考えて居る限りは道徳は関与し得ましても、法律は干渉し得ないのであります。法律が干渉し得るのはその思想の実現を動機として対人的に又は対社会的に一定の行動に出でる場合、その価値判断の資料として動機論として評価し得る丈けであります。故に仮令《たとい》有澤がマルクス主義を信奉（信奉と云う言葉が当るか否か疑問でありますが）するに至った、そしてそれが経済学説である為めに我国の制度と関係を有するに至ったとしましても、それ丈けで被告を処罰することの出来ないことは多言を要せずして明《あきらか》であります。（前

掲『有澤廣巳治安維持法違反被告事件弁護要旨』、二〜五頁）

鈴木は、有澤がマルクス主義を「信奉」するに至ったとしても「それ丈けで被告を処罰することの出来ない」と述べて有澤の無罪を主張しており、これと同様のことは表現のしかたを変えつつ、「弁護要旨」のあちこちで繰り返し述べられている。

①「思想は思想であって実践ではないのである」（同、四三頁）。

②「法律に於てはそう云う行為に現われない、肚の中の問題まで取り上げて糾弾《きゅうだん》することは許されないことであります。終局の目的が当面現実の目的としてあらわれて来るときに於《おい》ての
み問題とせらるべきものであります」（同、一七八頁）。

③「未だ何等国体変革的意図をも表現せざるに之を治安維持法第一条に依って擬律処断しますることは法律は人の行為を問題とするものであって、その思想を問題とするものでないと云う大原則からしましても為《な》すべからざること、不可能のことであります」（同、二九六頁）。

④「一般的の人間の心理状態、心情と云うものを以て直ちに具体的好意の意思決定動機即ち犯意に転換するものでありまして、犯罪行為の目的を確定せずに、いきなり其の者の心理状態乃至研究、思想と云うものを犯意に擬するものであります。之は此の種の思想に関する事件に於きまして屡々《しばしば》繰返されて居る過誤でありますが、私は大いに避けて戴かなければならぬと常に信じて居るのであります。思想そのものは之を処罰しない。又処罰するに適しないと云うことは法律の大原則であります。そこに迄立ち入ることは許されないことである。（中

略）内心と云うものは一定の行為の動機と関係はない、動機となる場合もあり、ならぬこともある。目的罪が特に無目的罪と区別せられるのは正に此の点にあると思う。治安維持法第一条第十条が目的罪であります限り、「情を知って」と異りまして、単に認識する丈けでは足りない、目的を必要とする点から見るも内心を処罰するが如き形をとるのは不当も甚だしいと云わなければならぬのであります」（同、三四四〜三四六頁。傍線は引用者による）。

このように鈴木は、有澤らの治安維持法違反事件の弁護を通して、「内心」、つまりいかなる思想・言論も個人の自由であり、法律によって裁くことができないことを何度も強く主張した。それはすなわち、学問・思想・言論の自由の保障を暗に主張していたのである。

修養同友会事件の弁護

鈴木は、修養同友会事件の弁護も担当していた。

修養同友会は安昌浩《アンチャンホ》ら朝鮮の民族独立運動家が中心となり、一九二二年にアメリカで設立された修養同盟会、同年にその系統団体として平壌《ピョンヤン》で設立された同友倶楽部が合併し、一九二六年に発足したものである。この修養同友会の目的は、朝鮮の人々に対し、将来の朝鮮のために必要な人格修養・知識・経済力などの実力をつけることを奨励し、その活動を普及させるというものであったが、彼らの一連の思想・行動が危険視され、一九三七年、メンバーが治安維持法違反容疑で同会のメンバーが相次いで逮捕・検挙された。六月七日には文学者である李光洙《イグアンス》ら一一名、六月一六日には安昌浩ら六名、六月二八日には金東元《キムドンウォン》ら二五名が逮捕された。翌一九三八年八月一五日、彼らは予審決定で起訴され、一九三九年一二月八日に京城地方法院において第一審の判決が下され、全員に無罪が言い渡された（『思想彙報』第二四号、高等法院検事局思想部、一八八頁）。

しかし、これに不服を申し立てた検事局は、直ちに控訴した。第二審の判決は一九四〇年八月六日に下されたが、この時は四一名の被告全員に対して有罪が言い渡された。罪の重さはそれぞれ異なるが、修養同友会の主要メンバーの一人であった李光洙に対しては懲役五年の判決が下された。この判決に対して、今度は被告らが上告して弁護団が組織された。鈴木はこの弁護団の一人であった。

鈴木が上告を請求するためにまとめた『上告趣旨書』（『朝鮮独立運動事件　上告趣旨書』所収、神戸市立中央図書館青丘文庫所蔵）によると、一九二六年に発足した修養同友会は、その前身である同友倶楽部の設立当初から、朝鮮の文化向上を目標とする規約や綱領に基づいて活動している社交団体の一種に過ぎず、かつては朝鮮総督府にも正式に結成を認められた合法団体として活動していたと記述されている。

そのうえで鈴木は「被告人の同友倶楽部、修養同友会、同友会等に順次参加しその規約に従って修養につとめ若干の金銭的援助を為したるは文化向上の目的以外、毫《ごう》も政治的意図の存せざることは前後の事情より見て疑うべからざる所なり。殊に『民族改造論』は公刊の誌上に発表を許され、右諸種の名称の団体は二十年の久しきに亘りて総督府当局によりて公然その存在を許され居りたる事実に鑑みるときは被告人等に独立運動の犯意《はんい》を認定することは不当も甚しきものと信ず」（同六～七頁）と主張している。

したがってこの団体は、治安維持法で取り締まりの対象としているようなラディカルな政治団体ではなく、「検察当局は同友会を以て一種の革命運動団体たるかの如く観察し之を治安維持法上の存在とするも、而《しか》して本件に於《おい》て被告人等を治安維持法違反を以て問擬《もんぎ》糾弾するには国体変革を目的とする結社の存在を必要とすること勿論なるも、被告人等をして隠されたる意図目的として窮極の目的なるものを供述せしめたる外、同友会の規約、綱領、目的、行動そのものには毫《ごう》末《まつ》も国体変革の目的を認むること能わざるなり。被告等の内心的事実（かりに之れありとして）は、換言すれば各人の抱懐する独立の理念は到底治維法上の動機たることを得ず。動機たり得るが為めには直接結社の目的として独立を企図し之を助成し遂行したる場合に限ることは法律上当然の約束なり」（同二二五〜二二六頁）と述べている。

また鈴木は、仮に修養同友会に属する者が未来の社会の理想として民族独立の思想を抱懐していたとしても、法律ではそれは裁くことはできないと主張した。その思想は「遠き将来に於て朝鮮の文化向上し広汎なる自治の許容せらるべき素地を作らんが為めに文化向上運動を為す者ありとせば、そは法治国に於て許さるべきことたると共に毫《ごう》も違法視することを得ざるべきなり」（同、一一〇頁）という。そのうえで、

苟《いやしく》も朝鮮に生を享《う》けたる者として理念として独立を思うは人情当《とう》に然るべき所なり。この理念の抱懐は権力を以ても阻止し得べきにあらず。又法律も直接関し得る所にあらず。（同、四一頁）

とまで述べている。つまり、朝鮮に生まれ育った者にとってそのような民族独立の思想を抱くのは当然であり、法律も直接関与し得ない、すなわち法律では裁けないと主張している。

これに続けて鈴木は「被告人の意思目的は朝鮮同胞の文化的向上にありて他意なきこと明か」であり、「朝鮮の独立の場合に役立つべきことの認識の下に文化向上運動を助成したりとするも、治安維持法の犯罪を構成するものにあらず」と述べ、被告人たちの無罪を主張した。かくして一九四一年一一月、鈴木の弁護の効果もあり、朝鮮高等法院で行われた上告審では全員無罪の判決が下された（「全員被告無罪言渡」『毎日新聞』一九四一年一一月一八日付）。

このように鈴木は、日本人だけでなく、朝鮮の人々の弁護も引き受け、彼らのために力を注いでいたことがわかる。そこから垣間見えるのは、鈴木の恩師である吉野作造のことである。吉野が一九一九年に起こった朝鮮の三・一運動や中国の五・四運動といった国内民主化を目指す民族運動に理解を示していたこと、一九二三（大正一二）年の関東大震災の発生時、生活困難な状況に置かれた朝鮮の人々に対する救援活動を行っていたことはよく知られている。人種などにこだわらず、困った人々を積極的に支援するような行動や、国際協調の精神に基づくこのような吉野の姿勢は、彼の「高弟」である鈴木にも受け継がれていたといえる。

この修養同友会事件について、筆者が鈴木義男の次女である新井ゆり子からいただいた手紙の中に次のような記述があった。この手紙には、鈴木自身の人としての姿勢も描かれているため、やや長文となるが、紹介しておく。

父の生涯はクリスチャン精神で貫かれていたと思います。神を懼《おそ》れて人を恐れずの精神で貫かれていたと思います。苦しんでいる人、困っている人を助け、報酬等は念頭になかった様です。私も自然に父の生き方に染まった様で、人生大事な結論を出す時は常にクリスチャン的精神であった様に思います。他事乍ら一例として……。

父が朝鮮の作家で思想犯とされた方の弁護をして無罪とした時に、日本の新聞に「赤い弁護士」と書かれ、それを見た私の女学校（日本女子大付属高女）の担任の教師が、父兄会で「鈴木ゆり子さんのお父さんは、赤い弁護士で危険な人だから、気をつけて友達にならない様に……」と。

それを聞いた父兄の中の一人が娘さんに「気の毒だから、あなたはお友達になって上げなさい……」と。そして私とやがて親友に。私が家でその話をすると、姉が怒って「そんな学校はすぐやめて転校しなさい！」と云いましたが、私は「いいえ、五年間いて必ずそんな悪評は消してみせるつもりヨ」と。そして卒業パーティの席で、私は一寸遅れて行くと、その担任の先生が「鈴木さん、ここ！、ここ！」と自分の席の隣を空けていて、呼ぶのでびっくり！一寸坐り心地は悪かったけど、やっぱり私の判断は正しかったナと。神様はすべてお見通しなのだから……の信念！父は正しかったのだ！とゆう信念、神を懼れて人を恐れずのクリスチャン精神が父から私の中にもちゃんと育っていたのでした。

余談ですが、朝鮮の作家ご夫妻が無罪のお礼に麴町の我が家を訪ねて来られた時、私がお茶を持って二階の応接間に行くと、ご夫妻は朝鮮の正装で椅子からじゅうたんの上に坐り、両手を高く上げて、その手を床に下し、頭をその手の上に下しておられたので、私はびっくりしてお茶をこぼしそうになったのを、今も鮮明に覚えております。（東北学院史資料センター所蔵資料）

ゆり子の記述から、鈴木が「神を懼れて人を恐れずの精神で貫かれていた」こと、「苦しんで人、困っている人を助け」る姿勢を持っていたことがうかがえる。そういう鈴木だからこそ、朝鮮の人々のために尽力できたと考えられる。無罪の判決を受けた「朝鮮の作家ご夫妻」が訪れた際にも、いたく感謝していたのもうなずけるのである。なお、手紙中に「朝鮮の作家で思想犯とされた方」、「朝鮮の作家ご夫妻」というのは李光洙のことと思われるが、現時点では断定できない。

キリスト教牧師の弁護

最後に取り上げるのは、治安維持法違反で検挙されたキリスト教牧師・安倍豊造《あべとよぞう》の弁護である。さまざまな弁護を行う中、一九三〇年代になり、日本が戦争への道を突き進みはじめると、治安維持法は、自由主義的思想や宗教など、国の方針にそぐわない思想・主張も弾圧・統制の対象になっていった。そのため、治安維持法による思想弾圧の嵐は宗教界をも襲うこととなった。一九三五（昭和一〇）年一二月の大本教《おおもときょう》への弾圧をはじめ、天理教、金光教、「ひとのみち教団」などさまざまな仏教・神道の宗派に弾圧の波が及んだが、むろんキリスト教も例外ではなかった。一九四一（昭和一六）年の太平洋戦争の勃発前後からは、連合国のスパイ活動が疑われたキリスト教に対する弾圧はより厳しさを増した。一九四一年、治安維持法が予防拘禁を含む厳しいものに改定され、翌年の六月にはプロテスタント系メソジスト派のホーリネス三教会（日本聖教会・きよめ教会・東洋宣教会）の信者九六人が同法違反容疑で逮捕された。これ以降も、これらの教会に対する警察の厳しい監視が続いた結果、逮捕者は一二〇人にも達した。鈴木は、この時期に逮捕された者のうち、ホーリネス教会の牧師である安倍豊造の弁護を担当した。

鈴木が安倍の弁護を引き受けたきっかけについて、後に安倍は「鈴木先生は、後に片山内閣の時には法務大臣になられたほどの人で、お父様は牧師であられた方であり、御当人も九段メソジスト教会の会員であられた。そして、当時行なわれた重大事件をほとんど一手に引き受けて見事な弁護成績を挙げられておられる弁護士界の第一人者であった。しかるに信仰上の王と歴史世界の王とを同視しての裁判という国辱《こくじよく》的裁判と知って、あえて弁護を引き受けて下された」（安倍豊造「われらを試みにあわせず　悪より救い出し給え」、ホーリネス・バンド昭和キリスト教弾圧史刊行会編『ホーリネス・バンドの軌跡』新教出版社、一九八三年、五一三頁）と回顧している。安倍は鈴木がメソジスト派の九段教会に属しているクリスチャンであり、弁護士としても大きな実績を上げているため弁護を依頼したというが、実際、鈴木に直接依頼したのは安倍の妻だったという。

この事件の公判は一九四四（昭和一九）年八月、東京地方裁判所において開始された。同年一二月四日に開かれた第一〇回公判では鈴木の最終弁論が行われた。そのときの様子について、後に安倍は「鈴木先生の弁論は約一時間半、しかも法的立場より堂堂《(ママ)》と論じられたので、聴く者一人残らず深い感銘を受けた」(同五五三頁)と述べている。また、その時の弁論は次のようなものであった。やや長い引用となるが、鈴木の肉声に近いものであるため、あえて引用する。

自分は安倍被告の弁護人であるが一般的に論ぜざるをえない故、はじめ一般的に述べる。基督《キリスト》が所謂千年時代の王となるということは、俗界における王ではなく、俗界の王とその領域を異にする宗教的な意義におけるものであることは、既に二千年前ピラトが基督を審《つまび》らいた時にこれを明にされたことで、その後世界の法曹界においては皆ひとしくピラトの審判がこの埒《らち》を超えて誤を侵したものとして終止符を点じてしまった問題である。

然るに今之をわが国に於て目前に見るとは実に恥かしく又遺憾事である。(中略《ママ》)

今被告達が述べたという調書を見るに常識を有する者の到底首肯《しゅこう》しうる所でない。もし彼らにして真にかくの如き信仰をもつものとせば、宜しく精神鑑定に付すべき者である。なお此調書についていては安倍その他が述べている如く多くの無理が行われていることは明かである。(中略《ママ》)

なお本件は行政的に扱うべき筈のものである。安倍は日本聖教会が単独教団たらんとしていたとき文部省において教義の説明をなし之を了とせられたといっている。これを裁判上の問題としたことは無理たるを免れない。

さらに仮に彼らが述べしごとき教義を持っていたとしても、彼らはこれを我国体に関係づけて考える迄に及んでいなかったのである。然らば国体に反する意志は無かったのである。意志のなかった者を罰するということは法ではない。

先般行われた東大（ママ）の宇野教授及五人の教授らもマルキシズムに対する信仰は持ってはいたが、これを実行する事を目的として結社していなかったので意志なきものとして無罪とせられたのであった。

これによってこれを見れば甚だ遺憾多き裁判たらざるをえない。

安倍は其上申書にもいえるごとく聖書神言無謬《しんげんむびゅう》説に対しても一応の批判的意見を持っていたこと、また分離前後よりの変化についても順序を立てて之を述べて居る。（中略《ママ》）信仰には変動性があり一人々々を一律に扱う事には無理がある。この点においても本件は遺憾であった。

何よりも大切な事は彼らの何たるかを知る事である。よろしく人物を見る事である。私は安倍と接見して彼に就いて知った。

先般尾崎咢堂の裁判に於ても「此人にして此意志ありや極めてなし」とせられて無罪とせられしは実に名判決と思う。安倍を信仰の故に勘当した父が、彼の幽閉中其妻に与えた手紙を見ても彼の何たるを知るであろう。

私は安倍豊造においては無罪の御判決を願うものである。（安倍豊造「受難の記録　戦時下のクリスチャン」『日本評論』一九五〇年八月号、日本評論社、一一三～一一四頁）

鈴木は、キリスト教の「千年時代の王」とは「俗界における王」ではなく「宗教的な意義におけるもの」であり、「我国体に関係づけて考える迄に及んでいなかった」のであるから、「意志のなかった者を罰するということは法ではない」として無罪を主張した。ここでもいかなる思想を抱懐していようと、それだけでは人を裁くことはできないという主張が展開されている。

この最終弁論が行われた約三週間後の一九四四（昭和一九）年一二月二七日、安倍に対して懲役三年・執行猶予五年という判決が下された（同一一五頁）。この判決に不服であった安倍はただちに上告したが、その後の戦局の悪化に伴う混乱の中で上告審は一度も開かれず、終戦後の一九四五（昭和二〇）年一〇月一三日に免訴が言い渡されるというかたちで終結した。

5　人権擁護の姿勢を貫く

本章では、弁護士時代の鈴木の事績をたどってきたが、弁護活動における鈴木の姿勢には、次の三つのことが貫かれているように思われる。それらのことを確認しておこう。

第一に、青少年期に培ってきたキリスト教的人道主義に基づく人間性を持っていたことである。鈴木の長女・絢子も後に「広く悩める人々に手を差しのべる父の一生」と述べているように（『鈴木義男』二五三頁）、鈴木の生涯の根底には父・義一や東北学院から教えられたキリスト教的人道主義があり、弱い立場にある人に自ら率先して手を差しのべ、救済・支援しようとする姿勢が見てとれる。

第二に、性別・出自・国籍・立場などを異にする人に対して一人の人格を持った人間として平等に接し、国家権力によって不当に抑制・弾圧され、人権を侵害された彼ら・彼女らの権利を守ろうとする考えも持っていたことである。治安維持法違反事件の弁護について、のちに鈴木は「そのときまでは明治憲法のもとに国民大衆は非常な抑圧を受けており、私はその圧迫されて凌辱された人たちを弁護することに生涯を費しておったのでありますから、これはとてもたまらない」(鈴木義男「私の記憶に存する憲法改正の際の修正点：参議院内閣委員会に於ける鈴木義男氏の公述速記」憲法調査会事務局、一九五八〔昭和三三〕年二月)と述べている。

鈴木はそれまでに培ってきた知識・経験などを最大限に活用し、社会的に弱い立場に立たされた人たちを守ろうとし、弁護の場においてはその卓越した弁才・文才を遺憾なく発揮した。その様子からは、弱者の側に立ち、権力に真っ向から立ち向かおうとする鈴木の姿勢が見て取れる。

第三に、一連の弁護活動を通して、人々の人権を擁護しようとする強い姿勢が見られることである。鈴木は、一人の弁護士として、本来、人々を守るために作られた法律が、時の政治に都合のよいように解釈・利用され、国家権力によって不当な弾圧が繰り返し行われていることを危惧していた。彼の残した弁護要旨からは、いかなる理由があろうとも、人間としての自由や権利を侵すことはできないという強い信念が見てとれる。鈴木は当時の裁判(司法)のあり方についても「裁判は政治ではない」、そして「裁判は政権政治的勢力からは超然としていなければならない」ことを強調し、司法権の独立、つまり政治と裁判(司法)の分離を主張し続けたのである。

また鈴木は、学問の自由や思想・言論の自由が脅かされることについても強い懸念を抱いていた。鈴木にとって、学問や思想・言論は、教育・教養として享受され、その人の人格形成に大きく寄与するものであり、文化を受容できる人間を育成する手段の一つでもあった。東北帝国大学教授時代の軍事教育批判を行ったときも「人類文化の理想が平和にある」と述べていたように、このときの鈴木は、政治的影響などによって人権が侵されず、人々が平和のうちに生きる権利が保障される、すなわち生存権の保障についてもすでに意識していたといえる。

このように、弁護士時代の鈴木義男の活動の根底には人権擁護の姿勢、生存権を重視する考えがうかがえるのである。

さらに鈴木は、国が個人の権利の保障を行うことの重要性も示唆していた。これは戦後、国民主権の尊重という思想に受け継がれていくが、鈴木は戦時期においても大正デモクラシーの思想を継承し、軍国主義に突き進む日本の中にあってもその思想を貫き続けたのである。

しかし、鈴木のさまざまな主張が多数派を占めることはなかった。それどころか戦争の激化に伴い、治安維持法違反で不当に逮捕・検挙される者が後を絶たず、そのたびに鈴木は法律の限界に直面していた。つまり、法律のみで政治を抑制することはできず、人権侵害を止めることはもはや困難であるという現実と向き合っていたのである。

本当の意味で人々を守る（人権を擁護する）には、政治を変えなければならない。やがて鈴木は政治そのものに着目し、その世界へと足を踏み入れていくことになる。

エピソード3　法廷の外でも貫かれた「人間尊重の精神」

近年の研究で、法廷で行った弁論以外でも、鈴木が人権擁護や「人間尊重の精神」に基づいた行動をとっていたことが次々と明らかとなっている。ここではそれらの中のいくつかを紹介しておきたい。

一つ目は、治安維持法違反事件での判決後、警察の保護観察下に置かれて苦難の生活を余儀なくされていた作家・宮本百合子（一八九九〜一九五一）をさまざまな方法で支援していたことである。百合子は一九二七（昭和二）年に初めて検挙されて以来、一九三五年五月に四回目の検挙を受けて起訴され、一九三六（昭和一一）年六月二九日に懲役二年・執行猶予四年の判決を受けた。その弁護を行ったのが鈴木であった。百合子が執筆活動を禁じられるなど厳しい生活を余儀なくされる中、鈴木は自分の家族も含めた交流を持ち、時には資金援助などもしていた（渥美孝子翻刻・解説『宮本百合子裁判資料「手記」と「聴取書」』不二出版、二〇二〇年）。

また、治安維持法違反で無期懲役の判決を受けた百合子の夫・顕治《けんじ》が一九四五（昭和二〇）年六月中旬に巣鴨刑務所から網走刑務所に移されると、百合子も北海道に移住する決意をするが、その際、鈴木は自分の法律事務所の開設時からの親友であった札幌在住の弁護士・齋藤忠雄を紹介した。そのことについて百合子は「鈴木義男弁護士から札幌の齋藤忠雄《さいとうただお》という弁護士に紹介を貰いました。この人は土着の人で信望のあつい物わかりよい人の由、相談にのって貰える人のあるのは心づようございます」（宮本顕治・宮本百合子『十二年の手紙』その三、新科学社、一九五五年、二〇〇頁）と述べている。なお齋藤は太平洋戦争勃発時の一九四一年一二月八日、軍機保護法違反で検挙された宮澤弘幸の弁護を鈴木義男とともに行った人物である（北大生・宮澤弘幸「スパイ冤罪事件」の真相を広める会編『引き裂かれた青春　戦争と国家秘密』花伝社、二〇一四年）。これらのことから、鈴木が宮本百合子に対して終始、誠実な対応をしていたことがわかる。

二つ目は、「赤化判事事件」で弁護を行った被告の受刑後の生活を支援すべく、自分の法律事務所で雇ったことである。赤化判事事件とは、一九三二（昭和七）年から翌年にかけて、裁判所の判事・書記など十数人が共産党に資金カンパをしていたことなどで、治安維持法違反容疑で逮捕された事件である。このとき鈴木は、瀧内礼作（札幌地裁判事）と福田力之助（山形地裁判事）の弁護を行った。瀧内は鈴木が東北帝国大学で教鞭を執っていた頃の学生で、それが弁護を引き受けた理由でもあったという。

一九三四（昭和九）年二月四日から始まった裁判において、検事が「司法官判事であるが故に重刑に処せ」と求刑したのに対し、鈴木は「法の適用科刑の標準は万人平等ならざるべからず、その地位と職業とにより差別あるべからず」と反論したという（森長英三郎『新編・史談裁判　第四巻』日本評論社、一九八四年、三六頁）。同年一一月には判決が下され、瀧内が懲役三年、福田が懲役二年という有罪が確定し、両者とも免官となり服役した。

刑期終了とともに途方に暮れていた二人を、鈴木は自らの弁護士事務所に雇い入れた。二人は長期にわたって鈴木を補佐し、終戦後にはいずれも弁護士資格を取得して活躍した。

三つ目は、東北帝国大学在学中に治安維持法違反で起訴され、退学処分となった学生を自らの法律事務所で雇ったことである。その学生は、同法違反の罪で東北帝国大学を退学になった唯一の女性・川崎七瀬である。川崎は一九四一（昭和一六）年四月に東北帝国大学法文学部に入学し、その半年後にマルクス主義の研究会に参加する。そして翌一九四二年六月に治安維持法違反で検挙され、その後一年半に及ぶ拘禁生活を送り、一九四三年四月に起訴され、同年一一月に懲役二年・執行猶予四年の判決を受けた。そして、起訴と同時には退学処分となった（柳原敏昭「治安維持法で検挙された唯一の女子帝大生」『宮城歴史科学研究』七六・七七合併号、宮城歴史科学研究会、二〇一六年、三五〜三六頁）。

川崎は、一九四七年当時発行されていた月刊誌『大学』（大学文化社刊）に三回にわたって「私の学生生活」という回想文を寄稿しているが、その中で退学処分後の状況についても言及している。それによると、退学処分になった後、茨城県小木町の実家に戻ったものの警察の監視下にあったこともあり、トラブルが続いたため一九四四年夏には東京に出てきたという。その際「私の庇護者が、当時、思想犯の弁護士として有名な現在の法相鈴木義男氏で、しかも私の仕事は氏の事務所での思想犯の弁論作成のお手伝ひであり、その間は公然とマルクス主義の本も読めたので息を吹き返した」と述べている（同五一頁）。

鈴木は、警察による監視が厳しさを増していた戦時下においてもマルクス主義に関する文献に接することを渇望していた川崎を自らの法律事務所に雇うことにより、その要望に応えた。なお、川崎に鈴木を紹介したのは宮本百合子であったともいわれているが定かではない。

四つ目は、東北帝国大学教授時代の同僚であった阿部次郎の友情に応えるべく、治安維持法違反容疑で起訴された阿部の長女・和子《かずこ》の弁護を行ったことである（阿部次郎の遺族による）。阿部次郎の日記（『阿部次郎全集』一四巻、一九六二年、角川書店）をみると、鈴木と阿部は「午後鈴木義男来訪」（同、一九二四年一一月二一日の欄）、「鈴木義男に百円用立てる」（同、一九二四年一二月一二日の欄）、「午後鈴木義男君来訪（赤松氏応援の件）」（同、一九二八年二月一三日の欄）といった記述からもうかがわれるように、日常的に気軽に行き来するような間柄であった。また、阿部は後に鈴木が「不本意な出版事件」で大学を辞めざるを得なくなった際にも、友人とともに「当人の傷を最小限度に止め身の振方に困らぬようにさせようと色々議を凝らしていた」（『阿部次郎全集』一五巻、一九四六年九月三日の欄、一九六二年、角川書店）と日記に記している。

阿部和子遺稿・追悼集刊行会編『子どもたちを主人公に親たちと歩んだ道』（一九九一年、ドメス出版）によれば、阿部和子は戦前・戦中に治安維持法違反容疑で①一九三一（昭和六）年の東京女子高等師範学校（現・お茶の水女子大学）の一年生（一八歳）の時、②一九三二（昭和七）年の岩波書店社員（一九歳）の時、③一九三四年のプロレタリア作家同盟参加（二一歳）の時、④一九四二（昭和一七）年の愛育研究所高部屋村分室勤務（三〇歳）の時の四度にわたり検挙されている。そのうち起訴されたのは④で、この時に弁護に当たったのが鈴木であり、一九四四（昭和一九）年二月に「懲役二年・執行猶予三年」の判決を受けている。

阿部次郎の日記（前掲、第一五巻）の一九四三（昭和一八）年一二月一三日（月）の欄に

「夜鈴木義男君来訪」という記述があり、これは仙台の裁判所での最終弁論のための来訪であったとも考えられる。いずれにせよ鈴木は阿部とのそれまでの友情に応えるべく、長女の弁護を引き受けたとみられる。

五つ目は、鈴木が共産党の活動家であった福永操の弁護を誠実に行ったことである。福永の著書『あるおんな共産主義者の回想』（れんが書房新社、一九八二年）によれば、福永は治安維持法違反容疑で一九二八（昭和三）年と一九三四（昭和九）年の二度検挙・起訴されたが、二度目の起訴の際に弁護を担当したのが鈴木であった。福永は相次ぐ検挙で体調を崩し、結核の悪化によるたびたびの喀血で命にかかわるような状態であったが、鈴木は無償で弁護を行ったという。

一九三六年に福永に下された判決は「懲役二年」であり、それに従って服役していたが、鈴木が「上告」するなどあれこれ作戦を立てて弁護活動を行った結果、一九三七（昭和一二）年三月に刑の執行停止を言い渡されたという。福永は「このとき私が執行停止のはからいになったのは、まったく、鈴木義男がそのためにひそかにおほねおり下さったのであろうと思う」（同書、三四一頁）と述べている。ここにも鈴木の被告への誠実な対応がみてとれる。

以上のいずれのケースでも、鈴木は豊かな人間性に裏付けられた慈悲溢れる行動をとっている。改めて、鈴木という人の偉大さ、器の大きさを知ることができる。

エピソード4　白河への家族の疎開

アジア・太平洋戦争末期の鈴木の家族の様子については、山川園松（鈴木の姉・ユフの長男）が疎開について興味深い一文を残している。山川は東京方面に住んでいた自分の家族、鈴木の長女・次女の家族とともに白河にある鈴木の実家（義男の弟・義臣が家督を相続していた）に疎開したという。なお、鈴木は東京に残り、弁護士の仕事を続けていた。この一文から鈴木の家族・親類も戦時中は相当な苦労をしていたことがわかる。

義臣叔父の家は私の母の実家であった。町のはずれに近い所にあり、国道に面していた。家の左は阿武隈川が流れ、長い橋がかかっていた。庭にはかなり大きな泉水があり、鯉が飼ってあった。裏には鶏舎があり、その先には土蔵があった。（略）義臣叔父の家族は四人で、お手伝いの小母さんが一人、私の家族が母を交えて六人、そこに義男叔父の家族が叔母を入れて六人、総勢十七人の大家族となったのである。そこで問題になったのは食糧であった。初めのうちは義臣叔父も、裏の土蔵に米が四俵あるから、当分は大丈夫だと楽観していたが、大家族の上に来客も頗る多いので、一月も経たないうちの四俵の米は底をついてしまった。そこでときわ叔母を初めあやこさん、百合子さん等は、在方へ米を買いに出かける様になったのである。又叔父は家伝薬である馬の内羅の薬を米と交換していた。（山川園松「戦災の記（上）」『春和』七月号、春和会、一九七七年、六九～七〇頁）

また、山川は戦争末期の鈴木について次のような興味深いエピソードを書き残している。

昭和二十年三月二十日の事でした。（略）叔父（鈴木義男のこと――引用者）がやって来て「もう白河へ行くのか」と申しますと「そうだろうな。君は未だ東京を去る訳にはゆくまいが実のところこの戦争はとても日本に勝目はなく、僕等欧米を見て来た者からみるとまるで大人と子供の喧嘩の様で危くてみていられないんだ、いよいよとなったら白河に行く様にするんだな」と云われました。その時迄は日本が絶対に勝つと思い込んでいた私にはその言葉が実に意外でした。戦争の推移について認識を新たにさせられた様に感じ、如何にしてこの苦難の時代を乗り切って行くべきかといふ事について一応考える様になりました。（山川園松「叔父と私」『春和』九月号、春和会、一九六五年、五一頁）

戦争末期とはいえ、鈴木もこの戦争には勝目がないと考えていたのであろう。

第五章

新憲法制定・司法制度整備——政治家への転身から法務総裁辞任まで

本章では、一九四五（昭和二〇）年、鈴木が政治家への転身を決意し、初当選を果たした頃から、新憲法（現在の日本国憲法）の制定への尽力、および司法大臣・法務総裁への就任を経て一九四八（昭和二三）年に発生した「昭電疑獄事件」を契機とする芦田内閣総辞職に伴う法務総裁辞任の頃までを取り上げる。

戦時下において、鈴木は弁護士として、さまざまな事件の弁護で奮闘していたが、終戦を一つの契機として政治家に転身する。かつて東北学院の師に「大政治家」になると語ったその目標が実現することになるが、その最近の大仕事が帝国憲法改正案委員小委員会のメンバーとして、新憲法（現在の日本国憲法）の条文を作成・審議することであった。それにあたっては、これまでの鈴木の知識・経験・才能のすべてが遺憾なく発揮され、鈴木の発言なくしては挿入され得なかった条文もあった。また、新憲法制定後は片山内閣の司法大臣、および芦田内閣の法務総裁に就任するが、その間にさまざまな司法制度改革・整備を推進していった。その一方で法務庁内に人権擁護局を設置することに意欲的であった。政治家としても活躍する中、芦田内閣の法務総裁在職中に「昭電疑獄事件」が発生する。それに対しても鈴木が対応することになる。

では、政治家時代の鈴木義男はどのような様子であったのか。本章ではそれをひもといていくことにしよう。

1　政治家への転身

GHQの非軍事化・民主化政策へのカルチャー・ショック

鈴木が弁護士から政治家に転進したのはなぜだろうか。まずはこの点についてみてみよう。

一九四五（昭和二〇）年八月一五日、連合国側の提示した降伏勧告案（ポツダム宣言）を日本が受諾したことにより、日本は終戦をむかえた。この戦争による軍人・民間人の犠牲者（死者）は、日本だけでも約三一〇万人、日本を除くアジア諸国でも二〇〇〇万人以上という膨大な数にのぼり、文字通り未曾有の惨禍《さんか》をもたらした。

そして終戦と同時に、ダグラス・マッカーサー率いるGHQ（連合国軍最高司令官総司令部）は、日本の非軍事化・民主化という大きな目標を掲げ、ポツダム宣言に基づき、さまざまな改革、たとえば日本の軍隊の解散、軍国主義者の公職追放、婦人参政権の実現、労働者の権利保障などの五大改革、教育基本法をはじめとする教育法令の制定による教育の民主化、財閥解体や農地改革といった経済の民主化などの改革を相次いで実施していった。

日本の非軍事化・民主化政策が進む中、鈴木は政治家になるという一大決心をする。後年、鈴木は次のように語っている。

敗戦は一時われわれを虚脱状態においたことは疑もない事実であったが、連合国殊にアメリカの占領政策の実施機関としての、最高司令官マッカーサー元帥《げんすい》の統治政策というものが、次第にわれわれに明らかになると共に、ホッとして救われたような感慨に捕われたことも多くの国民にとっては事実であった。それは共産主義者のそれとは違った意味において、日本国民の精神生活の解放であったからである。それは寛大というような形容詞を遠く絶するものであった。西欧人にとっては、日常茶飯事であったのであるが、建国以来、封建と専制の下に、隷属と服従しか知らなかったわが国民にとっては、敗戦のむくいとしては余りにも有り難い自由の享受であった。占領は半奴隷を意味した歴史的事実を知っている者は、元帥の到着迄は戦々恐々としていたのであるが、元帥が進駐して、めまぐるしいばかり、われわれの精神的自由の解放の業を進めるのを見ては、驚きが感謝と感激に変っていったのであった。終戦に感謝するという言葉さえ聞かれるようになった。私も当時その感激にひたった一人であって、今度こそ積年書物の上で教えられ、又教えてきた民主自由主義の政治、社会生活を実現できるぞという希望をもって政界に入ったわけであった。吉野博士の民本主義に魅せられて普選運動に参加した学生時代の自分と、戦後政界入りした当時の自分とは、今も懐かしくロマンチストとして思い出のうちにあるといいうる。（鈴木義男「民主化に逆行する治安立法」（『世界』第七二号、岩波書店、一九五一年一二月、四六頁。傍線は引用者による）

戦争終結後は「虚脱状態」にあったものの、ＧＨＱによる日本の非軍事化・民主化政策が進められる中、「ホッとして救われたような感慨に捕われた」ような「国民の精神生活の解放」がもたらされたという。そして、「建国以来、封建と専制の下に隷属と服従しか知らなかったわが国民にとっては、敗戦のむくいとしては余りにも有り難い自由の享受」がもたらされたと述べている。そしてそれを「感謝と感激」で迎えつつ、「吉野博士の民本主義に魅せられて普選運動に参加した学生時代の自分」のことを回顧しながら、「民主自由主義の政治、社会生活を実現できるぞという希望」を持ち、政界入りを決意したというのである。

もちろん、これまでの弁護士時代の経験も政治家への転身に深く関わっておいた。そのことについて、鈴木は「そのときまでは明治憲法のもとに国民大衆は非常な抑圧を受けており、私はその圧迫されて凌辱された人たちを弁護することに生涯を費しておったのでありますから、これはとてもたまらない。しかし幸いにこれから日本は、一つ明朗な民主国になるかもしれぬ。ただ見ているだけではいけない。自分も参加して一つこれを完成しなければならないという気持を起して、柄にもなく国会に出てくる気になったのであります」（前掲「私の記憶に存する憲法改正の際の修正点：参議院内閣委員会に於ける鈴木義男氏の公述速記」『憲資・総』第十二号、憲法調査会事務局、一九五八年二月、七頁。傍線は引用者による）と述べている。

このように鈴木は、ＧＨＱによって推進された非軍事化・民主化政策にある意味でショックを受けつつ、深い感銘を受けたものと考えられる。そして、さまざまな苦難や抑圧を「国民大衆」

に強いてきた明治憲法下での日本のそれまでの歴史を一変させ、「民主自由主義の政治、社会生活」を送ることができる「明朗な民主国」の実現をめざすべく政界への進出を決心したのである。

日本社会党結成に向けての動き

また、そのような決心を実行に移す直接的な動機として、次のような出来事もあった。

まず、片山哲（一八八七〜一九七八）からの誘いである。片山は戦前からの無産政党運動の実力者であり、終戦と同時に日本社会党（社会党）結成に向けて積極的に動いていた。一九四五年九月、鈴木はその片山の勧誘によりのちの社会党結成につながる「自由懇話会」に参加し、その後「社会党結成準備会」に参加することになった。このことについて、後に片山は「終戦を迎え、幅広き社会党を結成しようということとなり、文化人、知識人、学識経験者を迎える門戸解放ということとなり、私はまっ先に、鈴木君を迎え中央協議に参画して貰うこととした」（『鈴木義男』二〇六頁）と回顧している。そして同年一一月二日、鈴木は同党結成大会へも参加した。

なお、鈴木と片山の出会いやその関係については第三章で触れたが、鈴木が東北帝国大学を卒業したあとも何かしらの交流があった。例えば、鈴木が欧米留学のため、東京女子大学の教員を辞めることになった際、後任として片山を推薦したことや、一九三〇年以降、片山が社会民衆党の衆議院議員候補者として立候補した際、鈴木がその応援演説に駆けつけていたこと（前掲「片山総理と私」）、鈴木が弁護士になった際、片山が「私のところに来た思想犯、労働運動のこじれた事件などは、おおかた鈴木君にもちこんだ」こと（『鈴木義男』二〇六頁）などである。このよ

図35　政治家時代の鈴木義男

うな親交が続く中、片山は鈴木の大学教授・弁護士としての手腕を高く評価していた。特に弁護士としての活躍には目をみはるものがあり、その知識や経験・技量を生かすべく法律の専門家として鈴木を日本社会党に招き入れたと考えられる。

もう一つは、高野岩三郎を会長とする憲法研究会に参加したことである。鈴木は「私は終戦後いち早く民間の憲法研究団体でありまする憲法研究会、高野岩三郎先生を会長にしてわれわれが参加して、日本にどういう憲法を作ったらよかろうかということで研究に従事したのであります。そして憲法は根本的に改正しなければならないということを提唱し、草案を作りました。またこれなら民主革命ができそうだと希望をもって国会に出る気になったのであります」（前掲、「私の記憶にする憲法改正の際の修正点：参議院内閣委員会に於ける鈴木義男氏の公述速記」三頁）と述べている。また、この憲法研究会の母体となった日本文化人連盟創立準備会の設立（一九四五年一一月五日）にも参加し、設立後にはその常任委員に就任している（『福島民報』一九四六年四月一三日）。

かくして鈴木は、一九四五年一一月二日に開催された社会党創立大会で中央執行委員に選出された。そして「社会党に入って衆議院に入るに至って、党の司法調査部長にされた」（鈴木義男「「三淵前会長を語る」補遺」『法曹』一八号、一九五〇年五月一日、九頁）と述べているように、戦後初の衆議院議員選挙での出馬が決定した時には同党の司法関係の責任者に就任している。

戦後初の衆議院議員選挙（総選挙）は一九四六（昭和二一）年四月一〇日に投票が行われ、鈴木は福島全県区で日本社会党（社会党）から立候補し、初当選を果たした。この時の同区の立候補者は八三名、当選者（定数）は一三名であったが、鈴木の得票数は五万九、九九一票で第二位の当選であった。こうして政治家としての道を歩み出した鈴木は「国民に公約した政策はどしどし実行に移して戦後国民の安定を図る」ことが重要であり、進行中の帝国憲法改正の動きについては「わが党の案と、現内閣の案のよいところを取って立派な憲法を作ります」と抱負を述べている（『福島民報』一九四六年四月一三日付）。

図36　国会壇上にて（前方が鈴木義男）

2　新憲法制定への大きな貢献

「制憲議会」の本会議での発言

総選挙で初当選を果たした鈴木であるが、政治家時代の最初の、かつ最大の仕事が、新憲法定に関わるものであった。では、新憲法制定に関する鈴木の尽力・貢献についてみてみよう。

帝国憲法の改正案は一九四六年二月から三月にかけて、ＧＨＱ草案を手直しするかたちで幣原《しではら》内閣によって作成された。その後、天皇の最高諮問《しもん》機関である枢密院による一一回の審議を経て、六月二五日に衆議院本会議に上程された。当日は当時の内閣総理大臣・吉田茂《よしだしげる》がこの改正案の大要を説明し、その後、各党からの代表質問が行われた。

鈴木はその頃、社会党の司法調査部長に加えて「憲法主査委員」にも任命されていた（鈴木義男「改正憲法と主権の問題」『小天地』一巻七号、平凡社、一九四六年九月、一五頁）。つまり鈴木は社会党の憲法改正案審議に際しての最高責任者となっていたのである。

その鈴木が社会党を代表し、本会議で総括質問を行ったのは六月二六日である。そこでは「時局は極度に逼迫《ひっぱく》しております。国民は未曾有の窮乏に喘いでおります、……食糧危機と「インフレ」危機を傍らにして、憲法審議をなすに適するかということも疑われる位でありまするが、総ては善き政治から出発するのであります、一日も早く善き憲法を持つことは日本国家の救いであります」と、審議に臨むにあたっての基本的姿勢を示したうえで、「帝国憲法改正案」に関して①前文の簡略化、②主権の所在、③戦争の放棄、④参議院の構成、⑤国民の権利義務の規定など、複数の項目に関する社会党の立場を主張した（『第九十帝国議会衆議院本会議議事速記録　第六号』・『官報　号外　昭和二十一年六月二十七日』）。

翌六月二七日、同じく衆議院本会議の場で社会党二番目の質問者として森戸辰男（一八八八～一九八四）が登場した。森戸は同党の政策全般に責任を負う政務調査会長（政調会長）らしく、質問内容は本法案の作成にあたって政府は国民の意思を反映するためにどのような努力をしたか、この激しい変革の時代に永久性のある憲法を作成することが可能と政府は考えるのか、といった政府の基本的姿勢を問うものであった（『第九十帝国議会衆議院本会議議事速記録　第六号』『官報号外　昭和二十一年六月二十七日』）。

両者の質問は事前に社会党内での議論を経たうえで行われたようであるが、それぞれの独自の主張もかなり盛り込まれていたのではないかと思われる。たとえば鈴木は次のように発言している。

戦争の放棄は国際法上に認められて居りまする所の、自衛権の存在までも抹殺するものでないことは勿論であります。（中略）併《しか》し軍備なくして自衛権の行使は問題となる余地はないのでありますから、将来幸いに国際連合等に加入を認められます場合に、国際連合に安全保障を求め得られるであろうと云うことを期待致すのでありまするが、我々の心配致しますのは、我が国が第三国間の戦場となるようなことであります。是は憲法の問題ではありませぬが、斯う云う宣言を致しまする以上、政府は将来外交的手段其の他に愬《うった》えて、一日も早く国際連合に加入を許され、安全保障条約等に依って我が国が惨禍を被ることを避けられるように善処せられる用意があられるかと云うことを念の為に御尋ね致すのであります（拍手）。是は国民全体が深く心配を致して居る所でありますから、此の際政府の御所見を明かにせられたいと存ずるのであります。（中略）今日は世界各国団結の力に依って安全保障の途を得る外ないことは世界の常識であります。加盟国は軍事基地提供の義務があります代りに、一たび不当に其の安全が脅かされます場合には、他の七十数箇国の全部の加盟国が一致して之を防ぐ義務があるのである、換言すれば、其の安全を保障せよと求むる権利があるのでありますから、我々は、消極的弧立、中立政策を考うべきでなくして、飽くまでも積極的平和機構への参加政策を執るべきであると信ずるのであります。（同、傍線は引用者による）

ここで鈴木は「戦争の放棄」は自衛権までも放棄するものではないとしつつ、国際連合（一九四五年発足）という「積極的平和機構」への参加によってこそ、日本の安全を確保しうると主張している。ここには、欧米留学により深まった国際協調による平和の実現という理想が強く反映されているように思われる。鈴木のこのような発言について、森戸は三〇年後、「「非武装平和」の条文については鈴木君が担当で、私は直接に関係しなかった」（森戸辰男『遍歴八十年』日本経済新聞社、一九七六年、六七頁）と回顧している。

各党議員からの質疑応答が一段落した六月二八日、帝国憲法改正案を審議する特別委員会が衆議院に設置されることになった。衆議院議員七二人から構成される「帝国憲法改正案委員会」である。

帝国憲法改正案委員小委員会（芦田小委員会）

七月二二日、帝国憲法改正案委員会の中に小委員会（帝国憲法改正案委員小委員会）が設置された。この小委員会では帝国憲法改正案委員会からの付託を受け、本会議に提出された政府原案としての帝国憲法改正案について綿密な審議を行うことになり、各党派から選ばれた一四の議員

（日本自由党五人〔芦田均《あしだひとし》、廿日出庬《はつかでひろし》、江藤夏雄《えとうなつお》、北昤吉《きたれいきち》、高橋泰雄《たかはしやすお》〕、日本進歩党三人〔犬養健《いぬかいたける》、吉田《よしだ》安《あん》、原夫次郎《はらふじろう》〕、日本社会党三人〔森戸辰男、鈴木義男、西尾末廣《にしおすえひろ》〕、協同民主党一人〔林平馬《はやしへいま》〕、新政会一人〔大島多蔵《おおしまたぞう》〕、無所属倶楽部一人〔笠井重治《かさいじゅうじ》〕）が選出された。この委員会は芦田均が委員長を務めたことから「芦田小委員会」とも呼ばれていた。

　ここで小委員会の概要について述べておこう。小委員会での審議は一九四六（昭和二一）年七月二五日から八月二〇日までの約一カ月間、一三回にわたって行われた。ここでの審議は「前文」を含めた憲法改正案の各条を詳細に議論するという、いわゆる逐条審議のかたちで進められた。また、審議の途中でも多数決で決着をつけるのではなく、あくまで当委員会で議論を尽くしたうえで全員の総意を形成していくというやり方が取られた。そのため、党派を超えた活発な議論が行われ、条文ひとつひとつに対して繰り返し検討が重ねられていった。

　この時の様子について、鈴木は後に「いろいろの点で相当激論も戦われたが、破綻を見せることなく、友好的雰囲気のうちに審議は進められたのであった。……立場は違って居っても、わが国のためよい憲法を作っておこうという熱意においては溢れるものがあった」（鈴木義男「憲法審議に就て」『政界ジープ』二巻二号、政界ジープ社、一九四七年六月、三四頁）と述懐している。

　この小委員会は各委員の自由な意見開陳を期待すべく「秘密会」として行われたため、終了後もかなりの期間にわたり議事録が公開されず、五〇年経過した一九九五（平成七）年にようやく公開された。それが『第九十回帝国議会衆議院　帝国憲法改正案委員小委員会速記録』（以下、『速記録』と略。記入する頁は現代史料出版の復刻版〔二〇〇五年〕による）で、当時の審議について知ることができるようになった。

鈴木はこの小委員会において、どのような役割を果たしたのであろうか。以下ではこの『速記録』を手がかりとして鈴木の主張をみてみよう。

七月二五日に開かれた第一回小委員会では、同委員会の今後の進め方や各党の憲法修正案の基本方針についての話し合いが行われた。ここで鈴木は「前文の簡潔化」や「字句の修正」などを提案したうえで次のように発言している。

> 憲法を以て国政運用の技術的な規範だけ――議会がどう云う風なことをする、裁判所がどう云う風なことをする、技術的な規範だけを規定するものとする、考え方に於ては既に政府草案でも冗漫《じょうまん》に過ぎると云う非難があり得るのでありますが、我が党は、近代の各国の民主的憲法の傾向に鑑みまして、憲法を以て国民生活の一つの教科書としたいと云うことが適当であると信じます為に、将来は斯う云う法律を作れと云う立法指針並に道徳的な意義のある規定をも採入《とりい》れて、そうして之を一つの完璧体として、憲法一巻を学ぶことに依って健全な国民になり得ると云うような風にしたいと云うのが、私共の理想なのであります（『速記録』一〇頁。傍線は引用者による）

このように鈴木は、社会党としては、日本の新たな憲法を「国民生活の一つの教科書としたい」という理想を掲げ、小委員会での審議に臨んでいることがわかる。そして、国民主権を徹底させていくうえでのいくつかの問題点を指摘したのち、社会党としての重点項目を列挙している。ここでは、この時に提示された項目のうち、特に重要と思われる第五から第八までの項目をみておこう。

第五には、草案には、身体、生命、言論、宗教、通信と云うような政治的自由の保障が非常に詳しいけれども、家庭生活、家族生活、共同生活のようなものの保障、保護、助長に関する規定が不十分であるから、之を補充したい、第六には、経済生活の保護保障が不十分である、此の点は、社会主義政党である我が党では強く要望せざるを得ないのである、我が党は先に発表致しました要綱に於ては、国民の生存権を保障すると云う概括的規定に致して置いたのでありますが、之を大幅に具体化し、条文化して、それに依りまして将来の立法の指針たらしむると共に、国民生活の指標たらしめたい、斯う云う気持を持って居る、第七番目には、国民平等の原則に鑑みまして、華族の名称の如きは即時廃止することが適当である、それから第八は、之を一つの国民経典たらしむる建前上、草案の規定には解釈上含まれて居る、斯う思われるものでも、明瞭にする為に特に規定を致したい、行政訴訟を許すとか、公の不法行為に対する損害賠償が取れる、冤罪者に賠償を与えると云うようなことも、実は解釈から言い得ると思うのであります、併し一般国民に分らせるように規定して置きたい、斯う云う建前で、御手許に上げたような修正案を提出した次第であります。(『速記録』一一頁)

党を代表した鈴木のこの発言からは、法律の専門家としての鈴木の見解だけでなく、弁護士時代に直面し、問題視していたであろう事柄について言及されている。また、「生存権」という、他の政党にはない規定についても述べられていることも注目に値する。

なお、鈴木の小委員会での発言回数は、司会を務めた委員長の芦田に次いで二番目に多く、あらゆる場面で積極的に発言したことがうかがえる。近年の研究成果を手がかりにしつつ、引き続き、小委員会における鈴木の対応の様子をたどってみよう。

3　新憲法ができるまで

九条への平和条項の挿入

まず、現行の日本国憲法へのいわゆる平和条項（九条の「日本国民は、正義と秩序を基調とする国際平和を誠実に希求し」）の挿入についてである。

九条が小委員会で最初に議論されたのは、一九四六（昭和二一）年七月二七日の第三回であったが、そこに至るまでには次のような経緯があった。

一九四六年二月三日、マッカーサーは「憲法改正にあたっての三原則」（国の最高位に位置する天皇、戦争の放棄、封建制度の廃止）を提示し、それに基づく憲法草案の作成をＧＨＱに命じた。これを受けて草案が作成され、二月一三日にはＧＨＱ草案が日本側に提示された。そのうち、戦争の放棄については次の条文案が提示された。

第八条　国民の一主権としての戦争は之を廃止す、他の国民との紛争解決の手段としての武力の威嚇又は使用は永久にこれを廃止す

陸軍、海軍、空軍又は其の他の戦力は決して許諾せらるること無かるべく又交戦状態の権利は決して国家に授与せらるること無かるべし（『入江俊郎文書　15〔「三月六日発表憲法改正草案要綱」の内〕』国立国会図書館）

その後、何回かの修正を経て、一九四六年六月二五日、第九〇回帝国議会衆議院に吉田内閣によって「帝国憲法改正案」が提出された。ＧＨＱ草案の第八条は、改正案では第九条に設定され、次のような文言に修正された。

第九条　国の主権の発動たる戦争と、武力による威嚇又は武力の行使は、他国との間の紛争の解決の手段としては、永久にこれを抛棄《ほうき》する。

陸海空軍その他の戦力は、これを保持してはならない。国の交戦権は、これを認めない。

（『速記録「付録」』二八八頁）

このような経緯を経たのち、この条文の審議が小委員会で開始された。各党はこの改正案に対

する修正案を作成し、それぞれ提出した。日本自由党（自由党）からは「戦争の「抛棄」を「否認」と改む」という字句の修正が提案され、協同民主党からはこの条文の「削除」が提案された。これらに対して鈴木が所属する日本社会党（社会党）からは「草案第九条の前に一条を設け「日本国は平和を愛好し、国際信義を重んずることを国是《こくぜ》とする」趣旨の規定を挿入」することが提案された（『速記録』二九八頁）。つまり社会党だけが、GHQ草案にも政府原案（帝国憲法改正案）にもなかった「平和」という文言の挿入を主張したのである。

七月二七日の第三回小委員会の審議では、委員長の芦田をはじめとして、委員の中からさまざまな意見が出された。ここで鈴木は、「戦争に訴える権力の問題」については「国権の発動たる戦争」という表現が妥当であることを述べたうえで、次のように発言した。

皆さんの御意見を伺います。唯《ただ》戦争をしない、軍備を皆棄《す》てると云うことは、一寸泣言《ちょっとなきごと》のような消極的な印象を与えるから、先《ま》ず平和を愛好するのだと云うことを宣言して置いて、其の次に此の条文を入れようじゃないか……（『速記録』七九頁）

この「平和を愛好する」という考え方には各委員からも賛同の声があがり、それを挿入する方向で議論が進められた。芦田が「永遠の国是として寧ろ平和を愛好するような趣旨で行くのだと云うようなことを書いて、それから国権の発動たる戦争云々と入れれば重複しないのですがね、社会党の案に何か平和愛好の意味の箇条があったのではないですか」と質問した際、鈴木は「斯う云う風にしようと云うのです、「日本国は平和を愛好し国際信義を重んずることを国是とし教育の根本精神をここに置く」と云うようなことを現わせば法律になる」と答えている（『速記録』八一頁）。

「平和」を愛好することの明文化については、各党の委員からさまざまな提案が出された。鈴木とともに社会党の代表者であった森戸辰男は「「日本国は恒久平和の愛好者として、国権の発動たる戦争」云々と云うようにしても宜しいと思います」と発言している（『速記録』八二頁）。

また「抛棄」「否認」という語句をめぐり、小委員会のメンバーである日本進歩党（進歩党）の犬養健は「第二章は非常に結構な法文で、此の憲法の中の傑作ですが、何だか仕方がない、止めようかと云うような所がありますが、何か積極的な摂理として、戦争はいかぬと云うような字が入れば尚《な》お宜《よ》いかと思います」と発言し、鈴木も「大いにそれは賛成するだろうと思いますがね」（『速記録』七九頁）と述べている。そして戦争は「権力の発動」であるとしたうえで「やはり「否認」より「放つ」と書いた「放棄」と直す」とともに「抛棄は棄てたくない」と主張した（『速記録』七九～八〇頁）。

九条に関するこのような議論は、翌々日の第四回小委員会（七月二九日）にも持ち越された。同委員会の冒頭で芦田は「昨日は色々第九条の修正案に付て意見が出ましたが、今朝来早く此の席に来られた委員諸君と相談をした結果、斯《こ》う云《い》う文字にしたらどうかと云う試案が一つ出て居る」と述べた上で、「日本国民は、正義と秩序とを基調とする国際平和を誠実に希求し、陸海空軍その他の戦力を保持せず。国の交戦権を否認することを声明す。」という条文案を提示した

（『速記録』八五頁）。

これに対して鈴木は、「宣言とか声明とか云うことは……一般文章としては宜いですが、法律文としては一つの命令を表わすのです、此処《ここ》で抛棄するのは意思を表わして居るので、宣言すると云うことはどうも法律技術的には拙いと思う」と述べたうえで「「戦力を保持しない」、「国の交戦権を否認する」と言い放せば宜《よ》い」としつつ「自分の行動を規律することを茲《ここ》に意思表示するのですから」と主張した（『速記録』八六〜八七頁）。鈴木は、戦前までの学者・研究者としての経験から、憲法の条文の字句が法律家にも通用するものになることを提案したと考えられる。

九条に関する議論は、引き続き第七回小委員会（八月一日）でも行われた。鈴木は、前回の芦田の試案に対し「どうも交戦権を先に持って来て、陸海空軍の戦力を保持せずと云うのでは、原案の方が宜いように思うのです」『速記録』一九二頁と述べたうえで「原案の前に「日本国民は、正義と秩序を基調とする国際平和を誠実に希求し」それから「国の主権の発動たる戦争」、斯う云う風に続けて、やはり一項、二項と云うことを原案の侭《まま》に残して置いて宜《よ》い」と提案した。また「憲法は国家機関に対する命令を規定して居る」ものであり、「此の条文は恐らく関係方面との関係に於ても一番大事な条文になると思うから、他の事は決して蒸返ししないが、是だけは除外例として蒸返しても宜いと思う」として、折を見て再検討することを促した。

芦田は「私も一刻も早く終りたいのですけれども、纏《まと》まりますか」と述べ、まとめに入った。そこで日本自由党の廿日出厖からの意見があり、それを汲み取った芦田の修正条文が読み上げられた。これについては鈴木も「それなら大賛成です」と述べ、「どうです、皆さん、折角纏まりかけて来たのだから、「保持しない」「認めない」と云うことで原案通り御賛成願いたい」と呼びかけた（以上、『速記録』一九四～一九七頁）。そして作成されたのが、次の条文である。

日本国民は、正義と秩序を基調とする国際平和を誠実に希求し、国権の発動たる戦争と、武力による威嚇又は武力の行使は、国際紛争を解決する手段としては、永久にこれを放棄する。
前項の目的を達するため、陸海空軍その他の戦力は、これを保持しない。国の交戦権は、これを認めない。

この条文はそのまま可決され、現在の日本国憲法九条となっている。先にも述べたように、九条の「平和」の文言はGHQ草案にも政府草案にもなかったものである。その挿入を提案したのは社会党であり、実際にそれが挿入されたのは鈴木の尽力があったからこそである。

二五条一項の生存権規定の挿入

次に、憲法二五条についてである。いわゆる生存権を規定したこの条文は、社会党の提案（修正案）が基となって規定されたものであった。
「帝国憲法改正案」（政府原案）では第二三条に以下の条文が盛り込まれていた。

第二十三条　法律は、すべての生活部面について、社会の福祉、生活の保障及び公衆衛生の向上及び増進のために立案されなければならない。

これについて、社会党は以下の修正案を提出した。

草案第二十三条に第一項に「すべて国民は健康にして文化的水準に適する最小限度の生活を営む権利を有する」を挿入

この修正案は、一九四六〈昭和二一〉年七月二九日の第四回小委員会で審議された。そこでは、社会党を代表して森戸辰男が提案を行った。

この社会党修正案に対しては、芦田をはじめ数名の議員から反対の意見が出された。たとえば北昤吉〈自由党〉は、政府原案の第一二条〈「すべて国民は、個人として尊重される。生命、自由及び幸福追求に対する国民の権利については、公共の福祉に反しない限り、〈中略〉最大の尊重を必要とする」〉に幸福追求権が含まれており、ここに「健康にして文化的水準に応ずる為に十分幸福追求に入って」くると発言した〈『速記録』一一三頁〉。これに対して森戸は、「文化的水準と云うことの為には最小限度の生活を維持する権利を持つと云うことは是非とも必要なことであろうと思います」と主張した。

しかし芦田は、「それも一つの理屈に違いないかも知れないが、文化的水準を維持する最小限度の生活と云うことは、幸福追求の最少限度でしょう」、「趣意は分《わか》るのですが、唯「イギリス」

のようにそう云うことを憲法に書かなくてもちゃんと政府に於て法律でどん〳〵やって居る（中略）だから文字にそう拘泥《こうでい》しなくとも、目的は実行にあるのだから」と発言し、社会党の提案に対して苦言を呈した（『速記録』一一四頁）。

森戸は、「生存権の問題は僕は是非とも新しい憲法としては掲げなければならぬと思う、英国が成文憲法を作るとすれば必ずそう云うことは入れたと思う」と反論し、「追求する権利があっても、実は生活安定を得られない者が沢山あると云うのが今日の社会の状態です、其の状態を何とか民衆の権利を基礎にして改良して良くして行くと云う所に、生活権の問題と云うものが出て来るであろうと私共考えます」（『速記録』一一五頁）と主張した。しかし、吉田安（日本進歩党）なども「結局十二条の幸福追求、之に包含せられると云う強い観念を持つ次第であります、それで是はやはり今のような関係で原案の通りで宜くはないかと思います」と発言したため、この日、社会党修正案はひとまず〝保留〟とされた（『速記録』一一九頁）。

次に二五条の生存権について議論がなされたのは、数日後の八月一日の第七回小委員会においてであった。当日、芦田から社会党修正案の第二三条第一項を第一二条に挿入し、「個人として尊重され、その生活権を保障される」としてはどうかという提案がなされた。吉田安は「此《こ》の前から、十二条との関係で「幸福追求」の所に入るのではないかと云うことで大分議論があったのでありますが、私共も十二条でそれは宜いじゃないかと云う見解を持って居る」と発言し、芦田も「だから初めの方は十二条の所で総て国民は個人として尊重され、其の生活権は保障される、此の生命権、それを入れる、今森戸君の御話になった二十三条の第一項に御入れになると云うことは、結局そう云うことだと私は思う」と発言し、生存権の独立規定に対する批判を行った（『速記録』一九八～一九九頁）。

そのような中で、鈴木義男は「違うのです、立法の体裁から言っても、十二条の最初の一項は倫理的な要求なのです、総て国民は個人として尊重される、「リスペクテッド・アズ・インディヴィデュアルズ」、無論「インディヴィデュアリティー」が尊重されると云うことなのですから、経済上の生活保障と云うものを之《これ》に継ぐと、木に竹を継いだようになる、寧ろ継ぐならば生命、自由及び幸福の追求の方に入れなければならぬ」と述べたうえで、「生存権は最も重要な人権です、結局十九世紀までの憲法の体裁だと御考えになるか、二十世紀になってから出来て居る各国の憲法のような憲法を作ることが差仕えないかと云うことに帰着するのです、「フランス」の憲法でも、「ソ」連の憲法でも、労働者の権利とか色々なことをもっと詳しく書いてありますよ」と強く主張した（『速記録』一九九頁）。

この鈴木の発言に対して、原末次郎（進歩党）は「あなた方のいわれるのは社会主義……」とは発言したが、鈴木は「「アメリカ」の憲法に書いてあることなら黙って通すが、「フランス」や「ソ」連や「ドイツ」の憲法に書いてあるのは通さないと云うような意見が非常に強いので、我々心外に思って居るのです」と反論した（同）。

この鈴木の発言をきっかけに、議論の流れが大きく変わり、生存権規定を一つの独立した条文として規定することが検討された。江藤夏雄（自由党）も「十二条に関する今の鈴木さんの御意見は、私もそう思います、やはり十二条は個人の解放即《すなわち》社会解放になると云う時代には、是だけの規定で宜かったと思います、併《しか》しやはり今日の時代はそうではないのですから、（中略）やはり是は十二条に直ぐ生活権の保障と云う風に持っていかなくて、社会党の仰しゃるような風に持って行った方が宜いのではないかと思う、是は私の私見ですけれども、そう云う風に考えます」と発言した。これにより鈴木の意見に賛同する者が増えていった（『速記録』二〇〇頁）。

このようなやりとりの末、政府原案（「帝国憲法改正案」）は次のように修正された。

第二十五条　すべて国民は、健康で文化的な最低限度の生活を営む権利を有する。
国は、すべての生活部面について、社会福祉、社会保障及び公衆衛生の向上及び増進に努めなければならない。

こうして、基本的人権の尊重の根底ともいえる生存権が、憲法に明示されたのである。森戸が「近代的というか、現代的ですね」（『速記録』二〇一頁）と述べているように、この条文の挿入はきわめて画期的な意義を持っていた。

一七条（国家賠償請求権）と四〇条（刑事補償請求権）の挿入

次に、一七条の国家賠償請求権と四〇条の刑事補償請求権の規定についてみてみよう。

政府原案（「帝国憲法改正案」）では、裁判に関する権利規定として、次の三カ条が盛り込まれていた（『速記録「付録」』二八九〜二九〇頁）。

第二十九条　何人も、裁判所において裁判を受ける権利を奪われない。

第三十五条　何人も、自己に不利益な供述を強要されない。

強制、拷問若《も》しくは脅迫の下での自白又は不当に長く抑留若しくは拘禁された後の自白は、これを証拠とすることができない。

何人も、自己に不利益な唯一の証拠が本人の自白である場合には、有罪とされ、又は刑罰を科せられない。

第三十六条　何人も、実行の時に適法であった行為又は既に無罪とされた行為については、刑事上の責任を問われない。又、同一の犯罪について、重ねて刑事上の責任を問われない。

これに対し、社会党修正案では、各条文への次のような追加が提起された（『速記録「付録」』三〇一～三〇二頁）。

○草案第二十九条第二項に「国民は行政官庁の不当又は違法処分に対しても特別の規定のない限り訴えることができる」を追加。

赤澤かおり

人生にはいつも料理本があった

有元葉子、栗原はるみ、ケンタロウ、高山なおみ、辰巳浜子、石井好子、辻静雄……20年以上料理本を作り続けてきた著者による、胃も心も虜にされた150冊余。

87916-5　四六判（1月20日発売予定）　１７６０円

写真：広瀬貴子

小谷野敦

直木賞をとれなかった名作たち

直木賞をとってしかるべきだった83作品を独自基準で選出。理屈抜きに面白い名作を紹介し、文壇のこぼれ話を交え昭和から現在までの文学史を裏側から描き出す。

81687-0　四六判（1月14日発売予定）　２０９０円

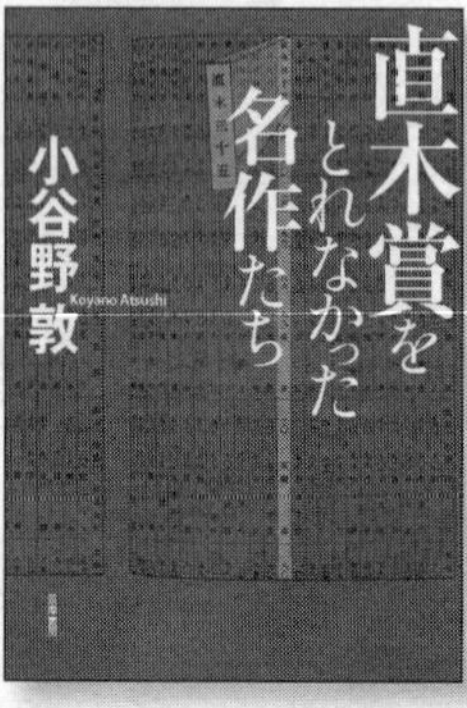

6桁の数字はISBNコードです。頭に978-4-480をつけてご利用下さい。

1月の新刊 ●12日発売 ちくま文庫

生きていく絵
荒井裕樹
●アートが人を〈癒す〉とき

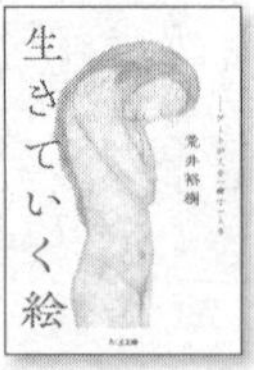

堀江敏幸氏、柴田元幸氏、川口有美子氏推薦！

心を病んだ人が、絵を描くことで生きのび、描かれた絵に生かされる――。生きにくさの根源を照らし、〈癒し〉の可能性をさぐる希望の書。（堀江敏幸）

43856-0 **990円**

十六夜橋 新版
石牟礼道子

石牟礼道子の名著、待望の復刊！

不知火（しらぬい）の海辺に暮らす人びとの生と死、恋の道行き、うつつとまぼろしを叙情豊かに描く傑作長編。第三回紫式部文学賞受賞作。（米本浩二）

43860-7 **1100円**

韓くに文化ノオト
小倉紀蔵
●美しきことばと暮らしを知る

ハングル、料理、宗教、文学、街……韓国のさまざまな文化について知りたいひとは必読のエッセイ集。『韓国語はじめの一歩』を改題・大幅に増補。

43835-5 **968円**

銀幕に愛をこめて ぼくはゴジラの同期生
宝田明 構成 のむみち

華やかなスクリーンで大活躍したスタアが、ゴジラ誕生の思い出、撮影所の舞台裏、華麗なるミュージカルの世界、そして戦争体験を語った。（切通理作）

43854-6 **1320円**

死んでたまるか
団鬼六
●団鬼六自伝エッセイ

驚く程に豊かで、強く、愛おしい。「文学界の異端児」が綴る無二の人生――エッセイの名手としての輝きに満ちた傑作が待望の文庫化！（黒岩由起子）

43857-7 **880円**

6桁の数字はISBNコードです。頭に978-4-480をつけてご利用下さい。
内容紹介の末尾のカッコ内は解説者です。

好評の既刊
＊印は12月の新刊

ここが私の東京
岡崎武志
本と街を歩いて辿った作家の〈上京&東京〉物語。佐藤泰志、庄野潤三から松任谷由実まで。草野心平を増補収録。挿絵と巻末エッセイ・牧野伊三夫
43859-1 **968円**

圏外編集者
都築響一　編集という仕事の面白さと本質
43819-5 **924円**

お江戸暮らし ●杉浦日向子エッセンス
杉浦日向子　江戸にすんなり遊べるしあわせ
43815-7 **924円**

ジンセイハ、オンガクデアル ●LIFE IS MUSIC
ブレイディみかこ　『アナキズム・イン・ザ・UK』から文庫化
43808-9 **858円**

ポラリスが降り注ぐ夜
李琴峰　台湾人初の芥川賞作家の代表作、待望の文庫化!!
43824-9 **858円**

ドライブイン探訪
橋本倫史　日本の戦後史も見えてくる渾身のルポ
43817-1 **990円**

増補 本屋になりたい ●この島の本を売る
宇田智子　高野文子・絵　ここで働く理由がある
43829-4 **836円**

見えない音、聴こえない絵
大竹伸朗　世界は絵画だと思った
43813-3 **990円**

貸本屋とマンガの棚
高野慎三　「俗悪文化」の全貌に迫る！
43838-6 **990円**

オンガクハ、セイジデアル ●MUSIC IS POLITICS
ブレイディみかこ　イギリスの出来事が、今の壊れた日本を予見する
43810-2 **858円**

傷を愛せるか 増補新版
宮地尚子　ケアとは何か？　エンパワメントとは何か？
43816-4 **792円**

神田神保町書肆街考
鹿島茂　日本近代を育んだ知と文化の一大交差点のクロニクル
43831-7 **2200円**

高峰秀子ベスト・エッセイ
高峰秀子　斎藤明美 編　大女優のおそるべき随筆を精選
43840-9 **946円**

砂丘律
千種創一　伝統と革新がしなやかに交わりあう新世代短歌の傑作、文庫化!!
43836-2 **880円**

人間の解剖はサルの解剖のための鍵である 増補新版
吉川浩満　結局、人間とは何なのか？　知ることの〈喜び〉に溢れた本
43834-8 **1320円**

＊**O・ヘンリー ニューヨーク小説集 街の夢**
青山南＋戸山翻訳農場 訳　「賢者の贈り物」含む23篇を収録！
43850-8 **1100円**

＊**小さいコトが気になります**
益田ミリ　どーでもいいこと、確認中！
43855-3 **660円**

6桁の数字はISBNコードです。頭に978-4-480をつけてご利用下さい。

○草案第三十五条の次に一条を設け「冤罪者に対しては国これに補償する」を規定。
○草案第三十六条の次に一条を設け「何人も公務員の不法行為に対しては国に損害賠償を求めることができる」を規定。

これらについての審議は、七月三一日の第六回小委員会で行われた。

まず政府原案（「帝国憲法改正案」）の第二九条（裁判を受けられる権利）について、芦田は「社会党の提案として、行政訴訟を行えることを挿入したいと、斯《こ》う云《い》う案です」と発言し、原案作成時の事情を説明した。それを受けて鈴木は「日本国民はお上《かみ》のやったことに対して訴えを起すなどと云うことは出来ることではない、そう云うことは不届千万であると云う観念がありまして」、「そう云う訴えを起すことは出来るのだと云うことを国民に理解させて置くことは、国民の権利保障の上に非常に大事なことであります、（中略）二十九条に「何人も、裁判所において裁判を受ける権利を奪われない」とあるので」、「行政上の訴えを起すことが出来るのだよと云うことを国民に注意して置かないと親切でないように思う」と説明した（『速記録』一五七頁）。

鈴木がこのように説明したのは、当時施行されていた行政裁判法（一八九〇年制定）が形骸《けいがい》化《か》し、国家権力によって何らかの不当な行為（自白の強要、冤罪など）があっても、人々が行政裁判（国や地方公共団体などの行政機関の行為に対する訴訟）を起こせない状況となっていたためである。その行政裁判法も、戦後改革の一環として廃止されることになっており（一九四七年四月に廃止）、行政裁判についても裁判所が取り扱うことになった。そのため鈴木は「お上のやったことに対して」「訴えを起すことは出来るのだと云うことを国民に理解」させること、そういった権利を国民が有し、それを国が憲法で保障することを「論理上分るのでは困るから、書いて置こう」として提起したのである（『速記録』一五七頁）。この鈴木の発言に対しては他の委員からも反対意見はほとんどなく、そのまま採用された。

次に、国家賠償請求権と刑事補償請求権についてである。芦田は「三十五条の次に「冤罪者に対しては国これに補償する」ことを規定しよう、是は進歩党も自由党も無論異存ない点である」と発言しており、挿入することについてはすでに合意が形成されていたようである（『速記録』一五八頁）。

問題となったのは、国が関与するこの二つの条文を一つの条文の中に収めるか、あるいはそれぞれ独立させて二つの条文とするかということであった。この問題に対して鈴木は「私共の考えは、出来るだけ立法の省略と云うことを致したいのですけれども、冤罪者賠償の方は公法上の不法行為と言われ得ない、正当なる行為に依ってやられる裁判官が、正しい裁判をした積《つも》りで、又客観的に見てもそれは正当行為、それに対して賠償を払うのですから」と述べ、それぞれ独立させた二つの条文とすることを主張した（『速記録』一五八頁）。

しかし芦田は、「公務員の公法上の不法行為」ということでは同じであるから、一つの条文でも対応できるのではないかと述べ、最終的判断を法制局の佐藤達夫《さとうたつお》に一任することを提案する。佐藤の判断は八月一日の第七回小委員会で示されたが、やはり鈴木の提案に沿って二つの条文を作成するほうがよいというものであった。かくして一七条の国家賠償請求権と四〇条の刑事補償請求権の条文が成立した。
以上の経緯からもわかるように、一七条と四〇条は鈴木の強いイニシアチブによって挿入された。鈴木自身も後年、次のように述べている。

第十七条も原案にはなかった。「何人も、公務員の不法行為により、損害を受けたときは、法律の定めるところにより、国又は公共団体に、その賠償を求めることができる。」これは私が長い間の訴訟上の経験から、官尊民卑《かんそんみんぴ》のわが国においては、役所がやったこと、役人がやったことは、みな損害賠償も何もとれない。大体、知事とか内務大臣を相手にして訴訟を起すなんて不届き千万なやつだというようなことで、おどかされて、泣き寝入りになってしまったことが多いのでありますから、こういうことは憲法に入れておかなければだめだ。アメリカでは要らない規定だけれども、日本では必要なんだということで、私が入れることを希望し、入れていただいた条文であります。（前掲、「私の記憶に存する憲法改正の際の修正点：参議院内閣委員会に於ける鈴木義男の公述速記」一一～一二頁）

それから第四十条、これも私がいれていただいた。「何人も、抑留又は拘禁された後、無罪の裁判を受けたときは、法律の定めるところにより、国にその補償を求めることができる。」これなどは刑事訴訟法にあるのでありますから、それでたくさんなのでありますけれども、それこそこういう規定がないと裁判官も検事もなかなかやらない。また憲法に規定があってこそ初めて刑事訴訟法が生きてくるのであって、どうしてもこれは憲法にこういうものを入れておいてもらわないと困るという法曹界からの強き要望もありまして、私がお願いをして、幸いに入れていただいたのであります。(同一四頁)

鈴木の一七条、四〇条の挿入へのこだわりは、「長い間の訴訟上の経験」からと語っているように、弁護士時代の経験による。治安維持法などの法律により、国家権力から不当な扱いを受けた人々と向き合っていたからこそ、そのようなことが二度と起きないよう憲法に明記することで、人々の権利の保障の確立を目指したのである。

六条二項(最高裁判所長官の任命規定)の挿入

次に、最高裁判所長官の位置づけに関する規定についてである。それまでの日本では、大日本帝国憲法の下で大審院(一八七五年創設)が設置されていたが、司法行政権は司法大臣に属しており、下級裁判所に対する監督権、違憲立法審査権なども認められていなかった。また大審院は立法権・行政権からの独立も不十分であったことから、司法権の独立性の確保、および司法の公正を図るために、新たに最高裁判所が設置されることになった。

最高裁判所を含め、司法権の独立を明確に規定するために、政府原案(「帝国憲法改正案」)でも数カ条にわたる条文が挿入された。その中でも特に注目すべきは、最高裁判所長官の位置づけに関する条文である。従来の大審院では、大審院長は信任官のひとつであり、国務大臣などよりも低い位置付けであったことから、最高裁判所長官についてはその見直しも図られた。
政府原案の「第七十五条」では、「最高裁判所は、法律の定める員数の裁判官でこれを構成し、その裁判官は、すべて内閣でこれを任命」とされていたのに対して（『速記録「付録」』二九二頁）、社会党修正案では次のような提案がなされた。

草案七十五条　最高裁判所長官丈けは特定の委員会に諮問し内閣総理大臣の推薦に依り天皇これを任命するものとしては如何。（『速記録「付録」』三〇二頁）

この修正案を基に、七月三一日の第六回小委員会で審議が行われた。芦田が「第七十五条の社会党の修正案は、最高裁判所長官だけは特定の委員会に諮問し、内閣総理大臣の推薦に依り天皇之《これ》を任命するものとしてはどうか、斯う云う案」であることを述べた後（『速記録』一七二頁）、鈴木はその趣旨について次のように説明した。

三権分立の建前から言いましても、又実際上から見ましても、最高裁判所の長官の地位と云うものは、此の憲法に於ては将来非常に重大な意味を持つ、又持たすべきであると私共は見て居る、従来の憲法上でも、大審院長やそれ以下の裁判官と云うものが不当に低い地位に置かれた、それが一つは裁判と云うものに権威を持たせなかった理由で、此の憲法の建前から見ても、是非とも此の最高裁判所長官は内閣総理大臣と対等の地位に置く、そうして法律、政令が憲法に違反するや否やと云うことまで審査する権限を持つものですから、実際上対等の地位にあることは疑いないと思う、それ位ならば最高裁判所長官は内閣総理大臣と同じ任命形式を執る、（中略）内閣総理大臣が天皇に依って任命されるものなら、最高裁判所長官も天皇に依って任命されると云うことが正にあるべき姿ではないか、それに依って此の裁判官の地位と云うものが非常に権威付けられる、又権威付けることが必要であると考える（『速記録』一七二〜一七三頁）

これに対して、芦田が「私個人としては斯う云う修正案の趣意に賛成であります」（『速記録』一七三頁）と述べると、吉田安や犬養健などの委員からも賛成の意見が出された。

また鈴木は、この小委員会の議論の中で、司法権の独立を明確にする必要性についても「国務大臣すら国会の承認を得て任命される、最高裁判所の長官と云うのは一番高い裁判官ですから、総理大臣が一人で推薦すればそれで決まってしまうと云うのは均衡が取れないように思います」「最高裁判所長官は閣議などに列席しないで、超然たる地位にしなければならぬと思います」と強く主張していた（『速記録』一七三頁）。

鈴木は、三権分立の確立のため、憲法における司法権の独立の明確化を強く主張するとともに、最高裁長官を内閣総理大臣と同等の地位に置くことでその徹底を図った（前掲『速記録』一七三頁）。この時の提案について、鈴木は後に次のように語っている。

私は審議の小委員の一人に挙げられて、政府原案を逐条審議し、修正を議すべき権限を与えられた。ところで司法の部の政府原案を見ると、最高裁判所長官は内閣総理大臣の任命にかかり、その地位は略々《ほぼ》司法大臣と同格に置かれて居た。私はこれは司法権を重んずる所以《ゆえん》でないと考えた。行政権の首長と司法権の首長とは同格に存って、互にその権限を侵犯しないところに、将来二権の在り方があるべきであると信じた。よって私は原案に対して修正を提議し、最高裁判所長官は内閣総理大臣と対等とし、一世の儀表をもってこれに充てることとし、各裁判官は国務大臣と対等とすることを主張したのである。幸にして芦田、犬養、森戸等々各小委員諸君は私の提議を理由ありとし賛意を表され、修正案が可決され、委員会においても、本会議においても採択されて現行法となったのである。（鈴木義男「最高裁判所創設エピソード」『法曹』八号、財団法人法曹会、一九四九年七月一日、四頁。傍線は引用者による）

最高裁長官の位置付けに関する修正案は社会党の修正案として提出されたものであったが、森戸辰男もこの時「賛意」を表したということから、その草案を作成したのは鈴木であったことがわかる。司法権の独立が形骸化し、国家権力や政治権力によって司法が左右されていた現実に直面していたからこそ、これを提案できたのであろう。

その修正案はその後、七月三一日の第六回小委員会の審議を経て、第六条の第二項として付け加えられることになった。次の通りである。

第六条　天皇は、国会の指名に基いて、内閣総理大臣を任命する。
　天皇は、内閣の指名に基いて、最高裁判所の長たる裁判官を任命する。

このように鈴木は、日本の三権分立の確立にも大きな貢献をしたといえるのである。

新憲法の公布・施行と鈴木の決意

以上のような経緯をたどった帝国憲法改正案委員小委員会は、一九四六（昭和二一）年八月二〇日に審議を終えた。そこでまとめられた帝国憲法改正案の共同修正案は、上部組織である帝国憲法改正案委員会に報告され、翌二一日、修正案通りに可決された。八月二四日には衆議院本会議に上程され、賛成四二一票、反対八票という圧倒的多数で可決された。そして同日、貴族院に送られ、若干の修正が施された後、一〇月六日の同院本会議で可決された。

その後、この修正案は一〇月一二日に枢密院に諮詢《しじゅん》され、一〇月二九日にはそこでも全会一致で可決された。このような経緯を経て修正された「帝国憲法改正案」は、天皇の裁可を経て、一一月三日に「日本国憲法」として公布され、翌一九四七（昭和二二）年五月三日に施行された。

日本国憲法が公布された直後、鈴木は社会党の機関紙である『社会新聞』（一九四六年一一月六日付）の社説に「新憲法を守り抜く覚悟」というタイトルで寄稿し、「国民の権利自由に関する限り、世界の水準に照らしてもまけない立派な憲法になったのであるが、憲法がいかによく出来ても、文字は死物である。……わが国民も折角よい憲法上の保障を獲得したのであるから、これを活用し守りぬくためにこの覚悟がなければならない」と述べている。

また日本国憲法が施行された直後にも『社会新聞』(一九四七年五月一二日付)の社説に「社会党は新憲法をいかに守りぬくか」というタイトルで寄稿し、「新憲法はいよ〳〵実施された。仏は作った、これに魂をいれることがわれ〳〵の任務である」としつつ、「わが党は先ず新憲法が保障した各人が安全を脅されない権利、言論、出版等々の自由、職業の自由、思想信条の自由、教育の権利義務、労働の権利義務、生存権保障の実現等々について、何人にもまさって、それが確保され実施されることに監視の任を怠るべきではない」と主張し、「われわれは公明なる民主政治確立のため、憲法の真精神を活用すべく最善の努力を致すことの責務を感ずるものである」と結んでいる。

これらの論稿からは、新憲法によって民主的な政治を実現していこうとする鈴木の気概が伝わってくる。

4 「国民生活の教科書」としての新憲法

『新憲法読本』にみる鈴木のメッセージ

これまでみてきた帝国憲法改正案委員小委員会の議論からもわかるように、鈴木は新たな憲法に対する期待が人一倍強かった。小委員会での発言にもあったように、彼は新憲法を「国民生活

図37　鈴木義男『新憲法読本』表紙

の一つの教科書としたい」という強い思いを抱いていた。それに突き動かされるように、日本国憲法が公布される前後から、その「教科書」の内容を伝えるための著書『新憲法読《とく》本《ほん》』の執筆に取りかかり、一九四六（昭和二一）年一二月には脱稿した（鱒書房、一九四八年）。

『新憲法読本』執筆の意図について、鈴木は「はしがき」で「私は今回の憲法改正に当り、衆議院議員として、憲法改正特別委員として、殊に小委員会の委員の一人として、終始審議に従事したのであって、今回の憲法がどう云う意図目的をもって改正されたかを語る適当な一人と信ずるものである。殊にその解釈に付ては、政府の解釈と若干所見を異にするものがあるので、類書が多く出るようであるが、この一本を加えることは必ずしも無意義ではなからうと信ずる」と述べている。

本書には、新憲法の作成に取り組んだ者としての独自の思いや後学へのメッセージが込められている。言い換えれば、新憲法作成の真の意図・目的を後世に伝えるために書き記したとも考えられる。鈴木は『新憲法読本』の中で次のように述べている。

憲法は目前のことを規定するものではなくて、永久の理念を指示するものであるから、今後永く、わが国の政治はこの実現を目標として、前進することに希望をつなぐべきである。
（同書六四頁）

先述したように、鈴木は「軍事教育批判」の中で「人類文化の理想が平和にある」と述べている。これは人類の歴史における一大目標であり、いまだかつて実現されたことのない「永久の理念」であった。第一次世界大戦後、国際協調と戦争の違法化への道を歩んだはずの人類が、再び悲惨な戦争を起こし、母国である日本は戦争への道を突き進んでいった。その中で国民生活は破壊され、あらゆる自由が制限され、国際協調などの理念も崩壊した。そういったことを二度と起こしてはならないという強い反省に立ち、今後、世界で永久に平和が維持されるために必要な権利・保障を国の最高法規である憲法に盛り込む必要がある。それを守るのは国民、政府であり、政府のあり方を変えるために新しい憲法を制定する。日本の政治は国内のみならず、国際平和の実現・維持を目標としなければならない。鈴木はそう主張しているように思われる。

『新憲法読本』の冒頭、帝国憲法改正についての章では次のように述べられている。

日本国民の間に於ける民主主義的傾向を復活強化し、言論、信教、思想の自由、人権の尊重を確立し、且つ日本国民の自由に表明した意思に従って、平和的傾向の政府を樹立しなければ、わが国にその権威を回復し、世界平和機構の一環たり得ないわけである。これを可能ならしめるには、どうしても政府のやり方を根本的に変えなければならないのであって、それには政治のやり方の根本法規たる憲法を変えなければならないのである。（同書一〇頁）

鈴木の考える新憲法の特徴

では、この『新憲法読本』の内容にさらに一歩立ち入ってみよう。鈴木は、新憲法である日本国憲法の特徴を一〇点挙げている。それは①民主主義を徹底させたこと、②平和主義・国際協調主義の憲法であること、③天皇を従来の権力から分離し、超然たる国の象徴として観念したこと、④国民の権利・自由を広く保障するとともに、男女平等を規定したこと、⑤三権（立法・司法・行政）の分離・独立および相互調整関係を明確化したこと（三権分立の確立・徹底）、⑥国会を政治の中心としたこと、⑦責任内閣制を採用したこと、⑧司法権の地位が向上したこと、⑨財政の運営が明朗かつ合理的になったこと、⑩地方自治制度が徹底的に民主化されたこと、である（一四頁）。

鈴木は、大日本帝国憲法は「君主主義的官僚主義的立憲制として、独逸、殊にプロシヤ憲法の建前を模倣した」ものであるが、「それが非常な欠点を露呈した」とした。そして「今度は政治のやり方を徹底的民主主義であり、官僚主義的でない英米式のものに変へると云うことは当然のこと」であると述べた。しかしそのすべてを模倣したのではなく、「幾多わが国独自のものを加え」て日本独自の憲法となったとし、「これをわれ〳〵の努力によつて、われ〳〵のものとすることは将来われわれの決意と聡明に委ねられて居る」と主張した（一四頁）。

次に、『新憲法読本』から鈴木の重要なメッセージと思われるものをいくつかピックアップし、紹介していく。

日本国憲法は日本国民の「誓い」である

鈴木は、新憲法（日本国憲法）はこれからの日本が民主主義・平和主義・国際協調主義を基調とし、それらを実現・維持していくという日本国民の「誓い」であると述べている。

帝国憲法改正案委員小委員会の議論においても、鈴木は憲法に「国民主権」（主権在民）を明記することに強いこだわりを持っており、それは『新憲法読本』にも反映されている。鈴木は、日本国憲法は「敗戦後わが国が全く新しい出発点に立ち、高遠の理想を逐《お》うて、これからの国民生活を始めようといふ気構を宣言したもの」であり、「わが国においてはまさに革命に近い意味を持つ」とした。これにより「主権が国民に存する、すなわちこれからは国民は単に治められる者ではなくて、治める者、政治の主人公であることを明にし、国の政治というものは、国民に頼まれて、国民の利益のためになさるべきものであって、一部特権階級の利益のためになされるものでないという民主主義の政治原理を承認した」だけでなく、「立法、行政、司法、一切の政治をなす原動力たる意思力を云うことであって、国家活動の源泉」が国民にあることも強調した（一八頁）。

また、「国際的利己主義」（軍国主義）を排斥して国際社会と歩調をともにし、「平和で安全な生活樹立を目ざして邁進《まいしん》することを誓って居る」とともに、「全人類は恐怖と欠乏から自由な生存をする権利があると宣言した」ことで（一七頁）、平和主義・国際協調主義を実現・維持することが日本国民の責務であるとも述べた。

鈴木が新憲法に「国民主権」が明記されることにこだわったのは、幼少期からキリスト教的人道主義の教育に接していたからにほかならない。彼のキリスト教的人道主義の根幹には民主主義的思想、つまり個人は一人の人間として尊重されるべきという考えがあった。また、国民一人一人が自由かつ平等で、この国のあり方についての最高決定権を持つ民主主義の実現こそ、大正デモクラシーの先達たちが目指した国のあり方であった。鈴木は彼らの思想を受け継ぎ、ＧＨＱの力を借りつつこれを「日本国憲法」というかたちで実現したといえるだろう。

鈴木は次のように述べ、日本の未来を民主主義に基づく政治に託している。

全国民は今日以降、主権者となったのだという自覚をもたなければならない。しかしその意思は盲目であってはならないのであるから、よい政治の主人公たるべく、大に勉強し修養しなければならない。よい政治は自覚の高い国民によってのみ樹立されるのである。（二一頁）

「人類文化の理想」としての平和の実現

鈴木は、『新憲法読本』の中で、日本国憲法の平和主義について次のように説明している。

今度の憲法の一大特徴は平和主義、国際協調主義を根本として居るということである。今度われわれは国を建て直すことになったのであって、そのために世界を見なおすこと、戦争に対する考方を根本的に変えることを明にしたわけである。そのために平和宣言を行ったのである。これは世界の憲法史上画期的なものである。それだけその文化史的意義が深いのである。(中略)

即ち世界各国の共通に求めて居る人類の理想を認識し、これに協調し、各国の平和的生存権の存在を信じ、われわれの安全を平和愛好国の信義に委ねるというのである。……軍国主義は別の言葉で云えば、国際的利己主義である。国内においても各人が利己主義であれば争が絶えないように、世界においても各国が利己主義を恣《ほしいまま》にしたら紛争は絶えないわけである。国境を越えた政治道徳の普遍性に従うことが各国の責務でなければならず、わが国は率先してこれに従うというのである。(三五〜三六頁)

鈴木は、日本国憲法が平和主義・国際協調主義を根本として「平和宣言」をしたことは「世界の憲法史上画期的なもの」であると述べている。平和こそが「世界各国の共通に求めて居る人類の理想」であり、それを目指して協調するとともに「平和的生存権」を保障することの重要性について述べている。

ここで注目したいのが、「平和的生存権」という言葉である。これは鈴木がヨーロッパ留学以来、抱き続けていた人権擁護思想の一つであった。鈴木は留学中の経験を通して、ヴェルサイユ・ワシントン体制に基づく戦争の違法化・国際協調主義の実現・維持こそがカントら先人たちが目指してきた「人類文化の理想」、「平和」の実現の第一歩であると考えていた。これは留学中に再会したシュネーダーが鈴木のことを「日本の若きウィルソン」と称した後も鈴木自身の思想の根底にあり、「平和的生存権」の保障・確立こそが平和主義の根幹を成していると考えていた。

残念ながら、そういった国際体制は一九三〇年代には崩壊し、平和という理想の実現からは遠のき、やがて悲惨な戦争が繰り返されることになった。また、国民が政治権力によって「恐怖と欠乏」「専制と隷従」を余儀なくされ、命の危険にさらされることになった。鈴木は二度とそのような戦争を起こさないために、民主主義の実施による積極的平和、戦争の違法化の徹底、国際的平和機構（後の国際連合）による集団的安全保障などにより強固な国際協調路線に基づく国際平和の道を希求し、それを憲法に反映させようと尽力したのである。

戦争の違法化については、『新憲法読本』の中で次のように述べている。

何よりも大切なことは、国家連合が宣言して居るところの「戦争は国際平和団体に対する犯罪」であるという自覚に徹することでなければならぬ。戦争は道徳的善であるというような軍国主義哲学は捨てなければならぬ。（四〇頁）

また、集団安全保障については「国家連合」（後の国際連合）を強く意識したうえで、次のように述べている。

又かりに防衛の必要があるとしても、その防衛を各国の自力にだけ委ねずに、集団の力によって保障しようというのが、国家連合の新使命であるのであるから、僅かばかりの兵力を蓄えて何とかしようというのは時代錯誤といわなければならない。（中略）今日の世界は団結の力をもって、戦争を弾圧し、平和を保障しようとして居るのである。国家連合は将来戦争を起す国がある場合には、その戦争が侵略的違法な戦であるか、已《や》むを得《え》ない自衛のための戦であるかを判定し、侵略的戦であると認定すれば、これをやめるように勧告するのである。この勧告に応じない場合には、連盟に加入して居るすべての国々が、経済断交その他の圧迫制裁を加えるのである。それでもきかない場合には、国家連合が編成する国際警察軍というものをさし向けて、その国を圧迫し弾圧するのである。同時に侵略される国を防衛するのである。（中略）こういう方法で戦争を未然又は早期に鎮圧しようとして居るのである。（三七～三八頁）

各国がそれぞれの生存権を確保し、「真に永続する平和の建設にまい進するもの」と考える四〇頁。全人類が「恐怖と欠乏」「専制と隷従」から（解放され）自由な生存をする権利があり、それが憲法で保障されることを鈴木は強く主張した。

このように鈴木は、日本国憲法九条の平和主義に戦争の放棄、国際協調による「人類文化の理想」そのものの実現・維持と、日本および世界の人々の平和的生存権の保障を託した。

5　国民の権利を守るために

三権分立の確立と維持

鈴木は、日本国憲法が国民主権を表明し、「民主主義を徹底したため、立法は国会が、行政は内閣が、裁判は裁判所が、その他すべての政治は、主権者たる国民の選任する機関がこれを行うことになった」（二四頁）とし、日本国憲法によって三権分立が確立したことを評価している。その経緯については小委員会の議論のところで述べた通りであるが、鈴木は『新憲法読本』の中でも「新憲法においては、わが国最高の官吏《かんり》二人だけを天皇が任命されることになった。内閣総理大臣と最高裁判所長官とである。それも前者は国会の指名に基《もと》づくのであり、後者は内閣の指名に基くのであって、天皇のなされるのは任命と云う形式行為だけである。これはこの最高官の任用に一つの品位をつけようとしたものである」（二七頁）と解説している。つまり、最高裁判所長官が内閣総理大臣と同等の立場に位置づけられたことにより、三権分立の形式が確立したことを明言している。

すでに小委員会での議論で見たように、この任命について提案したのは鈴木であった。弁護士として治安維持法違反事件の弁護などを担当していた鈴木は司法権の独立が形骸化している状況、すなわち司法がその時の政治勢力に左右され、人々の自由権が侵害されるのみならず基本的人権すら保障されず、裁判自体がその時の政治に迎合していくという状況を目のあたりにしていた。「裁判は政治ではない。一切の政治的勢力乃至影響から超然として法によって為さるる所に司法の尊厳があり、国家を盤石の安きに置く保障がある」と考えていた鈴木だからこそ、憲法で司法権の独立を明記し、それを維持する枠組みをつくることが不可欠であると考えた。第六条にそれを明記し、最高裁判所長官を内閣総理大臣と対等の地位に置くことにより司法権の独立を確保し、三権分立を確立・徹底させることを規定した。

基本的人権の保障

鈴木は新しい憲法が民主主義を徹底したことにより、基本的人権の保障が確立されたと考えている。憲法に人権保障の規定を明記することは、鈴木の長年の〝悲願〟であった。鈴木は「基本的人権とは憲法に保障された数々の国民の権利」である（二九頁）とし、次のように述べている。

新憲法は、「国民は、すべての基本的人権の享有を妨げられない」（第十一条）ことを宣言し、生命、身体の安全、自由及び幸福追求の権利、集会、結社、言論、出版の自由、学問、思想、良心の自由、居住、移転、職業の自由、信教の自由等々幾多の権利と自由とを挙げこれを保障した。（中略）これらの権利は現在及び将来の国民に対して、侵すことのできない、奪うことのできない、永久の権利として与えられたものであることを明にしたのである。（中略）こういう権利自由が保障されてこそ、始《ママ》めて正しい明朗な生活と政治が樹立される。（中略）

これらの権利が確保されなければ、人類は幸福になれない。（二九〜三〇頁）

第十三条　個人として尊重されるというのは、人間としてその個性、人格価値が尊重されるということである。（中略）生存権はもとより、職業、居住、移転の自由、労働権、財産権、教育権等々凡て各人の幸福に資するものはそれであって、これらは将来政治の上において、常に第一位に尊重されるように取扱はれなければならないという趣旨である。（三一頁）

ここには、鈴木が欧米留学で学んだ経験が十二分に反映されている。ドイツのワイマール憲法には生存権が盛り込まれ、社会（国家）がそれを保障するという生存権の保障の規定がなされており、それまでの憲法とは一線を画していた。これは鈴木にとっても大きな意味を持つもので、日本が新しい憲法を作成することになった際には人権擁護を意識したものにしなければならないと考えていた。

鈴木は、「民主主義といふことは、国民一人一人が政治の主人公」であり、「立憲民主国においては、国民の基本的権利と自由とを確保することが何よりも大切なことである。……今回の改正においては、この国民の基本権の保障には特に力を注いだ」（四二頁）とし、基本的人権の尊重に特に注力したという。それに続き、次のように述べている。

今度の憲法の改正に当《あた》っては、真に国民に対して権利と自由とを保障することにし、法律をもってしても侵すことは許さない、もしそういう法律を作るならば、その法律が憲法違反であって無効であり、そういうことをした官吏は懲戒その他の罰に処せられるということにしたのである。こういう風にして始《ママ》めて基本的人権というものが確立され、保障される。（四五頁）

戦前の日本においては、さまざまな圧政的諸法制（治安維持法、国家総動員法など）で人権弾圧が繰り返され、自由が厳しく制限されていた。鈴木は、弁護士としてさまざまな事件の弁護を担当する中で、法律が時の政治的勢力に都合のいいように解釈され、思想・言論の自由、学問の自由などが次々と弾圧されていく現実を目の当たりにしていた。中には無罪を勝ち取ることもあったが、司法（裁判）の力では人権弾圧を止めることはできなかった。

人権を擁護（保障）するには単なる法律ではなく、国の最高法規であり政治の基本原理ともなる「憲法」として明確に規定しなければならない。鈴木はそう考え、中でも特に重視したのが人権の根幹となる生存権規定（第二五条）であった。『新憲法読本』では、それについて次のように述べている。

これは大体、わが社会党の提案によって、挿入された条文であって、画期的な意義を有するものである。所謂生存権の保障である。

日本国民はまじめで、働く意思がある限り、誰でも人間に値する最低限度の生存だけは

「われをして得せしめよ」と国家に向って要求する権利があるというのである。国家はこれを保障する義務があるのである。（六一頁）

小委員会での議論でも見たように、帝国憲法改正案の各党修正案の中で生存権を明確に提起したのは鈴木の所属する社会党であり、鈴木もまたこれを最重視していた。生存権規定について、鈴木は次のように解説している。

人間が動物と違うところは、たゞ働いて食べて寝て起きて死ぬというのではなく、生活に必要なだけは働くが、できるだけ余裕を作って、芸術を楽しむ、社交を楽しむ、読書や修養につとめる、つまり文化を享受し、人格価値を高めるというところにあるのである。故に生存権というのは、単なる動物的生存でなくして、人間に値する文化的生存ということである。これも贅沢を云えば、きりがないが、最小限度の人らしい生活だけは保障されるというのである。（同書六一〜六二頁）

ここには鈴木の「人格的生存権」についての考え方が如実に現れている。人間の動物的本能に基づく生活のみならず、「人間」として生きるために必要な「文化」を享受し、平和を志向する人格を形成していく。鈴木はその人格形成における教育の重要性も認識していた。自由かつ平等に平和を志向する教育を行い、闘争心と「調和」させることにより平和的生存権・人格的生存権を兼ね備えた「生存権」が保障されるとした。

また生存権の保障・維持は政府の「将来の歴代政府の責務」であるとした。政府（国家）はあらゆる国民生活において社会福祉（「救貧、授産、社交、娯楽、文化一切のこと」）の増進に努める。それらの制度・設備が社会全般に浸透し、国民が必要・希望に応じてそれらを利用し、たとえ裕福でなくても「便利かつ豊かに生活することができる……そういう国を作ることが、所謂文化国の理想である」としている（六二頁）。

また社会保障（社会政策）の確立にも努め、「あらゆる人々を生存の落伍者たらしめないように、制度と施設とを張りめぐらすことである。……その生存を保障」し、「これら各種の施設の発達によって、国民の最後の一人までも、その文化的生存を完うすることができるようになることが期待される」とした（六四頁）。

また、日本国憲法には生存権の他にも新たな人権擁護の規定として国家賠償請求権や刑事補償請求権が盛り込まれている。それらの挿入を提案したのは鈴木であったが、彼の意図は次のようなものであった。

冤罪のためにうけた苦痛と恥かしめに対して、国家に補償を求める権利があるというのである。国家と雖も、その誤りに対して陳謝の意を表するのである。又これは同時に、公務員の不法行為による場合が多いので、第十七条により、それによってうけた営業上の打撃、精神上肉体上の損害、その他の損害に対して、国家に補償を求めることもできるのである。即ち

二つの請求が成立つわけである。こういう風にして、国民の人格、権利をあらんかぎり擁護することになったのである。(七九頁)

戦前、治安維持法違反や軍機保護法違反などで不当な扱いを受けた人々は、その後無罪となったとはいえ、その間に受けた社会的打撃は非常に大きかった。鈴木は弁護士時代の経験からそうした人々の人権を保障するべく、国家賠償請求権や刑事補償請求権の挿入を提案した。人権擁護に関する鈴木の解説は、次のような未来へのメッセージで締め括られている。

何《いず》れも憲法によって保障された、国民の基本的人権であって、世界の立法例に照して見ても、はずかしくない至れり尽せりの規定である。(中略)これらの権利と自由とを、本当にわれわれのものにするには、非常な覚悟と努力とを要するのである。(中略)それとともに、権利や自由はこれを利己的に濫用《らんよう》してはならないのであって、これを社会公共のために使うという心掛けが大切である。(中略)国民各自が、今からこの覚悟をもって、この憲法に遵由して生きて行くならば、やがてわが国は、敗戦の痛手がいえるとともに、文化の香り高い、住み心地のよい国になるであろう。これを期待して進んで行きたいものである。(七九～八〇頁)

このように鈴木は、自身が継承した「大正デモクラシー」の思想を、戦後民主主義につなぐとともに、それを日本国憲法というかたちで結実させたのである。そういう意味でも、日本国憲法は、鈴木のそれまでの人生の集大成であった。鈴木は、国の最高法規の中に、人類の理想である「平和」という文言を挿入しただけでなく、その実現に向けて不可欠な、さまざまな人権擁護に関する規定も挿入した。そうすることで、「平和」の実現とその維持を、後世の日本国民に託したのである。それだけに、彼がこの憲法にかけた期待は並々ならぬものがあった。

日本国憲法には、鈴木義男という人物の「想い」やメッセージが、深く刻まれているのである。

6　司法制度整備・改革への尽力

司法大臣・法務総裁への就任

次に鈴木は、片山内閣の司法大臣及び芦田内閣の法務総裁の在職中にどのような司法制度の整備・改革を行ったのか、という点についてみていこう。

まず、それらの要職に就任した当時の鈴木に関する動きをみておこう。一九四七（昭和二二）年四月二五日、日本国憲法施行後初の衆議院議員選挙の投票が行われた。この選挙は、前年四月一〇日に行われた終戦後初の衆議院選挙が大選挙区制で行われたのに対し、吉田内閣の新方針として、都道府県内に設定した区割り案に沿って各選挙区から複数人を選出する中選挙区制で実施された。この選挙での各党の当選者は日本自由党一三一（改選前一三九）、日本社会党一四三（同

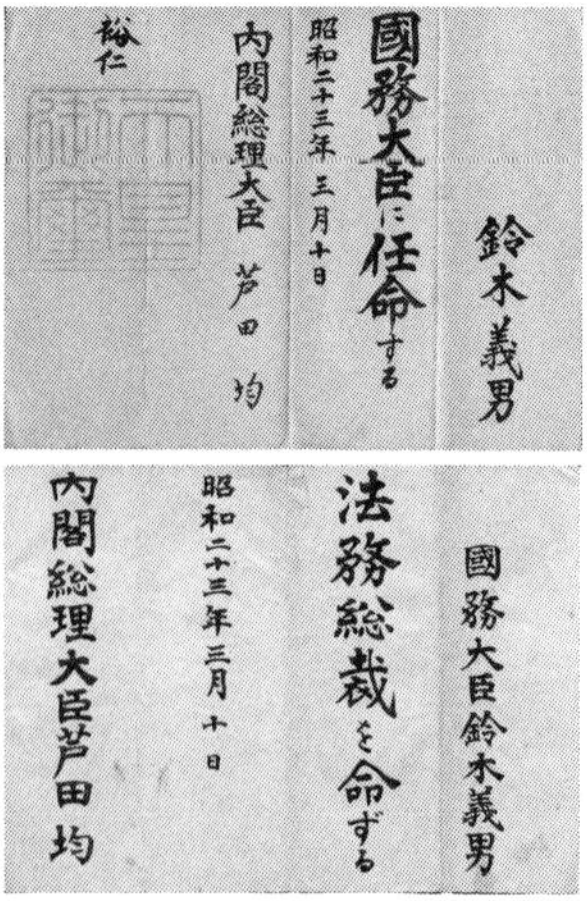

図38　国務大臣任命書（上）・法務大臣任命書（下）

九九）、日本民主党一二四（同一四五）、国民協同党三一（同六三）、日本農民党五（同四）、日本共産党四（同六）、諸派一六（同三）、無所属一二（同六）、欠員〇（同三）であった。

　総議席数四六六の過半数である二三三を獲得した政党がなかったため、組閣は難航した。そこで第一党となった日本社会党が委員長の片山哲を首班とし、民主党および国民協同党との連立内閣を組織することになったが、一九四七（昭和二二）年五月二四日に首班指名選挙で首相に指名されたものの、五月末まで組閣できなかったことから、その間は「一人内閣」と呼ばれた。

　鈴木は、同年六月一日の組閣で司法大臣に就任した。これについてはそれまでの約一年半、社会党の中央執行委員・司法調査部長・憲法主査委員として新憲法制定に当たってきた実績が評価されたことは疑いない。鈴木は一八八五（明治一八）年、内閣制度発足に伴い山田《やまだ》顕義《あきよし》が初代司法大臣に就任したことから数えて第六〇代の司法大臣となった。

　任期中の一九四八（昭和二三）年二月一五日、ＧＨＱによる日本の司法制度改革の方針に沿って法務庁が設立された。これに伴い司法省が廃止され、従来内閣法制局が行っていた法律や政令の起草および編集、省令案の審査などの業務が法務庁に引き継がれ、鈴木は法務総裁（国務大臣）に就任した。

その後、片山内閣は社会党内の人事問題などでの紛糾により、一九四八（昭和二三）年三月一〇日にあえなく総辞職した。わずか八カ月の短命内閣であった。その後、片山内閣で副総理格の外務大臣であった芦田均が首相に就任し、鈴木は引き続き法務総裁（国務大臣）を務めた。福永文夫によれば「法相は当初、一松か船田の予定であったが、民政局が鈴木義男を「公平かつ誠実な人物」であるという理由で強く推し、留任となった」（福永文夫『占領下中道政権の形成と崩壊』岩波書店、一九九七年、二四五頁）という。しかしこの内閣も「昭電疑獄事件」の発生によりわずか七カ月余りの短命に終わり、一年四カ月に及ぶ鈴木義男の大臣としての仕事も終了した。

図39　片山連立内閣の組閣直前の鈴木義男（中央の帽子をかぶっているのが鈴木義男）

鈴木は日本史上における最後の「司法大臣」であり、最初の「法務総裁」であった。これは記憶に留めておくべきであろう。

GHQと日本政府のパイプ役として

司法界の最高責任者となった鈴木には、前年に成立したばかりの日本国憲法の諸条項に対応する法案の成立や司法制度の整備などといった課題が待ち構えていた。たとえば重要法案としては国家賠償法案、刑法改正案、民法改正案、警察法案などがあり、一連の司法制度改革においては前内

図40　片山内閣の成立時の記念写真（向かって中列左端が鈴木義男）

閣以来の最高裁判所の創設とその人事もあった（『鈴木義男』三一八〜三二二頁）。

ここでは鈴木とGHQとの関係、とりわけGHQの司法制度関連の最高責任者であったアルフレッド・C・オプラー（一八九三〜一九八二）との関係を見ておく必要がある。占領下にあってはGHQやA・オプラーの許可・承認なくしては、いかなる法案成立・司法制度改革も進められなかったからである。

鈴木は、GHQやオプラーとはかなり深い信頼関係で結ばれていた。オプラーによると「片山内閣、芦田内閣の下では、私の特定の分野における司法省の官僚との協力は、実際問題として、より誠実な性質のものであった。けだし、法務総裁が、その前任者及び後任者とは違って、私達の改革に心から同意し、それらの改革のほとんどは彼が内閣の一員であった時に立法化されたからである」（アルフレッド・C・オプラー『日本占領と法制改革』内藤頼博監／納谷廣美・高地茂世訳、日本評論社、一九九〇年、一五六頁）という。

芦田内閣における法務総裁の人選過程では、有力候補として他の人物の名前が挙げられていたが、ＧＨＱはここで鈴木を強く推した。当時、ＧＨＱの占領政策に積極的に協力しない政治家・官僚は少なくなく、オプラーがここで、鈴木総裁が「その前任者及び後任者とは違って、私達の改革に心から同意し」ていると述べていることは注目すべきである。

一九四六年二月中旬に来日してから日本の司法制度整備の最高責任者を務めたオプラーが、鈴木を深く信頼できる人物と評価したのはなぜか。オプラーは「新しい司法大臣は――司法省及び警察の再編成の後、最初の法務総裁になった――鈴木義男であった。彼は、最初、冷淡ではないとしても、むしろ無口な印象を私にあたえた。しかし最後には、私達の間には満足しうる理解と、イデオロギーの点で基本的に多くの共通点を有するという認識が育まれた」（オプラー前掲書、一五二頁）、「かつては弁護士であり、学者であった鈴木は、穏健派に属し、政治的に（経済的にではないけれど）、米国の民主党のリベラル派に似ていた。私はここで再び、ワイマール期のドイツ社会民主党との類似点を見出した」（同一五二頁）と述べている。鈴木とオプラーは交流を重ねるにつれて政治的・思想的立場にも多くの共通点があることがわかり、極めて親しい関係になったという。

鈴木の仕事ぶりについて、オプラーは次のように述べている。

片山内閣、ひきつづいて芦田内閣の一員として、鈴木氏は、ほとんど超人的仕事に直面しました。彼が司法大臣になったころ、日本の法律全体は、革命的変化の過程にありました。新裁判所法、検察庁法がちょうど制定され、彼の任期中に、民法、刑法、訴訟法等の重要法案の改正がおこっていました。又、国家賠償法、行政事件訴訟法、人身保護法等の二次的立法はいうまでもありません。

　国会に提出すべき法案を準備する主たる任務は、司法省にまかされていました。そして、その仕事は、鈴木氏の指導のもとに、連合国総司令部の行政部門を担当していた私と密接な協力のもとに行われました。（A・オプラー「歴史こそ充分な名誉を酬いよう」『鈴木義男』二一二～二一三頁）

司法大臣・法務総裁であった鈴木義男とGHQの行政部門担当者であったオプラーの指導の下に行われた、新憲法成立に伴う膨大な法律の作成作業において、鈴木は「ほとんど超人的仕事」をしたという。またオプラーは、「私は、鈴木氏が、叡知《えいち》と勇気をもって、彼の国家、日本、に奉仕したと固く信じています」（同二一五～二一六頁）として激賞している。芦田内閣における法務総裁の人選過程でGHQが「公平かつ誠実な人物」として鈴木を強く推したことには、オプラーの意向が反映されていたと見てよいであろう。

　一方、鈴木がGHQからどのように見られていたかという点については、オプラーの「証言」以上の好個の資料が存在する。それは公職追放に関する調査資料である。

　ここで、公職追放について簡単に説明しておこう。一九四六（昭和二一）年一月四日、GHQは、ポツダム宣言に基づく日本民主化政策の一環としてアジア・太平洋戦争の遂行に強くコミットした戦争犯罪人、陸海職業軍人、極端な国家主義者、大政翼賛会をはじめとする政治団体の指導者などを「公務従事に適せざる者」とする指令（「公職追放令」）を日本政府に通達した。この指令の対象となる人物の範囲は次第に拡大していき、中央から地方に広げられ、一九四八（昭和二三）年五月までに教職も含む延べ二〇万人以上が公職から罷免された。

一九四六年の初頭にあえてＧＨＱがこの指令を出したのは、大政翼賛会の中心メンバーであったような人物が政界で影響力を拡大することを阻止するためであった。たとえば鳩山一郎《はとやまいちろう》の場合、一九四六年四月一〇日に行われた第一回目の衆院選に当選し、第一党になった日本自由党の党首として組閣する予定であったが、組閣直前の同年五月七日、戦前に軍国主義台頭に協力したとの理由でこの指令の対象者となり、組閣を断念せざるを得なくなった。そのため鳩山は後輩である吉田茂を日本自由党の後継総裁に指名し、五月二二日に第一次吉田内閣が発足した。

この「公職追放令」による調査が鈴木についても行われており、アメリカの国立公文書館に保存されていた調査報告のファイルを松谷基和（東北学院大学教養学部教授）が発見した。このファイルは九頁から成り、その中に一九四七年六月一一日付でＧＨＱが作成した文書があり、そこには鈴木が「公職追放令」の対象になるか否かということについて何回も調査したことが記されている。鈴木は Not Purgeable（追放対象外）と明記されており、その理由は「戦前そして戦時中を通じて、教育と法曹の世界に限定されており、それゆえに公職追放令の条項に該当するような組織や活動には加わっていない」とされていた。

また、これまでの地位や言動に関する調査も行われ、一九一九年以来、行政法学、社会法、弁護士業に関するグループのメンバーではあっても戦前にはいかなる政党にも属したことはない、一九三二年から四二年にかけて多数の法律関係の論文を執筆したことが具体的な論文名とともに紹介されている、片山内閣の法務総裁に就任する前にはいかなる政府や企業の重要な役職にも就いたことがなく、政治家としての経歴も短いことなどが記されているという。さらには一九四九年三月付の法務庁の人事異動委員会で、鈴木義男ら四人の衆議院議員が検察の資格審査委員会の委員に任命されたことに対してオプラーから異論がなかったこと、つまりこの重要人事がオプラーの承認するものであったことを示す文書もあったという。

このパーソナル・ファイルに綴られた資料からは、戦後最初の選挙で衆議院議員に当選した鈴木に対して、過去に戦争協力がない事実を確認の上で公職追放令の対象外としていたこと、そしてその評価は司法大臣・法務総裁就任後も変わることがなかったことが確認できる（松谷基和「GHQの仙台占領と鈴木義男――米国国立公文書館での調査報告」『東北学院史資料センター年報』Vol.15、学校法人東北学院、二〇二〇年）。

松谷が発見したこのファイルには、当時行われた公職追放に関連するもう一つの興味深い資料が含まれていた。それは鈴木が『読売新聞』（一九四七年一二月五日付）に寄稿した「追放は厳粛な民族的責務」「「虎の威をかる政治」への抗議」という見出しの論稿で、片山内閣で司法大臣に就任した際に起きたトラブルに関するものである。

鈴木によれば、GHQによる公職追放の対象とされた政治家の中には保守党の友人や社会党員もいたが、自らの戦争責任を潔く認めようとしないどころか、政府によるいわれのない弾圧であると主張して居直る者もいたという。鈴木は、そのような人に対しては条理を尽くして詳細に反論しているが、ここでも鈴木の政治的姿勢や思想的立場をクリアにみることができる。その一部を引用しておきたい。

国民を戦争に駆り立てた者を追放することは、厳粛な民族的責務である。これはわれわれが自発的にやらなければならない責務であることは勿論である。これをすら否認するのは日本の現実の地位を知らないものである。

私は自ら林氏（林平馬のこと——引用者）の著書を読んだ。私が林氏の著書を平和主義を鼓舞したものと信じたならば、弁護の労をとったであろう。委員会としても同様であったと信ずる。しかし遺憾ながらあれを読むもの何人と雖も、戦意を高揚して国民を戦争へ駆り立てた典型的なものであることを否定するわけには行かないと思うのである。これは内閣総理大臣も審査委員会の認定を是認するに至った所以であると信ずる。そこには何等陰謀とか策動とかいう問題の介在し得る余地はないのである。

私は政治に干与しながら常にセンスの相違ということに悩まされる。何れが正しいかは神のみが知り、歴史が裁くのである。しかし同僚であり友人でありながら、同じセンスに立って問題を考えることができないというのは何という悲しい運命であろう。

わが国には追放問題を十分厳粛に考えないものがあるのは遺憾である。独逸においては五十万人は投獄され、百五十万人は裁判を受けつつある。そして多くは公民権を剝奪され重労働を科せられておるのである。わが国においては国民を戦争に駆り立てた者はただ公職に就けないだけである。これ偏にマッカーサーの寛容なる占領政策の賜であることを銘記しなければならないのである。それだけに情においては忍びないが、基準該当者は自発的にその道徳的責任を採るの勇気と襟懐とが望ましい。これを措いて世界の信用を恢復する途はないと思うのである。（『読売新聞』一九四七年一二月五日付）

鈴木はGHQによる「公職追放令」の意義を高く評価し、それに反発・抵抗する者に対して、ドイツなどと比べれば公職に就けないことなどは極めて軽い措置であり、「これ偏にマッカーサーの寛容なる占領政策の賜であることを銘記しなければならない」とまで主張している。

当時、GHQの占領政策をここまで高く評価する人は多くなかった。オプラーによれば、司法改革の柱ともいうべき法務庁の設置についても「官僚達の大部分に反対された」というが、「思想的原則がからまる場合、鈴木氏は、他人の思惑を気にかけたりはしませんでした。彼は果敢にも、一般にも評判の悪い占領政策を弁護しました」という（『鈴木義男』二二二～二二三頁）。

オプラーやGHQにとって、「間接統治」方式で占領政策を実施していくうえで鈴木は最適の人物であったといえる。

最高裁判所長官の選出へ向けて

先ほども述べたように、司法大臣就任後の鈴木にはさまざまな難問が待ち受けていた。当時の鈴木の様子について、たまたま面会した村教三は「いつも長身で白皙《はくせき》明朗な鈴木法相は顔色が暗く、ひたいに濃いしわをよせ、弱々しく大臣稼業の表裏を語った。死相らしいものが出ていると思うほどの直観が筆者にあった。……恐らく国家再建に当り心身の全精力を集中して司法制度の確立に努力したのであろう」（『鈴木義男』三二〇頁）と述べており、当時の鈴木の苦悩と多忙ぶりがうかがえる。

司法制度の整備における最大の難関は、最高裁判所創設とその人事であった。これについては新憲法成立以降、第一次吉田内閣（一九四六年五月二二日〜一九四七年五月二四日）で検討されたが、解決せずに持ち越されていた。鈴木はこの問題について「最高裁判所創設エピソード」（前掲『法曹』八号、一九四九年七月一日）、および「三淵《みぶち》前会長を語る　補遺」（『法曹』一八号、一九五〇年五月一日）という論稿を書き残している。これらの記述を引用しつつ、その経緯をたどってみることにする。

三権分立の確立という観点から、この問題は鈴木にとって年来の関心事であり「司法権が名実共に立法と行政から独立してその権威を発揮することを願う心持ちにおいては、私は法曹の一人として何人の人後にも落ちないつもりであった。私は大学で学説としてこれを説いたばかりでなく、在野法曹の一人として、司法権の運用を見て、このことを痛感していたのである。私の司法権尊重論は一朝一夕の付け焼刃ではないつもりである」（前掲、鈴木義男「最高裁判所創設エピソード」四頁）と述べている。

鈴木が過去に発表した論稿をみると、学者・研究者の時代には「三権分立の現代における意義」（『社会科学』創刊号、改造社、一九二五年）などがあるし、その後の弁護士時代にも「検察と裁判の分離を要望す」（『正義』一〇巻八号、帝国弁護士会、一九三四年）をはじめとして司法制度改革を求める一連の論稿がある。さらには制憲議会（第九〇回帝国議会）の開始直前、一九四六年六月一日発行の『法律時報』には「司法制度の改革」と題する論稿を発表し、その中で「検事局は検事総長の下に独立の司法行政官庁として存置すべきである。裁判所は文字通り独立の司法機関として最高裁判所以下下級裁判所迄、内閣に対しても議会に対しても独立性を保持する国家機関たるべきものである」（二一七頁）と主張している。ここからは、この問題に臨む鈴木の並々ならぬ情熱が見てとれる。

鈴木は、司法大臣就任後、第一次吉田内閣で検討された最高裁判所の裁判官の任命をいったん白紙に戻し、その事業を行わなければならなかった事情について次のように述べている。

最高裁判所の裁判官の選択並に任命は、私の法相就任前において、暗礁《あんしょう》に乗り上げて居た。言葉を率直に用いれば収拾しがたい状態にあった。私は在野法曹として、判事にも検事にも弁護士にもそして学者にも多くの友人をもって居た。従って就任前において、旧大審院の一部の人々と司法大臣、ひいては司法省幹部との間に越え難い溝のできて居たこと、たとい選択は誤らなかったとしてもそのままの任命は波瀾《はらん》を呼ばずには居ないこと、総司令部からはその任命を総選挙後の新内閣の手に委ぬべき旨の忠告に接して居ることなどを承知して居たのである。これを打開するためには、思い切った切開手術を必要とすることを感知して居た。しかしその切開の方法について適切な忠言を与えてくれる人は一人もなかった。私はいろいろの情報を基礎にして、新法相に献言すべき策として二つの方途を抱懐して居た。然るに六月一日意外にも自らその任に就くこととなったので、時を移さずこれを実行することに決意し、組閣完了後直ちに片山首相に諒解を求め、六月二日総司令部に就任の挨拶に行った際、私の執らんとする方策について同じく諒解を求めたのであった。それは直に承認された。そこで六月三日閣議の承認を得て施行準備に着手した。当時私の見るところでは、政治家も国民もこの問題の重要性を充分認識していない憾みがあった。そこで自ら筆をとって首相談を起草し、六月五日これを発表し、広く国民の理解と応援を求めたのである。（前掲、鈴木義男「最高裁判所創設エピソード」四頁）

当時、法曹界では利害対立や勢力争いが起きていて、最高裁判所の人選については第一次吉田内閣時に設けられた裁判官任命諮問委員会によって三〇人の氏名が挙げられ、そのうちの三人が長官候補となるという答申が提出されていたものの、実際にはそれ以上に進めない状況であった。鈴木は自分なりの方策で、この状況を打開しようと考えたのである。

かくして、いよいよ最高裁判所裁判官の人選がスタートした。鈴木は「私は新しい最高裁判所を専門家と国民の輿論の上に構成しようと決意した」として、まず全国の裁判官、検察官、弁護士らの中から投票によって裁判官候補者を選び、次に裁判官諮問委員会において、その中からさらに候補者を絞って内閣に答申していくという「復選法」を採用することにした。その結果、最終的には諮問委員会から三〇人の候補者名が内閣に答申され、片山内閣は任務として長官一人、裁判官一四人を選出することになった。
閣議において、片山首相をはじめとする各閣僚が活発な意見の交換を行った結果、長官は満場一致で三淵忠彦《みぶちただひこ》に決したという。その際、「長官が三淵氏に決すると、元大審院長霜山氏が氏の下に平判事として就任せらる丶雅量《がりょう》があられるか否か」が大きな関心となったが、霜山精一《しもやませいいち》からは、「三淵氏の下でならば喜んでその任に就く」という意向が伝えられたという（同一四〜一五頁）。

最高裁判所裁判官の人選、特に長官の人選に至る経緯は以上の通りであるが、鈴木のこのような尽力はもっと世に知られるべきではなかろうか。よくいわれるように『社会党史』では片山内閣を過小評価する傾向があり、鈴木に関する記述も極めて少ないが、少なくとも研究の世界ではもっと評価されるべきであろう。齋藤誠が言うように「鈴木が、最高裁判所という新しい革袋に新しい葡萄酒を入れようという強い意志をもって積極的に働き、大きな成果をあげたこと」について、「これを日本の戦後司法改革史のなかでどう評価するかについては、さまざまな意見がありうるであろうが、鈴木のこの仕事は、無視されたり看過されたりしてはならない」（齋藤誠「鈴木義男研究序説――歴史的意義を再考すべき3つの仕事」『東北学院大学経済学論集』第一九四・一九五号合併号、東北学院大学学術研究会、二〇二一年三月、一三〜一四頁）。

人権擁護局の設置

次に、鈴木が人権擁護局の設置に意欲的だったのはなぜかという点についてみておく。

鈴木義男が意欲的に取り組んだ司法制度改革の一つに、法務庁への人権擁護局の設置がある。これもまたオプラーとの交流から生まれたもので、オプラーは「合衆国法務省には人権擁護局があると私達が鈴木法務総裁に話すと、彼はさっそくその考えを採り入れ、法務庁に人権擁護局を設置した。そして、さらに各県に人権擁護委員会が設立されることになる」（オプラー前掲書、一五六頁）と述べている。

鈴木がこの人権擁護局の設置にいかに熱心であったかは、当時、鈴木法務総裁の下で民事法務長官を務めた田中治彦がある座談会で次のように発言していることからも理解しうる。「私は横から見ていましたが、鈴木さんは実に偉かったと思います。特にG・H・Qとの関係ではね。これは鈴木さんの人格と見識が非常に高かったせいだと思いますね。局長として大室さん（人権擁護局初代局長を務めた大室亮一《おおむろりょういち》のこと――引用者）を在野法曹から連れてきたということも、鈴木さんの見識が高かったということだと思います」（『人権擁護の二十年』法務省人権擁護局、一九六八年、一四五頁）。

鈴木は、なぜかくも積極的に人権擁護局の設置に取り組んだのであろうか。鈴木は一九四七年一一月に開催された衆議院司法委員会において「人権擁護局は新憲法によって認められた基本的人権の確保のために、人権侵犯事件の調査及び情報の収集、民間における人権擁護運動の助長、人身保護及び貧困者の訴訟救助その他人権の擁護に関する事項を掌らせるため、特に新しく設けられたものであります」（『第一回衆議院司法委員会会議録第六十号　昭和二二年一一月二三日』）と発言しており、これは日本国憲法の柱の一つである基本的人権の尊重と密接に関連していることを強調している。そうだとすれば、鈴木はこれを社会権導入・拡大のモデルケースとして想定していたのかもしれない。

7 「昭電疑獄事件」への対応――指揮権を発動せず

最後に、鈴木が芦田内閣の法務総裁在職中に発生した「昭電疑獄事件」にどのように対応したかという点についてみておく。

この事件は、終戦直後の食糧危機を背景にして、肥料供給会社などへの資金支援を目的に設立された全額政府出資の復興金融金庫（一九四六年一月設立）からの融資をめぐり、全国に一九もの事業所を持つ大手化学肥料メーカー・昭和電工株式会社が関与した贈収賄事件で一九四八（昭和二三）年六月に発覚した。同社はそれまでに復興金融金庫から当時の金額で約三〇億円（今日に換算すればその八〇倍以上の金額ともいわれる）の融資を受けたが、それまでワンマン経営者であった日野原節三《ひのはらせつぞう》の指示の下、政界・官界への強引な働きかけがあったといわれる。

東京地検は、一九四八年六月七日、昭和電工株式会社の社長秘書を贈賄容疑、商工省の職員を収賄容疑で逮捕したことを皮切りに六月二三日には日野原社長、九月一三日には大蔵省主計局長福田赳夫《ふくだたけお》、九月三〇日には経済安定本部長官栗栖赳夫《くるすたけお》、一〇月六日には副総理大臣西尾末広、そして一二月七日には元総理大臣芦田均を逮捕し、同年末までに六四人を逮捕するに至った（田中二郎・佐藤功・野村二郎編『戦後政治裁判史録 1』第一法規、一九八〇年）。それゆえ一九五四（昭和二九）年の造船疑獄事件が起きるまでは、戦後最大の疑獄事件といわれた。

　この事件の最大の山場は、一〇月六日の西尾末広副総理大臣の逮捕であり、これにより芦田内閣は崩壊の危機に瀕した。内閣崩壊にストップをかけようとするならば、法務総裁である鈴木がその特権である指揮権を発動し、西尾の逮捕を阻止するしかなかった。

図41　芦田内閣総辞職後のさよなら記念撮影（向かって前列右から2番目が鈴木義男）

　指揮権の発動とは、一九四七年四月一五日に成立した検察庁法の一四条に基づき、司法大臣（一九四八年二月一五日以降は法務総裁、一九五二年八月一日以降は法務大臣）が検察官に対する指揮監督権を保有していることを根拠とし、検察官の捜査を一時的に停止させるなどの行為を指す。一九五四（昭和二九）年の造船疑獄事件では当時の犬養健法務大臣がこの権限を行使し、自由党幹事長・佐《さ》藤栄作《とうえいさく》に対する収賄容疑での検察庁からの逮捕許諾の請求を拒否したため、捜査が挫折している。

　しかし鈴木は、西尾末広の逮捕に際して、犬養のような行動に出ることはなかった。鈴木にとって西尾は社会党の創設者の一人であり、片山内閣では官房長官を務めた重鎮であったから、個人的にも何らかの恩義

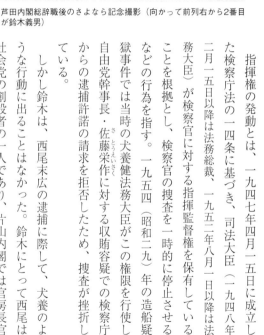

を感じていたであろうが、ここでは情に流されることなく筋を通した。

その時の様子は『芦田均日記』で知ることができる。西尾の逮捕については、一九四八年一〇月六日（水）の日記に「青天の霹靂《へきれき》」という言葉で表現され、次のように書かれている。

朝七時半頃デンワで西尾君が早朝拘引されたと伝へて来た。それの第一報は時事通信の女記者が検察庁の門に張番してゐて、這入《はい》ってくる西尾君の鳥打帽子《とりうちぼうし》をハネて顔をのぞき込んで人相を確めて社へ通報したのだといふ。これは誠に青天の霹靂であった。（『芦田均日記　第二巻　外相から首相へ——連合の模索と挫折』岩波書店、一九八六年、二〇九頁）

鈴木義男君が至急逢いたいといふ。総理庁に帰って鈴木君と面談した。専《もっぱ》ら西尾君問題の報告であったが、「私を信頼して下すった友人として、総理に申上げる。もう斯くなれば辞職の外はありますまい」と附加した。「私もそう思ふ。私は深く君に信頼してゐます」と私は答えた。（同書、二〇九〜二一〇頁）

鈴木は指揮権を発動して政権を維持するどころか、逆に内閣総辞職を勧め、芦田もその勧告に感謝している。ここには鈴木の政治家としての公明正大な姿勢がよく表れており、そうであればこそ友人たちの次のような評価にも同意しうる。

山本嘉盛（弁護士）は「当時における先生（鈴木義男のこと——引用者）の心境は、司法の厳正を死守するためには敢えて私情を犠牲にするも止むを得ないと覚悟を決めておられたから、故意に捜査権を制約するような行動をとらなかった」（『鈴木義男』一六七頁）と述べている。また、鈴木茂三郎（元社会党執行委員長）は「芦田内閣に続く吉田内閣は疑獄事件がおこるや指揮権を強行して、被疑者たらんとする閣員の若干の政治的生命を救うようなことをして政界に「免れて恥多し」の実態をつくった。法務総裁としての芦田内閣の鈴木氏は断じてそれをしなかった。鈴木氏は立派な見識をもって居られたのである」（『鈴木義男』九九頁）と述べている。

エピソード5　司法大臣就任時の家庭の様子

鈴木義男の次女・新井ゆり子は、司法大臣就任時の鈴木家の様子について次のようなエピソードを紹介している。

私共は、ある夜突然に父が帰えって来て、「おい、お前達驚くことがあるぞ、お父さんは大臣になったよ」と申されても誰も本気にせず、母も私共も子供達のあみ物やつくろい物の手も休めず、「又お父さんが、はじまったわ」等と笑っていました。いよいよ本当と判ったのは夜遅くラジオのニュースを聞いてからでした。従って何の準備もなく翌朝を迎えた私共は大変なことになりました。宮中に参内する迎えの車が来た頃、父は隣の御主人や叔父から借り集めたモーニングや靴下で帽子丈は誰も持っていないのであきらめて出掛けることになりました。早くも押しかけて来た新聞記者に散らかした間借りの部屋をのぞかれまいと私共は戸を押えて小さくなっておりました。

するといつの間にか抜け出した四人の孫達が見たこともないきれいな自動車に飛びついてワイワイさわぎ出し、キチンとした身なりの運転手さんに毛ぼうきで「こらっ！あっち行け！」と叱られております。追っても追っても子供達はうれしくて車に飛びつくので、「一体どこのわんぱく子僧だ！　あっちへ行けったら！」とどなる声が聞こえますが、私共が出れば新聞記者につかまるし、困ってオロオロしていますと、やっと借着に身なりをととのえた父は意気揚々と門口に現われて、「いゃあ、運転手君、ごくろうさん」と悠々と車に乗り込むと、「ああ君、孫達を乗せて一寸一まわりしてくれないかね」と涼しい顔で裸足の大三郎までピカピカの車に乗せてしまいました。運転手さんの恐縮する様がおかしいやら気の毒なやらで、私共は戸のすき間からのぞいて笑いをこらえるのがやっとでした。

（『鈴木義男』二五九〜二六〇頁）

図42　孫たちと

当時の鈴木家は諸事情により大所帯であったが、新井ゆり子の手紙によれば「父は男の子に恵まれず、姉と私丈でしたので孫達四人が男児なのを大変喜び、孫四人をゾロゾロ連れ歩くのを愉しみにしていました」という。

エピソード6　A・オプラーとの家族ぐるみの付き合い

オプラーによれば家族制度廃止の民法成立後、GHQの後援の下で婦人解放に向けた啓蒙活動が続けられていたが、それでも「婦人達が法律的に勝ち取った諸権利を実際に行使すること」にはかなり時間がかかると見込まれていた。ところが「予想に反して、婦人達は最初から、政治の分野でその権利を徹底的に行使した」のである。「憲法に裏打ちされた婦人の参政権付与に対する最初の熱狂的反応は、日本社会において婦人の地位の変更の機が熟していたことを証明するもの」であった。その代表的人物として挙げられるのが男女同権論者の加藤シヅエである。

このような動きをさらに軌道に載せるべく指導的役割を演じたのがオプラーの妻シャーロッテで、これには鈴木の妻や娘たちも協力したという。オプラーは次のように述べている。

鈴木法務総裁がその妻と二人の成人した娘、綾子（絢子の間違い――引用者）と百合子を励まして、アメリカ人の婦人達――彼女達は、当時既に日本人の婦人達を総司令部のチャペル・センターにおける集まりに招待していた――と接触するように試みさせたのは、片山首相の在任期間中であったが、この出会いをきっかけに、一連の講義が開始された。そこでは、とりわけ日本のＹＭＣＡとアメリカのＹＭＣＡの指導的なメンバーとの間で、意見の交換がなされた。これに引き続いて、より定期的な会合が法務庁研修所で行われた。（前掲『日本占領と法制改革』一六七頁）

オプラーは鈴木の死後、鈴木の妻に宛てて「親愛なる鈴木ときわ様　あなたのご主人がお亡くなりになったという悲しい知らせをうけ、私は、非常に大きな打撃を受けました。深い悲しみの中にあるあなたの御嬢様方に心から御同情申し上げます」という書き出しの手紙を送っている（A・オプラー「歴史こそ充分な名誉を酬いよう」『鈴木義男』二一一頁）。

第六章

左右対立の社会党の中で――中央執行委員辞任から衆院選挙落選まで

本章では、一九四九（昭和二四）年から一九五八（昭和三三）年までの鈴木の歩みをたどる。開始を一九四九年、終了を一九五八年としたのはちょうどその時、鈴木の政治家としての生活の中で大きな節目となる出来事があったからである。一九四九年には日本社会党の中央執行委員を辞任したこと、一九五八年五月に行われた第二八回衆議院議員選挙で落選したこと、がそれである。以下、これらの出来事を含めて、この間に起きた四つの出来事に注目してみることにする。

1　社会党中央執行委員の辞任

衆院選における社会党の大敗と中央執行委員の辞任

一つ目の大きな出来事は、前述のように、一九四九年一月に行われた戦後三回目の第二四回衆議院議員選挙で社会党の大敗に伴い、中央執行委員を辞任したことである。同党の中央執行委員は党全体を指導する任務を担いその中枢に位置する者で、数年に一度開かれる党大会で選出された。鈴木は一九四五（昭和二〇）年一一月二日の第一回大会（同党結成大会）以来、連続してこの役職に選出されてきた。

辞任の最大の理由は、選挙での社会党の敗北であり、その結果は翌一月二四日付『朝日新聞』が「社党、予想外の惨敗」という見出しで報じたように惨憺《さんたん》たるものであった。社会党は「単独政権の実現」を目標にして選挙戦に臨んだが、獲得したのはわずか四八議席で、これは前回の総選挙で獲得した一四三議席の三分の一弱に過ぎず、目標にははるかに及ばなかった。片山哲、西尾末広、加藤勘十《かとうかんじゅう》、加藤シヅエら同党の顔ともなっていた議員が相次いで落選し、中央執行委員は二六人中、一四人が落選した。

他方、民主自由党は二六四議席を獲得して単独過半数（前回議席一三一）に達し、共産党も三五議席と前回の四議席から大きく躍進した。

鈴木は当選したとはいえ、その立場はかなり厳しいものであった。『福島民報』によれば、鈴木は講和会議の促進、人口問題の解決、外資導入と経済再建計画の確立、国土改良事業による農業生産の増強、政界浄化の徹底といった政策を掲げてこの選挙に臨んだが、投票日の一〇日前には「個人演説会は全くふるわず選挙事務所泣かせだ」、「演説会も夜など広い公会堂に約三〇名くらいという不振ぶり」（一九四九年一月一四日付）という状況であった。福島二区での鈴木の獲得票は二万六〇五九票、定員五人中四位での当選であったが、一九四七年四月の戦後二回目の総選挙の三万八一五五票、定員五人中二位当選という結果と比べると、獲得票は実に一万票以上も減っていた。当時の社会党が置かれた厳しい状況が反映されていたことはいうまでもない。

この結果を受けて、二月九日、社会党の中央執行委員会が開かれ、総括を含む話し合いが行われた。その結果、二六人の執行委員全員が引責辞任することが決定された。

左派の台頭と福島県知事選立候補への誘い

同年三月半ば以降、社会党の再建について議論され、それを踏まえた方針が四月の第四回大会に上程される予定であった。同大会では、引責辞任した中央執行委員が再び選出される可能性もあった。そして、その中には同党結党以来、基本政策の策定・推進を担ってきた者や今後も重要な役割を果たすであろう者も含まれていた。

ところが、ちょうどこの頃、同党の「左派の一部」が青年部などに勢力を拡張し、「今回の総選挙での大敗の責任の一切を右派に帰し、来るべき第四回党大会において右派幹部を追放し、一挙に左派主導権を樹立」しようとする動きがあったという（『日本社会新聞』第三五九号、一九五二年一月二四日付）。そのため、三月中旬から「運動方針」の作成段階に入ると、同党の性格、基本理念、革命方式、民族問題などをめぐり、右派・左派の論客が激しい論争を交わすことになった。これが世にいう「森戸・稲村論争」である。

党の運動方針をめぐり、右派の森戸辰男は「国民政党」論、左派の稲村順三《いなむらじゅんぞう》は「階級政党」論を展開した。これは同大会に持ち込まれ、議論が続けられたが決着の見通しがたたず、勝間田清一《かつまたせいいち》が「階級的国民政党」論を提唱してその場は収まったという。

この論争に鈴木がどのように関与したかは不明で、論文なども見つかっていないが、森戸と鈴木は結党当初から新憲法の立案をはじめとする同党の重要政策を共同で行ってきており、後に民主社会主義に関する著書を執筆・刊行したことから考えても、森戸の立場・思想を支持していたと考えられる。同党の革命方式についての森戸の主張は、左派から「階級闘争消滅論」と批判されたが、「民主主義を単に社会主義実現の手段として見るだけではなく、社会生活の全領域にわたって民主主義を徹底化することによって社会主義を実現しうると考える」ものであり、「後の「民主社会主義」に通じるもの」であった（民主社会主義研究会議編『大系民主社会主義　第2巻政治』三八三〜三八四頁）。そのため、鈴木はこれを全面的に支持したと考えられる。

第四回党大会では、左派の同党中枢部への進出が顕著であった。党の顔ともいうべき委員長には片山哲が再任されたが、党運営の要となる書記長の選挙には左派の鈴木茂三郎と右派の浅沼稲次郎《あさぬまいねじろう》が立候補して激戦となり、鈴木三九〇票、浅沼二六一票という結果となった。これについて一九四九年四月一七日付の『朝日新聞』は「左派の〝まぼろし〟であった〝鈴木書記長〟が、同党の最も苦難な時期に、しかも党再建の重要な時に出現した」としつつ、「同党内の事情はこれから一層複雑になる……左右両派の対立はいよいよ深刻化し、ある意味では同党はすでに〝分裂コース〟に入ったという表現ができるかも知れない」と報じた。

左派の優位は中央執行委員の顔ぶれにも表れており、「森戸・稲村論争」の当事者である稲村が中央執行委員に選出された一方で、森戸は選出されなかった。森戸はこれを受けて代議士を辞め、広島大学学長に就任した。これについては「その後一年、氏の意に反した道に一歩々々後退せんとする社会党を慨歎《がいたん》しつつ、ついに党を去り再び学窓に身をひそめたのであった」（前掲『日本社会新聞』第三五九号）と報じられた。

鈴木もまた、第四回大会では中央執行委員に選出されなかったが、森戸のようにこの仕事に失望していたとは思われない。というのも、一九五一年一〇月二三〜二四日に開かれた第八回大会で左派と右派に分裂した後、右派社会党のみで開催した一九五二年一月二〇〜二一日の大会、一九五二年八月二五〜二六日の大会、一九五三年一月一八〜二〇日の大会、一九五四年一月一七〜一九日、一九五五年一月一八日の大会において鈴木は中央執行委員に選出されている。また一九五五年一〇月一三日の左右統一大会において顧問に就任し、一九五七年一月一七〜一九日の第一三回大会、一九五八年二月二四〜二六日の第一四回大会でも顧問となっている。

これに関連することとして注目すべきは、一九四九（昭和二四）年一二月中旬、鈴木が日本社会党福島県支部連合会から、翌年一月二三日実施予定の福島県知事選の候補者として推挙されていることである。その公認申請書は次の通りである。

公認申請書

日本社会党福島県支部連合会は昭和二十四年十二月十八日の執行委員会に於て昭和二十五年一月二十三日施行の県知事選挙に当り鈴木義男を候補者と決定いたしましたから本部に於て公認下さるよう御願申します

昭和二十四年十二月十八日

日本社会党福島県支部連合会

日本社会党本部御中

会長　遠藤一

（法政大学大原社会問題研究所所蔵資料）

これは、鈴木が中央執行委員に復帰しないのであれば、福島県知事として力を発揮してほしいという福島県支部連合会からのメッセージなのであろうが、文書の欄外には手書きで「執行委員会は認めない意向が圧倒的」と書き込まれており、中央執行委員会で却下された可能性が高い。詳細については不明であるが、鈴木のキャリアを考えるうえで非常に興味深い出来事である。

2　民主社会主義の啓蒙・普及

民主社会主義の啓蒙と普及を目指して

二つ目は、〝民主社会主義〟の啓蒙・普及を積極的に行ったことである。一九五四（昭和二九）年には、それに関わる二冊の著書を相次いで上梓している。

一冊は、同年四月に上梓《じょうし》した『原子力時代の経済の革命的展開　民主社会主義の道』（民主評論社）である。序文で述べているように、本書の目的は「共産主義には経済について一貫した理論があるが、民主社会主義にはそれがないではないか」という疑問に答えることにあった。

鈴木によれば、共産主義＝マルクスレーニン主義の立場から主張される資本主義社会の一大特徴は「生産力と消費力との内在的矛盾」が過剰生産恐慌となって発現せざること、そしてそこから、それを回避すべく新たな市場獲得のために他国との戦争（侵略戦争）に打って出ざるをえなくなること、したがってそのような「恐慌回避の脱出路」としての戦争をできないようにすれば、たとえば「共産主義革命」によって「世界の後進的地域を資本制商品の市場から離脱せしめること」で、その社会が「自然に崩壊する」ことであるという。

しかし鈴木は、この過剰生産恐慌の理論は非現実的であると批判する。「それは恐慌の形式的可能性であって、現実性でもなければ必然性でもない。恐慌の形式的可能性が現実性に転化するかどうかはその他の諸条件に依存する」（一五～一六頁）とし、今日では一九二九～一九三二年の世界恐慌を転機として、恐慌回避の新たな条件が成立しているという。その条件とは①国民経済に占める財政の比重が恒常的に増大し、財政の役割が積極化したこと、②完全雇用と最低生活の保障を目的とする社会保障制度の確立、③インフレとデフレ（不況）の双方に対する自動的抵抗作用が経済機構のなかに一種の経済安定装置としてはめこまれていることである。

そして、ここで特に重要な役割を果たしたものとしてジョン・メイナード・ケインズの経済学を挙げ、次のように述べている。

ケインズ的財政思想においては財政が国民経済に占める比重が増大し、その演ずる役割が積極的になることは明らかである。十九世紀から第一次大戦に至る財政中立主義の時代を通じて、財政支出は国民所得の平均五％に過ぎなかったが、第一次大戦以後、特に一九二九～三二年の大恐慌を転機として、財政支出が国民所得に占める割合は平和時においてすら一〇～二〇％、戦時には五〇～七〇％にまで増大する。マルクスの資本蓄積に関する分析は消費財部門と生産部門の二部門構成を前提としているが、現代資本主義は以上の二部門に新たに第三部門として加えた三部門から構成されるから、二部門分割に立脚するマルクスの再生産論はいまやまったく時代遅れになったというべきである。その古くさいマルクスの再生産表式にいまでもバイブルのようにしがみついてマルクスの片言隻句《へんげんせっく》をオームのように口誦んでいるのが共産主義者である。だが、共産主義者のなかでも少し時代感覚のある人々はケインズ的な三部門分割に立っている。（同書一八～一九頁）

このように鈴木は、世界恐慌を契機として採用されたケインズ的財政思想に基づく政策の展開により、資本主義経済は新たな段階に入ったと考える。そしてこれに続けて第二次世界大戦後の新たな資本主義を特徴づけるさまざまな動き、たとえばケインズ的な有効需要政策の有効性、原子力技術の平和的利用に連なる「第三次産業革命」の到来、西欧・北欧の福祉国家的政策などが紹介されている。

そのうえで、この段階にふさわしいものとして「民主社会主義への道」を説き、「資本主義は自らを人間化する限りにおいて自己の反対物たる真の社会主義に転化する。資本主義から真の社会主義＝自由制社会主義への転化は突然変異的な変革過程ではなくて量の変化がある点に至って質の変化に転化する進化の過程である」(同書、六三頁)と述べている。つまり民主主義的政策の不断の積み重ねこそ、真の社会主義の実現の道であると考えている。

もう一冊は、同年七月に上梓された『社会主義のおはなし』(東京教育研究所)である。ここでは民主社会主義のモデルになる国として、社会党や労働党が大きな影響力を持つイギリス、オーストリア、ニュージーランド、スウェーデン、ノルウェー、デンマークなどがあげられ、それらの国での社会主義の政策の実行により、国民すべてに明るく豊かで不安のない暮らしを保障するべく実績が積み重ねられていると述べている。そして「百聞は一見に如かずで、皆さんが一度社会党内閣が二十七年もつづいているスエーデンという国へ行って見られるとわかりますが、そこでは仕事がなくて困っている人は一人もおりません。病気になれば誰でもたかだか、ごくやすく病院に入れてもらえますし、年をとれば死ぬまで養老年金を貰って安心して生きて行かれるようになっています」(同書四頁)とし、社会主義的政策の優位性が語られている。

本書の「結び」として鈴木は、民主社会主義に到達するための政治のあり方について次のように述べている。

社会主義の目的を実現する政治のやり方はあくまでも民主主義の線にそって行われなければなりません。それは万人に発言権を与える明朗にして活たつな政治となり、善隣互在、万邦融和共存の平和主義の外交となり、世界を打って一丸とする世界的計画経済の実現とならねばなりません。また、食べること自体は人間の目的ではなく人間的価値、すなわち精神的自由を実現するための物質的手段に過ぎませんから、社会主義はこの世からパンの不安を克服することによって貧しきが故に辱かしめられることのない真の共同社会、知情意がよくそなわった円滑な人格者の共同体を実現しようとする崇高な文化政策的目標に向つて直進しなければなりません。そのため、教育という仕事に最高の価値を置き、文芸、芸術、科学を奨励し、健康と娯楽に最大の考慮を払うことはもちろんです。（同書一五一頁）

ここに記されている「パンの不安を克服することによって貧しきが故に辱かしめられることのない真の共同社会、知情意がよくそなわった円滑な人格者の共同体」こそ、鈴木が理想とした未来の民主主義社会ではなかろうか。そのための「崇高な文化政策的目標」として「教育という仕事に最高の価値を置き、文芸、芸術、科学を奨励し、健康と娯楽に最大の考慮を払うこと」は、鈴木が欧米留学時から考えていたことであろう。

民主社会主義連盟の結成と右派社会党中央執行委員への就任

鈴木が一九五四（昭和二九）年に積極的な執筆活動を行ったことについてはさまざまな理由が考えられるが、社会党の左右分裂直後に結成された民主社会主義連盟の方針に大きな影響を受けたことや、右派社会党の中央執行委員に就任し、同党の民主社会主義的政策を策定・遂行しうるようになったことが挙げられるだろう。

まず、民主社会主義連盟から受けた影響についてみてみよう。この団体は、一九五一（昭和二六）年一二月一二日、八木秀次（元大阪大学総長）、蠟山政道（お茶の水女子大学学長）、波多野鼎（経済学者）が世話人となり、日本社会党の右派系の学者と政治家が中心となって設立されたもので、のちに八木が会長、蠟山が理事長、波多野が事務局長となった。この団体の政治面における大きな特徴は、社会主義インターナショナル（社会主義インター、ＳＩ）の影響を強く受け、西欧型社会民主主義政党の実現を目指していたことである。ちなみに、この団体の前身はいわゆる第二インターの流れを継承し、一九四七年一一月に結成されたコミスコ（国際社会主義者会議委員会）である。コミスコの前身は一九四六年、イギリスのクラクトンでイギリス労働党の主唱により一九カ国の社会主義政党の代表が集い、設置された社会主義情報局で、一九四七年一〇月、ソ連の東欧諸国に対する統制機関としてコミンフォルム（共産党・労働者党情報局）が設置されると共産主義に対抗すべく、コミスコが結成された。コミスコは一九五一年には発展的に解消し、新たな国際組織として社会主義インターナショナルが成立した。同年七月一日に西ドイツのフランクフルトで創立大会が開催され、そこで「民主社会主義の目的と任務」と題した「民主社会主義綱領」（フランクフルト宣言）が採択された。

この宣言は、民主社会主義の立場と行動目標を示したものであるが、共産主義に対しては、自由と社会主義を求める運動にとって敵対者であるという観点が明確に打ち出されていた。しかもそこには第二次世界大戦終結後間もない時期、ソ連が東欧諸国の社会民主党政権を転覆させ、強権的に合併あるいは鎮圧することによってソ連の衛星国にしたことに対する抗議の姿勢が示されている（渡辺朗「民主社会主義の国際組織」、前掲、民主社会主義研究会議編『大系民主社会主義　2

政治』二二八〜二三〇頁)。なお、この創立大会には日本社会党も代表団を送っている。

若い頃から民主社会主義の思想に連なる社会民主主義の思想を受容し、その後の人生の支えにしてきた鈴木にとって、この団体の結成は歓迎すべきことであった。すでに見てきたように、鈴木は二高時代には仲間から「オイ労働党」と呼ばれるほどイギリスの議会政治に共鳴し、東京帝大の学生時代には吉野作造の民本主義に感化され、普通選挙の実施や政党内閣の成立を希求していた。欧米留学の帰国後に執筆した論文では、ロシア型革命ではなくドイツ社会民主党が選択した「ワイマール憲法型革命」、すなわち社会化法の広範な分野での継続的な制定を基本的方式とする社会主義革命の実現を目指していた(鈴木義男「社会的立法の思想的背景(上)」『社会政策時報』第七八号、二二頁)。

東京帝国大学の学生・助手時代の親友であった蠟山が民主社会主義連盟の幹部になっていたことも、鈴木にとっては歓迎すべき材料であっただろう。この団体が一九五三年一月に『民主社会主義』という雑誌を発刊すると、鈴木は六月号に「MSAの諸問題」という論文を寄稿している。

次に、鈴木が右派社会党の中央執行委員に就任したことについて考えてみる。一九五二(昭和二七)年一月二〇・二一日、浅草公会堂で開催された全国大会は右派と左派の分裂後、右派社会党が開催した最初の大会で、右派としての今後の方針を打ち出す重要な機会であった。この大会で採択された宣言は「われらはここに立党の精神に還《か》えり、国際的には社会主義インターナショナルにつながり、平和と相互扶助に基く国際連帯社会の確立を期し、国内的には民主主義の徹底化により社会福祉国家を実現し国民に自由と正義を保障しようとするものである」(『日本社会新聞』一九五二年一月二四日）とされている。

右派社会党が選択した政治路線は、まぎれもなく民主社会主義連盟が打ち出したものであり、この宣言を一層具体化すべく、「七原則」が発表された。すなわち、①民主社会主義の理念に立脚する、②講和の現実を認め、独立の完成につとめる、③外交政策においては、国際連帯主義と集団保障制度を堅持し、国連を強化する、④社会主義インターと自由アジアの社会主義勢力の提携を強化する、⑤労働戦線においては、国際自由労連への加盟、協力を促進する、⑥共産主義勢力および右翼全体主義と明確に対決するとともに、思想的にも、行動的にもこれらと同調的態度を排撃する、⑦平和憲法を擁護し、再軍備ではなく生活安定を優先する（飯塚繁太郎・宇治敏彦・羽原清雅『結党四十年・日本社会党』行政問題研究所出版局、一九八五年、一二六〜一二七頁）。右派社会党の基本政策は、民主社会主義連盟の基本方針を踏襲したものであった。

そして鈴木は、同大会において、このような基本政策の推進に重大な責任をもつ二八人の中央執行委員の一人として選出された。これにより左派に気兼ねすることなく、民主社会主義政策を大胆に推進できるようになったのである。

民主社会主義連盟はその後、右派社会党の理論的支柱としての役割を果たし、一九五三（昭和二八）年には「民主社会主義綱領」を発表した。八項目から成る「原則と課題」は、いずれも鈴木の主張と類似している。たとえば「八　世界平和の達成」の項では、「民主社会主義の立場は、社会主義インターナショナルの宣言の線に副《そ》い、自国の能力にかんがみ、あくまで自主性にたち、平和憲法の精神を堅持しつつ自衛と相互援助を目的とする国連の集団安全保障制度の方針のもとに、その義務を分担するにある。今日の国連は不完全であるけれども、日本はこれが完成を期し、かつこれを通じて世界平和を達成しなければならない」（民主社会主義連盟編『統一社会党綱領案とその解説』付属資料、社会思潮社、一九五五年、一七二頁）とされている。このような中、鈴木は二冊の著書を上梓し、民主社会主義を啓蒙していこうとしたのである。

3　平和憲法の擁護

鈴木の再軍備批判の要点

三つ目は、自らが挿入に尽力した平和条項（「日本国民は、正義と秩序を基調とする国際平和を誠実に希求」）を含む日本国憲法九条の精神を守り、再軍備の動きに反対し続けたことである。

まず、一九五〇年代初頭に鈴木が執筆した論文を手がかりとして、再軍備に対する基本的視点を確認しておくことにしよう。サンフランシスコ講和条約と日米安全保障条約が締結された一九五一年九月、鈴木は『法律時報』（第二三巻第九号）の特集「平和条約の問題点」に「憲法との関連における問題」というタイトルの論文を寄稿した。おそらく同年八月に執筆されたもののようであるが、ここからは当時の鈴木の主張をクリアに見て取ることができる。

鈴木はまず、講和条約の「第六条（a）項」の規定を問題視する。「連合国のすべての占領軍は、この条約の効力発生の後なるべくすみやかに、且つ、いかなる場合にもその後九十日以内に、日本国から撤退しなければならない」が、日本と他国との間で国防に関する協定が締結された場合、その国の軍隊が日本に駐留することを認めることとなる。この規定を根拠にして日米安保条約が結ばれたことはいうまでもないが、これについて次のように述べている。

憲法との関連において、もっとも問題となるのは、草案第六条（ａ）項の規定である。またこの規定に基づいて、講和条約の調印に引き続いて、直ちに調印が予定されている日米安全保障協定（または条約）である。日本国憲法第二章第九条は、周知のごとく一切の武備を撤廃し、戦争を放棄し、交戦を禁止したのである。自衛権はこれを放棄したものとは認められないけれども、それも武力以外の方法によるものとせられ、武力に訴えることは放棄せられたのである。いわば非戦主義・無抵抗主義の建前である。このことは第九条の規定を平明に読むならば異論のないところである。（中略）憲法が厳として存し、その条項が改正も修正もされていない現状において、自国軍なると外国軍たるとを問わず、紛争解決に武力を想念することは、憲法に対する背信である。（同論文一二～一三頁）

つまり鈴木は、憲法九条が規定されている以上、「自国軍なると外国軍たるとを問わず、紛争解決に武力を想念することは、憲法に対する背信である」とし、講和条約六条（ａ）項の規定に基づく協定、すなわち日米安保条約に基づくアメリカ軍の駐留も認められないと反対している。
また鈴木は、国際情勢の変化などから「防衛力」が必要とされた場合について、次のような見解を示している。

私は、朝鮮のごとく、最初から両勢力に二分されて統治された国と異り、日本にたいして、国際共産勢力と雖も、そう軽々に侵略をあえてすることがあろうとは信じないが、国際情勢の現段階に照らして、国論が、自己防衛力をもちつつ、国際社会の一環となることの余儀ないことに一致するならば、甚だ遺憾なことではあるけれども、結果において日本国憲法は、現段階では余りに理想に過ぎたものということになるのであるから、解釈を歪曲《わいきょく》するというようなことではなく、堂々と憲法の規定を改正して、現実に妥協する外はないと信ずる。しかしそれは世界史を逆転させる重大な退却であるから、国際情勢の判断においても、国論の帰趨《きすう》の認識においても、慎重の上にも慎重でなければならないこと、もちろんである。（同論文一五頁。傍線は引用者による）

鈴木は、現時点での国際情勢に鑑み、日本が国際社会の一員として「自己防衛力」を含む軍事力を保有するためには、現実に「妥協」し、日本国憲法という「理想」を放棄（改正）するしか方法はないとした。しかし「それは世界史を逆転させる重大な退却である」と述べているように、戦後の国際秩序や「国際平和を誠実に希求する」国際社会の動向に逆行するものであるため、鈴木自身は憲法改正を慎重に進めるべきとし、場当たり的な解釈による憲法改正には否定的な見解を示していた。ここであえて「解釈」云々と述べているのは、この年の一月に芦田均が主張した

「憲法を改正せずとも自衛軍は持てる」という解釈改憲のことを指しているのであろう。さらに鈴木は、この芦田の解釈に対して、次のようにも反論している。

結論的にいえば、現行憲法を前提とするかぎり、わが国は、草案第六条（a）項は受諾すべきでなく、日本領土を基地とする日米安全保障条約には調印すべきでなく、アメリカの日本の安全（それは引いてアメリカの安全、他の一つの世界の安全につながる）に対する防衛の好意はこれを感謝するけれども、アメリカは飽くまで日本の領土以外の地域において軍力を備え、日本の侵略を監視する態度に出ずべきであると信ずる。（前掲、鈴木義男「憲法との関連における問題」一五頁）

鈴木は、講和条約締結と日米安保条約締結のいずれにも反対し、アメリカ軍といえども現憲法がある限り、どのような名目でも日本内に駐留することは許されないという強い批判を行っている。後に講和条約締結賛成・安保条約賛成の立場から再軍備の必要性を主張する右派議員が出てくるが、鈴木は右派に属するとはいえ、両条約締結反対の立場から再軍備反対を含む「平和四原則」を採用した左派の立場に極めて近かったのではないかと思われる。

「芦田・清瀬理論」批判

一九五二（昭和二七）年四月二八日の講和条約の公布・発効とともに施行された公職追放令廃

止法により、その対象者となった政治家たちから「押し付け憲法」論が主張され、それを根拠として自衛軍創設の必要性が強調されるようになった。彼らの中には鳩山一郎のように、公然と日本国憲法の改正と自衛軍創設を行おうとする者もあったが、一方で清瀬《きよせ》一郎《いちろう》(一八八四〜一九六七)のように「芦田修正」に依拠して、「憲法を改正せずとも自衛軍は持てる」とする立場に立つ者もあり、後者は「芦田・清瀬理論」とも呼ばれた。

戦前から弁護士兼政治家であった清瀬一郎は、一九二〇年代には普通選挙運動を推進し、治安維持法に反対するなどリベラルな面を持っていたが、戦時期には大政翼賛会に合流し、同会の総務など中心的役割を担う役員を務めたため、一九四六年一月には公職追放処分を受けた。その後、一九四八年の極東《きよくとう》国際軍事裁判では東条英機《とうじようひでき》被告の主任弁護人を務めた。公職追放解除後、清瀬は一九五二年一〇月一日に実施された第二五回衆議院議員選挙で改進党から立候補して当選し、政界に復帰した。その後、一九六〇年の新安保条約の審議に際しては、衆議院議長として強行採決を行ったことでも知られている。

清瀬は一九五三(昭和二八)年一〇月、政策研究会発行の『政策』誌に「憲法を改正せずとも自衛の為めの兵力は持てる」というタイトルの論文を発表した。これに対して鈴木は、翌一一月発行の同誌に「清瀬理論を反駁《はんばく》する　歪められた法理論」というタイトルの論文を寄稿し、清瀬の主張を批判した。

ここで鈴木が清瀬を批判したのは、清瀬が日本国憲法作成過程の具体的な動きにも言及していたからである。清瀬は「憲法制定の時の衆議院の委員長であった芦田均君は、陸、海、空軍其他の兵力を保持しないことは、国際紛争解決の為めの戦争（多くは侵略戦争）を放棄するということのみに繋ることを明にする為め、特に衆議院委員会に於て第二項の頭に「前項の目的を達するため」の十一字を加えたのであると説明しておられる。当時の他の委員より、それはそうではないという異議は出ておらぬ」（清瀬一郎「憲法を改正せずとも自衛の為めの兵力は持てる」『政策』一九五三年一〇月号、政策研究会、七頁。傍線は引用者による）と述べている。ここでは「芦田修正」を引き合いに出し、「陸、海、空軍其他の兵力」を保持できないのは「侵略戦争」であるためで、自衛戦争であれば兵力を持てると主張している。しかも傍線部分にあるように、第九〇回帝国議会帝国憲法改正案委員小委員会の委員もすべて賛成しているかのように述べている。

同委員会の委員でもあった鈴木としては、これを看過するわけにはいかず、同誌の翌月号で次のような反論を行った。

「前項の目的を達するため」という字句がよく問題になるが、私も憲法改正小委員会の委員の一人として、その審議に与《あずか》った者であるが、（中略）それは第一項と第二項とが、これなくしては接続されないから、接続の意味において挿入されたものと理解しているのである。正確なことは、非公開の当時の速記録を見なければ確言できないが、私の記憶では、芦田氏が当時第一項の目的以外ならば、兵力をもつても差支ないことになる趣旨だとの積極的発言をされたようには思わないのである。そういう発言をされたとしたら、私共はこれに反対したと信ずるのである。少なくとも私は私なりに解釈して、第一項の規定を宣言しても、宣言のし放しでは駄目だから、第一項の誓を実にするために、第二項を規定するという意味を明かにするために、この接続句を入れることが適当であると解して賛したのである。このことはこの際明かにしておきたいと思う。従って当時の意見としては、兵力を全然持たないのであるから、自衛のためにすらも戦闘行為に出ることは予期しなかった事なのである。この点は本会議並びに委員会を通じて、度々質疑の対象となったのであるが、政府は終始殊に吉田首相の如きは、声を励まして、自衛のためと雖も、戦争に訴えるつもりはないと答えていたのである。これは速記録に残っている。（鈴木義男「清瀬理論を反駁する」『政策』一九五三年一一月号、政策研究会、一三頁。傍線は引用者による）

鈴木の記憶では「前項の目的を達するため」という字句は「第一項の誓を実にするため」に入れた接続句に過ぎないというのである。ここでいう「第一項の誓」とは「日本国民は、正義と秩序を基調とする国際平和を誠実に希求」という目的達成のためあらゆる「戦争の放棄」を行い、一切の軍隊を保持しないということで、そこに「自衛のためには軍隊を保持することが可能だ」という解釈が入る余地などなかったのである。

では、事実はどうであったのか。鈴木は「正確なことは、非公開の当時の速記録を見なければ確言できないが」という慎重な言い方をしているが、一九九五（平成七）年に公開された『第九十回帝国議会衆議院帝国憲法改正案委員小委員会速記録』をみると、芦田は一九四六年八月一日の同小委員会において「前項の云うのは、実は双方ともに国際平和と云うことを念願して居ると云うことを書きたいけれども、重複するような嫌いがあるから、前項の目的を達するためと書いたので、詰り両方共に日本国民の平和的希求の念願から出て居るのだ、斯う云う風に持って行くに過ぎなかった」(『速記録』一九六頁)と発言しており、まさしく鈴木の言う通りであったことがわかる。

『政策』誌上で二回にわたって行われた論争は決着がつかなかったようであるが、ここでの鈴木の主張をもう少し付け加えておく。

まず清瀬が占領下であったといえ、自衛権は国家に固有の権利(インヘレント・ライト)であり、いかなる国にも認められる権利であるから、それを守るための軍隊も当然のごとく認められるという主張をしているのに対して、鈴木はいかなる国にも自衛権があるのは当然であり、「私の知る限り自衛権もないのだという議論をしたものを余り聞かない。自衛権があるにもかかわらず、兵力をもたないというところに日本憲法の特異性があるのである」(前掲、鈴木義男「清瀬理論を反駁する」一二頁)と述べている。

次に、清瀬が日本国憲法九条だけを取り上げて自説の論理を組み立てようとしているのに対し、「それは浅薄であり、過ちはそこに胚胎する」として、九条を前文と一体的なものとして扱う必要があることを強調している。なぜなら「前文第一項には、「日本国民は……政府の行為によって再び戦争の惨禍が起ることのないようにすることを決意し」といい、第二項では、「恒久の平和を念願し、人間相互の関係を支配する崇高な理想を深く自覚するのであって、平和を愛する諸国民の公正と信義に信頼して、われらの安全と生存を保持しようと決意した」とうたい、第三項において、偏狭な国家主義を否定する旨を高調している」からである。かくして「完全に戦争を放棄し、軍備までも廃止する日本にとって、最も大切なことは、その安全と独立とを維持するための国際的保障を確立すること」であると述べている（前掲、鈴木義男「清瀬理論を反駁する」一二頁）。

また、清瀬が日本国憲法九条の第一項を設けた意味を十分理解しないまま自説を展開している傾向がみられることに対して、次のように反論している。

本来国際的な戦争の放棄については、わが国は、すでに一九二八年の「不戦条約」に参加することによって、世界のほとんどすべての国々との間に、「国際紛争の解決のために戦争に訴えることを不法とし」、且つ「国家の政策の手段としての戦争を放棄すること」、及び「諸国家間に起ることあるべき一切の紛争を平和的手段によって解決すること」を約しているのである。今回の憲法の規定を待つまでもなく、条約を誠実に遵守すれば足りるのであるが、世界に公知の如く、わが国は公然この条約を破って戦争に訴えたのであるから、かかることを今後は決して行わないことを誓うために、第九条一項に全く同一趣旨を規定したに外ならないのである。然るにこの第九条一項を認めながら、どこかに逃道を探そうとするが如きは断じて正しい態度ではないと思うのである。（前掲、鈴木義男「清瀬理論を反駁する」一二〜一三頁）

このように鈴木は、不戦条約に調印していながら、それを遵守せず、「戦争に訴えた」過去があることに鑑みれば、九条一項を認めながらもその「逃道」を探す、つまり軍隊を持つ方向性を探ることは「正しい態度ではない」と批判している。

しかし、その後の展開を見る限りでは、鈴木による「芦田・清瀬理論」の批判はまったく効果がなかったようである。一九五五（昭和三〇）年七月の内閣委員会において清瀬が日本国憲法を「マッカーサー憲法」と揶揄したことに対し、鈴木は社会党を代表して「懲罰委員会に付する動議」を提案した。鈴木は「清瀬君は、憲法調査会の必要を力説し、この調査会で作るものを理想的憲法と賞揚し、これに対比するものとして現行憲法をマッカーサー憲法とやゆし、罵倒し、風刺したものでありまして、現行憲法蔑視の感覚が言外にあふれているのであります」とし、自分が関わった憲法作成の経緯を縷々述べたうえで「要するに、清瀬君の憲法蔑視は天下の人心を誤まらせるものと存するのであります。すべからく、憲法の尊厳を守るために、責任をとって公人としての進退を明らかにしていただかなければならないのであります。（拍手）これ、われわれが断固として懲罰に付すべきことを要求するゆえんであります」（『官報』号外、昭和三十年七月七日、『第二十二国会衆議院会議録第三十八号』）と結んでいる。だが、その後採決が行われたものの、この動議は否決された。

鳩山内閣による憲法調査会設置への批判

一九五四（昭和二九）年一二月一〇日、首相に就任した日本民主党の鳩山一郎は日本国憲法の改正による自衛軍の創設に極めて意欲的であり、翌年六月には国会に「憲法調査会法案」を提出した。これに対して鈴木は、同年七月二八日の衆議院本会議で次のような意見を述べた。

今回の憲法調査会設置の意図は、言うまでもなく、公然再軍備を合法化していくために第九条を改正せんとするところに主要点があることは明らかであります。（拍手）私は本日委員会において提案者並びに鳩山総理に対して説明を求めたのでありまするが、ほかの点はすこぶるあいまいでありましたが、こと第九条を改正すべきであるという一点については、両者ともにきわめてはっきりした返事をされたのであります。もって察するに足りるのであります。

およそ、この憲法といえども、もとより完全無欠ではありません。改正すべきものがあろうことは、われわれも認めるのであります。けれども、これを改正するには、おのずから適当な時というものがあります。今わが国が再軍備を公然合法化するに適当なる時でありましょうか。世界の情勢をごらんなさい。わが国が、一時朝鮮事変に驚いて、アメリカの、それこそ押しつけによって、警察予備隊を作り、保安隊を作り、これを自衛隊に発展させたのでありまするが、（拍手）今や、世界の大勢を見れば、平和的共存といい、ジュネーヴにおける巨頭会談といい、何とかして軍備を縮小し、原子戦をなきものにし、平和のうちに世界を維持していこう、軍備縮小によって得るところの余剰財産をもって後進国の開発のために使おうということが提唱せられておりまするときに、わが国がおくればせながらこれから再軍備をしようとは何ごとでありましょうか。（拍手）これは断じてその適当なる時ではないと信ずるのであります。（『昭和三十年七月二十八日　衆議院会議録第四十九号　憲法調査会法案』）

このように、鈴木はこの法案が「公然再軍備を合法化していくために第九条を改正せんとするところに主要点がある」として反対している。前年六月には「我が国の平和と独立を守り、国の安全を保つため、我が国を防衛することを主たる任務」とする自衛隊の設置を定めた自衛隊法が成立し、七月には自衛隊が設置された。装備力や隊員数などから考えて、これは軍隊と見なされ得るものであったにもかかわらず、それまでの政府の解釈では、憲法で許される範囲内の自衛のための実力組織であると見なされていた。また、法案提出を行った鳩山内閣はいずれ憲法を改正し、「公然」と軍隊であることを認めさせようとするのではないかと推測されていた。鈴木の反対も功を奏し、この時、同法案は成立しなかった。

しかし鳩山首相は、憲法改正をあきらめることはなかった。保守合同で最初の自民党総裁になって以降の一九五六（昭和三一）年二月、第二四回通常国会に自民党の議員立法案というかたちで憲法調査会法案を上程した。そして三月二三日には内閣委員会、三月二九日には本会議で本法案は可決・成立した。

同法は同年六月に公布・施行され、その後、憲法調査会が設立された。会長には高柳賢三《たかやなぎけんぞう》が就任し、各党への参加・協力が求められた。しかし、社会党はこの憲法調査会への出席をボイコットし、参加を拒否した。同党の参加予定者には片山哲と鈴木が選出されていたが、憲法改正が意図されている以上、参加するわけにはいかないというのが主な理由であった。鈴木は一九五六年七月三〇日付『日本社会新聞』に寄稿した「憲法調査会不参加について――改憲は現実問題となり得ぬ」と題する論文で、次のように主張している。

現在の憲法は、かりに与えられたにせよ、実によく出来ている憲法であると思う。民主主義、平和主義、人権尊重主義、そして近代的立憲政治のメカニズムがよく取り入れられている。当時わが国でも朝野が競って憲法草案を立案したものであった。多くは明治憲法に一寸手を入れた程度のものであって、ポツダム宣言が期待したわが国の民主化には何れも程遠いものであった。そういう調子ではわが国民に委せておいたのでは、到底民主的憲法はできそうもないというので、英米仏等の憲法の粋をあつめて、一つのモデルを示したのである。しかし一字一句変えてはいけないというような強制を伴ったものではなかったのであって、基本線を崩さない限りわが国情に適切な修正は自由たるべきことを付言していたのである。現にわれわれは十数カ条を付加し、十数カ所を修正しているのである。日本国会が修正して許されなかったものは一つもなかったのである。われわれはもっと社会主義的にしておきたかったのであるが、われわれの提案はGHQに行く前に、当時の自由党、進歩党によって拒否されたのである。この草案が発表されたとき、少数の反動者を除いて、国民の大多数は歓呼喝采したことを忘れてはならないのである。

当時司令部が少なくとも修正を好まなかった点は天皇の象徴たる性格を変えることと、わが国が再び軍隊をもつこととであったことは確かである。今日この点が問題となっているのであるが、当時進歩的民主的な人々はこの二点こそわが国のために最も歓迎すべき点としたのである。已むを得ず、涙を呑んでこれを容れたというようなものではないのである。明治憲法下において天皇元首制がどんなに濫用され、悪用されたかは今さら説くを要しないことである。天皇の名を政治の上に利用することは未来永劫やめて貰いたいというのが多数国民の願であった。また戦争放棄と軍備の撤廃とは、当時の国際情勢としては、やや理想に過ぎるという感想をもった者もあったことは事実であるが、それが幣原氏の発意に出てマッカーサー元帥がこれに共鳴したのか、或はマッカーサーの発意に出て幣原氏がこれに共鳴したのかは別論として、今日にしてこれを見れば、わが国を社会保障的文化国に育てるためには願ってもない怪我の功名というべきである。一時朝鮮動乱に不必要に狼狽《ろうばい》したのであるが、世界はその後益々戦争回避の方向に動いているのであって、この条項を急いで改正すべき必要を認めるわけには行かないのである。この十年間、更に来るべき十年間、憲法を順守して、軍備に費す金を挙げて社会保険に向けたならば、わが国は見違える文化国家になり得るであろうと、かえすがえすも残念に思う次第である。（中略）

現行憲法も人間の作ったものであり、完全無欠ではあり得ない。なおした方がよい点、修正した方が便宜と思われる点はないわけではない。しかし寸刻を争わなければ、わが国運に関するというようなものではない。いま反動者の頭脳をもって修正を論ずるのは、歴史の歯車を逆転させることであって、危険千万である。況んや彼等の目指すところは、天皇制の復活、再軍備、家族制度の復旧等なのであって、学術的、技術的見地から、修正に賛するものがあると、これを利用して抱き合わせ改悪を遂行しようとするのであるから、われわれは今はこれを議すべき時ではないとするのである。民主主義によって育てられたわれらの後輩が、二十年三十年後に、反動的でない頭をもって、この憲法を批判し、修正を論ずるならば、誤ること少ないと信ずるのである。今はまだまだこの憲法の普及に努力すべき時であって、断じて改正に努力すべき段階ではない。

私は衆参両院において微力であって、改正発案を阻止することが困難であれば、その改正の反動化を極力防止するために、憲法調査会に参加して、その阻止のために努力する外はないと考えていたのであるが、幸にして衆参両院において各々三分の一以上の勢力を確保し得て、少くとも当分は憲法改正が現実の問題とはなり得ないことが明かになったのであるから、調査会に参加する必要のなくなったことを喜ぶものである。かりに調査会が発足して何を審議することがあっても、学者机上の論と同じものであるから、圏外にあって遠慮なく批判し論難すれば足ることである。そしてそのうちに世界は次第に改正を必要としない方向に動いてゆくことと信ずるものである。（傍線は引用者による）

長い引用となったが、ここからは鈴木の平和憲法擁護、再軍備反対の姿勢がみてとれるだろう。

4　初めての落選

四つ目は、一九五八（昭和三三）年五月二二日投票の第二八回衆議院議員選挙で落選したことである。一九四六（昭和二一）年四月の戦後初の衆議院議員選挙（第二二回）からの連続当選が、ついに六回で途切れることになった。定員五人区の福島二区ではそれまで上位当選を続けてきたものの、今回は第七位となった。獲得票も四万二八五二票で、一九五五（昭和三〇）年二月二七日に行われた第二七回衆議院議員選挙での獲得票（第二位当選）から約二〇〇〇票も減らしていた。これは鈴木にとっては屈辱的な結果であったことはいうまでもなく、社会党が目標としていた政権奪取にはほど遠い状況に陥った。

この結果について『福島民報』（一九五八年五月二三日付）は「社、水まし作戦失敗」という見出しで「躍進を期待されていた社会党は一挙に二人を失ったが、そのうちには元老鈴木前会長（鈴木義男のこと。引用者）まで含まれる苦杯で、心配されていたように各区一名みずまし作戦は完全に失敗した。この作戦は革新系の票の伸びからみてまだ無理なことは十分承知されながらなおこれを強行しなければならなかったのはいうまでもなく左右両派の抜き難い対立意識であり、社会党としてはこの手痛い敗戦を尊い教訓としなくてはなるまい。とにかく革新勢は伸びているとはいえ成行きは決して甘いものではない」と報じた。「左右両派の抜き難い対立意識」からくる「みずまし作戦」が失敗の原因であったとする主張は、真理の一面を捉えていたといってよい。

鈴木自身、この時の総選挙についてかなり詳細な総括をしている。『日本社会新聞』に投稿した「今次選挙と党の将来」「真剣に反省せよ〝総評の社会党〟は限界」という見出しの一文がそれである。鈴木によれば、同年五月の総選挙は日本労働組合総評議会（総評）とその影響力が大きい同党左派の主導下で行われた結果、当選者が選挙前の議席一五八を若干上回る一六六人となり、政権奪取の目標とした衆議院議席総数の過半数獲得にはほど遠いものとなったという。つまり、極めて甘い見通しのもとに強引に行われた選挙であったという。

また、鈴木は自身が落選した理由について「当時私は社会党県連の会長であり、候補者であり、自らの安全のために立候補者を整理するわけにはいかなかった。〝生をすつるより愛はなし〟でした」（『福島民報』一九六〇年一一月六日付）と回顧している。同一の政党に属し、選挙現場で戦っている同志のため、思想的立場が異なり、落選の可能性があったとしても自分の都合を優先させることはできなかったという。

また、鈴木は「今回の戦績としての四十三名の新及び元代議士の落選である。大まかに見て落選者のうち三十名は労組に密接なつながりをもたない候補者だということである」（『日本社会新聞』一九五八年八月一五日付）とし、「党の長老であるとか、農連の育ての親であるとか、中央では必要な人間であるとかいうことは無視され、労働幹部から見て気に食わぬ男だとあれば弊履《へいり》のように捨てられた」（同）と述べている。

総評の進出のもとで行われたこの時の選挙は、いわば血も涙もない非人間的なものであったと鈴木は言う。そして「総評の社会党は限界に来ている。三十五名を減じて八名を増しただけのことである。総評は主導権を握ることをやめて少なくも選挙に関する限り本来の内助者の立場に帰ることだ。そうでなければ選挙の都度人の交替はあろうがわが党は当分は三分の一政党として止まる外ないだろう。国会の選挙はそれでよいとしても地方選挙は今後ほとんど伸びないであろう」（同）と言わざるを得なかった。

このように、当時の社会党の内情を赤裸々に公表することは、鈴木の一大決心のもとになされたと推察される。この一文を公表した直後、同年九月に青山学院大学の行政法担当教授の採用申請を行っており、この時点ではもう二度と国会議員の選挙には立候補しないと決意していたのではなかろうか。

エピソード7　中国訪問と愛娘への思い

鈴木は一九五七（昭和三二）年一一月二〇日から約二〇日間、日本社会党の第二次訪中親善使節団の団長として同党の国会議員一〇人、その他三人とともに中国を訪れ、各地の視察を行うとともに朱徳《しゅとく》副主席、周恩来《しゅうおんらい》首相、陳毅《ちんき》副首相らの中華人民共和国（中共）首脳と会談を行った。帰国後、鈴木は「いたるところ大歓迎を受け、ひざを交えてザックバランの話合いをすることができた」（『朝日新聞』一九五七年一二月一四日付）と述べている。

鈴木にとって、この中国訪問にはもう一つの目的があった。それは、かつて長女・絢子が夫・子供と三人で住んでいたところを彼女に見せることであった。

絢子には中国に悲しい思い出があった。夫（逓信省の技師）は中国に赴任し、絢子と幼い

図43　鈴木義男と周恩来首相（向かって左が鈴木義男）

図44　日本社会党訪中団帰国時の写真（向かって左から3番目が鈴木義男）

長男・泰男《やすお》とともに北京に住んでいたが、一九四三（昭和一八）年五月二一日、「公用のため泰山に行かれ、運悪く誤解がもとで出張先で国民党に殺害されてしまった」という（『鈴木義男』二八三頁）。この誤解というのは、国民党軍の兵士に中国共産党の関係者と思われたことだという。後年、鈴木は知人に「幼い子供の手を引き、首から遺骨をさげた絢子の姿を引揚船のデッキに見出したとき、あまりの不憫《ふびん》さに思わず男泣きに泣いてしまった」（同書二八三頁）と話している。

それから一四年後、ようやく絢子を中国に連れていく機会が訪れた。ここでは、その時に同行した伊藤克（蕭蕭）による一文を紹介する。やや長くなるが、そのまま引用しておこう。

一行の帰国ももう数日後にせまったある日のこと、鈴木先生は団長としてぎっしりつまったスケジュールをどう都合されたのか、今日こそは絢子の家をさがしに行こうと言いだされ、菊地先生（宮城県出身の社会党代議士・菊地養之輔《きくちようのすけ》のこと――引用者）をいれた四人で西城の闢才胡同《ピーツアイホートン》へ車をとばした。絢子さんの話では、なんでも院子（中庭のこと。引用者）の中央に大きな楡《ニレ》の樹があるというのだが、ここいらへんは解放後あまり変化していない邸町とはいえ、日本が投降してからすでに十数年の歳月が流れている。四人はふた手に別れてあちこち探してみたが、とてもすぐには見つからなかった。聞くところによると通訳の人にも頼んでさがしてもらったが、やはり見つからなかったそうである。楡《ニレ》の樹の多いこのへんの胡同（細い路地――引用者）には、すでに北京特有の紫色のもやがたちこめ、たそがれの色が濃くなってきた。しかし私はどうしてもあきらめきれなかった。どうしてもかつて絢子さんがご主人と住んでおられた家をさがしだしてあげたかった。鈴木先生も菊地先生もみんな熱心にさがした。そしてとうとう、ある胡同の入口へ来たとき、絢子さんが大声で叫んだ。「ここ、ここだわ、この胡同に見覚えがあるわ！」

そしてついに、胡同のいちばん奥に私たちは庭の中央に大きな楡《ニレ》の樹のあるひとつの院子を見出した。とつぜん外国人の訪問をうけて驚くその家の主婦に、私は中国語でこの委細を説明し、写真をとらせてくれと頼んだ。いくたびかシャッターがきられた。絢子さんは私に言った。「蕭蕭さん、ここよ、この門よ、あの日主人はこの門から出て行ったきり永遠に帰ってこなかったのよ」。そしてとつぜん、かの女はぱっと身をひるがえすと院子の壁にそって胡同の横道へと姿を消してしまった。五分……十分……絢子さんは戻ってこない。「どうしたのか、探しに行ってみましょうか」、私は先生にたずねた。「いや、放っておいてやってください。心配せずとも絢子はきっと戻ってきますよ」。私はそのとき鈴木先生の老眼鏡の奥に光るものを見た。先生は泣いておられたのだ。先生には絢子さんがなぜ胡同の奥へかけこんでいったかわかっていられたのだ。絢子さんはきっと人目をさけて心ゆくまで泣きたかったのだろう。それを察して先生は私をさえぎられたのだ。

そのときの印象は私の心の奥に深くきざみこまれ、今でもありありとあの光景を思い出すことができる。ぱっとかけ去った絢子さん、それを黙って見送った先生……そのとき私は心で固く固く誓ったものだ。もう二度と戦争があってはならない。人類の悲しみをぬぐい去るために、わたしたちみなが固く手を握りあってこの世から戦争をなくさなければならないと。（伊藤克〔蕭蕭〕「楡《ニレ》のある院子」『鈴木義男』二八四〜二八六頁）

第七章
晩年――新たな目標へ

鈴木の六九年の生涯における晩年は、一九五八（昭和三三）年五月の衆議院議員選挙で落選した頃からが妥当であると筆者は考える。鈴木はこの頃、それまでの生き方を大きく転換させる決断をした。この頃から逝去（一九六三年八月二五日）までの約五年間の鈴木の歩みを、次の四つの出来事でたどってみることにする。

1　再び学者・教育者へ――青山学院大学教授への就任

一つ目は、一九五八年五月の衆議院議員選挙で落選して以降、政治家から学者・教育者への転身をはかるという一大決心をしたことである。一九五九（昭和三四）年四月には、新設の青山学院大学法学部の行政法担当の教授に就任している。

鈴木がこのような決心を行ったのは、一九五八年五月以降と考えられるが、さらに詳しく見ると同年八月から九月にかけての頃と推測される。その理由のひとつは、前章でも紹介した同年八月一五日付『日本社会新聞』に「今次選挙と党の将来」「真剣に反省せよ〝総評の社会党〟は限界」という見出しの小論を寄稿していることである。総評が牛耳っている現状では「わが党は当分は三分の一政党として止まる外ないだろう」し、もはや政権奪取も期待できないという主張は、見方によっては同党への決別宣言といえなくもない。

また、もうひとつの理由として、青山学院大学が同年九月三〇日、文部省に「法学部設置申請書」(『青山学院大学五十年史資料篇 一九四九―一九九九』青山学院大学、二〇〇三年、二〇三頁)を提出していることが挙げられる。この申請書では開講科目の一覧の中に「行政法総論」「行政法各論」が含まれており、鈴木がこの科目の担当者として名乗り出たのは八月から九月にかけてではないかと推測される。なお翌一九五九年一月二〇日には文部大臣橋本龍伍から青山学院宛てに「法学部設置認可指令書」(前掲)が届き、同大学への法学部設置が認可され、同年四月一日から開設の運びとなっている。

図45 執筆活動中の鈴木義男

その経緯について、就任後に同僚となる久保岩太郎(後の青山学院大学法学部長)は「昭和三十四年に、青山学院大学に法学部が新設されることになった際、鈴木義男博士から今後は研究と教育に専念したいとの切なる希望の申し出があり、迎えられて博士は法学部教授に就任されました。爾来行政法の講義と演習とを担当され、あの雄弁をもって熱心かつ忠実に学生の指導に当られました」(『鈴木義男』七九頁。傍線は引用者による)と述べている。よって、「研究と教育に専念したい」という希望が本心からであったことは間違いない。

鈴木のこのような決意は、研究からもみてとれる。鈴木は青山学院大学教授に就任後、法学部の新設記念誌『青山法学論集』一巻一・二号（青山学院大学法学会、一九五九年一一月）に「新憲法下の行政法の展開――主として行政委員と行政訴訟の解放」という論文を発表しているが、それは、蠟山政道によれば鈴木が五年前に発表した大作「行政法学方法論の再検討」（『専修大学論集』第六号、専修法学会、一九五四年）に続く野心作であったという。

図46　弁護士事務所での鈴木義男

鈴木の博士学位論文でもあった五年前の論文は「大陸法系、英米法系並びにその両者の影響の下にある日本行政法の将来について、それぞれの国における歴史的発展に従ってその方法論の特徴を比較研究したもので、わが国の行政法学界に類い稀れな労作」（蠟山政道「鈴木義男氏について憶うこと・学者及び政治家としての業績」『鈴木義男』一八二頁）であったが、それに続くかたちの今回の論文は「日本独自の総合的行政法学への樹立の方向として、鈴木さんが試みられたもの」（同）であったという。鈴木は新生活においてこれまでの研究をさらに深めつつ、新たな展望を切り拓こうとしていたのであろう。

2　政治家への復帰──民主社会党結成への参加

二つ目は、一九六〇（昭和三五）年一月、民主社会党の結成に参加し、同年一一月に行われた衆議院議員選挙に立候補し、当選したことである。鈴木はなぜ、このように〝心変わり〟をしたのだろうか。

民主社会党結党の直接の契機は、一九五九年九月一二日から開かれた社会党第一六回大会にあった。この会議では、西尾末広に対する「統制委員会に付する決議案」が可決され、西尾への党規違反処分が審議されることになった。西尾は戦前、労働運動の指導者であり、終戦後は社会党結党の立役者の一人となり、片山内閣の官房長官・芦田内閣の副総理を務めるなど輝かしい実績を持ち、左右対立が絶えなかった社会党内にあって右派を代表する実力者であった。西尾は、芦田内閣時の昭和電工疑獄事件で検挙され、政界を引退していたが、一九五二（昭和二七）年八月に社会党への復党を認められると右派の立場から大胆な政策提言を行うようになった。

たとえば同党の左右統一を目前にした一九五四年には、両派の対立の根本には簡単には解消できないイデオロギーの問題があるとして「左派はマルクス主義に立脚しており、マルクス主義は暴力革命を敢て辞さない立場である。これに対し、右派は暴力革命を否定し、議会民主制のルールに従って政権の交替をみとめる立場をとっている。この根本的なイデオロギーあるいは世界観の相違が、両派の政策と性格の不一致をもたらしている根源である。この根本的な問題の解決をそのままにしておいて、世論の声だとか、大衆の要望だとかにただ聴従して、統一を考えることは、政党の使命から見て、まことに無責任な態度といわなければならない。……社会党が真に政権担当に堪えうる政党になるためには、マルクス主義的な、労働者偏重の階級政党を脱皮して、勤労諸階層を広く基盤にした国民政党にならなければならない」（西尾末広『西尾末広の政治覚書』毎日新聞社、一九六八年、三二八～三二九頁）と主張していた。

これは当時、いわゆる太田・岩井ラインが支配的であった総評や向坂逸郎《さきさかいつろう》ら労農派マルクス主義者の指導する社会主義協会の方針、すなわち「階級政党」化を目指す同党左派の方針と衝突することになった。また、一九五七年の岸内閣の登場とともに日程にのぼっていた日米安保条約の改定に関しても、「安保条約の改定を阻止したとしても現行条約が残るが、それに対して社会党はどうするのか」と発言し、社会党としてはただ反対するだけでなく、代案の積極的提示も必要という立場を明確にした。

図47　選挙活動中の鈴木義男（応援演説の様子）

しかし、一九五九年九月一二日から開かれた社会党第一六回大会ではこのような発言が党規違反にあたるとし、左派のメンバーの多い青年部が中心となって「統制委員会に付する決議案」が上程され、採択された。したがってこれは「左派による西尾派の追い出し」にほかならなかった（保阪正康『対立軸の昭和史　社会党はなぜ消滅したのか』六一頁）。むろん、西尾および彼を支持するグループはこの決議を受け入れず、同大会終了日の九月一六日に「再建同志会」を結成し、翌一九六〇年一月二四日の民主社会党の結成へと続いていった。

鈴木は、社会党右派に属して活動してきた者として西尾の主張に同調し、民主社会党の結成に向けて積極的に行動した。西尾に対する上記決議案が採択された九月一三日、深夜に行われた西尾を囲む料亭での会合にも伊藤卯四郎《いとううしろう》、曽禰益《そねえき》、西村栄一《にしむらえいいち》らとともに参加している（西尾末広『西尾末広の政治覚書』毎日新聞社、一九六八年）。また、一〇月末に発足した民主社会主義新党準備会の委員となり、一二月には後の民主社会党の綱領の一部に採用されたといわれる「民主社会党に対する鈴木綱領試案」も作成している。

鈴木は、民主社会党結成後、同党顧問・統制委員長に就任し、同党の福島県連会長も務めている。結党直後の一九六〇（昭和三五）年二月、民主社会党福島県支部連合会は『なぜ民主社会党をつくったか』というパンフレットを発行した。鈴木はここで、福島県の自分の支持者に向けて社会党を離れ、民主社会党結成に加わった経緯を説明しており、次のように述べている。

社会党が今のように外部の圧力にあおられ、貧困な政策しか持たず、階級闘争一点ばりの極左主義におち込んで行くとしたら、かりに社会党政権が出来あがっても、かえって社会生活が混乱するばかりか、国民は右の反動を押しのけてみたものの、今度は左からの暴力（専制）におびやかされるのではないか、との危惧をぬぐいきれないと思う。（中略）暴力革命で行くというなら話は別であるが、議会主義で行くというなら、院内でできるだけの抵抗はするが、常に対策を出し、国民の納得する、実行不可能でない政策を掲げて保守党と対決してゆくべきである。（同書一三〜一四頁）

これは西尾の主張とほぼ同じである。鈴木は一九六〇年一一月二〇日の第二九回衆議院議員選挙に民主社会党から立候補することになった。この選挙は、大政党である自民党と社会党の板挟みにあって厳しいものであり、四〇の現有議席が一七に減るという結果となったが、この中にあっても鈴木は福島二区で「返り咲き」当選を果たした。社会党時代から数えれば七回目の当選であった。

所属政党は変わっても、鈴木は地元では根強い人気があった。一九六〇年一一月二一日付の『福島民報』は「中学、高校時代は新聞、牛乳配達、大学へ進んでからも家庭教師などしながら、いばらの道を歩んできた尊い〝実践力〟がものをいったのだ。卒業後は東北大教授をふり出しに現在も青山学院大、東京工大など各大学で教べんをとり、たゆまずみがかれるその〝理論〟は、これからの民社党の主軸となり、党の育成と政界での活躍にどのように反映されていくのかが注目される」と報じている。

鈴木が若い時から抱いてきた民主社会主義社会の実現という夢は、一度は衆議院議員選挙での落選によって破れ、そこから学者・教育者として生きることを選択したものの、民主社会党結成の動きとともに再びその夢が実現する可能性が見えてきた。これが鈴木の〝心変わり〟の理由にほかならない。

3　大逆事件の再審請求

三つ目に取り上げたいのは、大逆事件の被告の再審請求への取り組みである。

一九五九（昭和三四）年七月二〇日付『日本社会新聞』は「衆目　暗黒の大逆事件にいどむ鈴木義男」という見出しで、翌年に予定されている大逆事件五〇年祭に向けて鈴木が同事件の再審請求に取り組んでいることを報じている。

来年の一月、五十年祭を迎える幸徳秋水らを中心とする大逆事件は、日本の社会主義運動弾圧の歴史のうちでも最も乱暴無残なものとして知られているが、その唯一の生残りである坂本清馬老が「事件はデッチあげで全員無罪」を叫んで最高裁に再審請求を行うというので注目を浴びている――その弁護を引受けているのが鈴木義男氏である。……鈴木氏と幸徳事件の関係は、鈴木氏が、同事件の弁護人として活躍した法曹界の巨人今村力三郎の弟子であることにある。――無期懲役となった坂本老は昭和九年に二十五年の獄中生活を送って仮出獄、二十三年特赦《とくしゃ》となったのであるが、そのとき無罪を信念し再審請求について今村老にはかったのである。だが翁は老齢のため心を残しながら亡くなった。だから、この問題に関しては鈴木氏が後事を託された格好になっているわけだから因縁は深いわけである。鈴木氏は「五十年前の事件であり、すでに関係者は誰もいない。坂本老一人だけ無罪を立証するのはなかなか困難だが――」と語りながらも、立ち上がる決意は固いようだ。この大逆事件を引っくり返して、暗黒の警察政治の実態を暴露することは、まことに意義深いことではあるまいか。

この記事では、五〇年祭を行おうとしている大逆事件とは「日本の社会主義運動弾圧の歴史のうちでも最も乱暴無残なもの」であり、その事件の唯一の生き残りである「坂本老」が無罪を信じ、最高裁に再審請求を行おうとしており、それに応えるべく鈴木が弁護活動を行うべく準備を進めているると書かれているが、ここで大逆事件の内容およびその後の展開も含めて、もう少し整理しておくことが必要であろう。

大逆事件は、一九一一（明治四四）年一月、明治天皇の暗殺を計画したという理由で、幸徳秋水ら一二名が死刑、坂本清馬ら一二名が無期懲役、さらに二名が懲役一一年と懲役八年に処された事件で、首謀者とされる幸徳秋水の名前から幸徳事件とされることもある。

第二次世界大戦後の研究の進展により、これは明治の国家権力が一切の反体制運動を抑圧するため、一大謀略事件につくりあげて処罰した計画的犯罪であること、別の表現では「権力者による最悪の捏造《ねつぞう》事件」であることが指摘されている。無期懲役とされた一二名のうち五名は各地の監獄で相次いで縊死《いし》・病死したが、七名は恩赦《おんしや》により一九二五（大正一四）年から一九三四（昭和九）年までに仮出獄となった。

一九四六年の新憲法の公布に伴い、特赦を受けて復権することになったものの、「無実の罪」が法的に確定したわけではなかったため、再審請求の動きが出てきた。一九六一年一月の時点で唯一の生存者となっていた坂本清馬、および死刑に処された森近運平の実妹栄子によって一〇名の弁護士が代理人となり、東京高等裁判所に「大逆事件再審請求の申立」が提出されたが、この再審請求は一九六五年一二月一〇日に棄却された。

これに対して坂本・森近両氏は、この決定を不服として「特別抗告手続」をとったものの、最高裁においても一九六七年七月三日にこの特別抗告は棄却された（『国史大辞典8』〔吉川弘文館、一九八七年〕の「大逆事件」の項を参照）。

前掲の『日本社会新聞』の記事によれば、鈴木がこの事件の再審請求に取り組んだ動機は、弁護士としての恩師である今村力三郎との関係からである。今村はこの事件の被告の官選弁護人であったが、実質的には弁護活動が行われないまま結審し、即時に処刑が行われたことに憤《いきどお》りを感じていたという。たとえば一九二五（大正一四）年に刊行した『芻言《すうげん》』（専修大学今村法律研究室編『大逆事件と今村力三郎』専修大学出版局、二〇一二年所収）において、今村は「裁判所が審理を急ぐこと、奔馬《ほんば》のごとく一の証人すらこれを許さざりしは、予の最も遺憾とした所なれり、当時予は弁論を結ぶにかくのごとき事件にありては、裁判所は宜しく普《あまね》く被告に利益なる事実と証拠とを調査し、苟も疑いある者には無罪の人がいないかと一人にても多くの無罪の人を出すことに努力すべきである。かくすることが国史の汚点を薄くする所以であるとの言を以てせし事を記憶せり」と述べている。戦後、今村は、坂本清馬が同事件の再審請求をした際にはそれを支援することを望んでいたが（同書二四六〜二四七頁）、その動きが本格化してくると八〇代後半の年令である自分には無理であると判断し、後輩の弁護士に依頼することを考えた。

一九五四（昭和二九）年一月二一日に今村が坂本清馬に宛てた手紙には「貴殿の事件は種々の問題が多く研究の必要が多いと想像します、私は森長君（森長英三郎《もりながえいざぶろう》のこと――引用者）は知りませぬが貴殿が信用して居るなら其人を加へる事は宜いでしょう、鈴木義男君は良い弁護士ですから此人を加へて森長君と能《よ》く相談して呉れるでしょう」と書かれている（大逆事件の真実をあきらかにする会編『坂本清馬自伝　大逆事件を生きる』新人物往来社、二四九頁）。これによれば、坂本が森長英三郎に依頼したことに対して、今村は鈴木も加えたほうがよいと主張している。この手紙は今村が八九歳で死去する五カ月前のものである。

一九四七（昭和二二）年七月、今村が専修大学総長に就任すると鈴木はそれを補佐する理事に就任した。後に同大学の教授、学長、理事長を務めるようになってからも今村の実質的後継者として昵懇《じっこん》の関係にあった。

また、この事件の再審請求に鈴木義男が取り組んだ動機は、今村力三郎との関係からだけではなく、第一章で触れたように、亡き父・義一に対する警察の弾圧に対して「恨み」を晴らすためでもあった。一九五四年一月二九日、鈴木が坂本に宛てた手紙には次のように書かれている。

　小生は今村先生の愛弟にして、先生の若い頃から幾十回となくこの事件の話はいろいろの角度より承わり居り、相当理解しているつもりであります。小生の父義一は明治末葉の社会主義者にて、幸徳氏と文書の往来ありたる為め、終生尾行監視つきで世を終ったのであります。（『大逆事件の真実をあきらかにする会ニュース』第七号）

鈴木がこの事件の再審請求の取り組みを本格化させたのは『日本社会新聞』がその動きを報じた一九五九（昭和三四）年七月頃であったと推測される。これは鈴木が青山学院大学教授として赴任して四カ月後のことで、学者・教育者という立場であればこれに十分に取り組めると判断したのであろう。

その後、この事件の再審請求の取り組みは着々と進められていった。一九六〇（昭和三五）年一月二四日に開催された大逆事件五〇年祭の盛り上がりを受けて、同年二月一三日に「大逆事件の真実をあきらかにする会」が結成された。第一回の会合で「鈴木弁護士は、恩師今村力三郎から大逆事件の真相をよく聞かされ、また平沼検事の懺悔《ざんげ》の話等を聞くにつけ、事件のフレーム・アップの確信をいだくようになり、再審の弁護を引き受けるに至ったいきさつ、それに加え再審の闘いは相当困難を予想されるが、極力頑張る旨の挨拶が」あったという（『大逆事件の真実をあきらかにする会ニュース』第一号）。また、同年五月七日に開催された実行委員会では鈴木が坂本の主任弁護人を引き受けることが決定し、一〇月までに再審請求の具体化が図られた（『大逆事件の真実をあきらかにする会ニュース』第二号）。

しかし再審請求の申し立ての期日が迫っていた時、重大な事態が起きた。同事件の弁護団の事務所に「一九六〇年一二月十五日朝、鈴木義男から、突然、主任弁護人をおろさせてほしいという電話がかかってきたという。結党された民主社会党の議員団長になり超多忙になったことが主な理由だったという。むろん、森長らが遺留したものの、奏功しなかったという。かくして、本事件の再審請求の活動は森長英三郎に託されることになった」（田中伸尚『一粒の麦死して　弁護士・森長英三郎の「大逆事件」』岩波書店、二〇一九年、四一～四二頁）。

このような結末となった原因は、一度引退したはずの政界への復帰であった。同事件の再審請求に取り組もうとした動機が単純なものではなかっただけに、このようなかたちで手を引かざるを得なくなった鈴木の胸中はいかばかりであったろうか。

4　東北学院理事長として

四つ目は、東北学院理事長の職を人生の最後まで務めたことである。大逆事件の再審請求の活動を通して鈴木と親交のあった石垣芳之助は、晩年の鈴木について「既に功成り名を遂げた人ではあったが、氏には公人として残された二つの念願があった。その一つは民社党の大成であり、一つは「余生を母校に捧げる」といっていた東北学院の完成であった」（石垣芳之助「法は万人を保護する」『鈴木義男』一〇九頁）と語っている。

図48　東北学院創立70周年記念式典で演説する鈴木義男

鈴木にとって東北学院は、それまでの人生

で関わってきた多くの大学・教育機関の中でも特別な存在であったがゆえに、多忙であっても第六代理事長の座から退くことはなかった。ここで、鈴木の理事長としての一六年間の活動をみてみよう。

終戦直後の一九四七（昭和二二）年七月二五日、鈴木は東北学院第六代理事長に就任した。戦時期から同校で理事長を務めていた杉山元治郎《すぎやまもとじろう》が、戦時期の選挙で大政翼賛会の支援を受けたことで公職追放の対象となり辞任を余儀なくされたため、その後任として推薦された。

鈴木が理事長に就任した当時、東北学院は喫緊の課題をいくつも抱えており、その最たるものは東北学院の再建ならびに新制大学設置に向けた準備・申請であった。

一九四五（昭和二〇）年七月一〇日の仙台空襲により東北学院の校舎のほとんどは焼失し、終戦後は専門部校舎のあった南六軒丁《みなみろっけんちょう》（現在の仙台市青葉区。東北学院大学土樋キャンパスの所在地）周辺の建物を間借りする形で授業が行われた。しかしこれには多くの制約があり、通常授業を行うには至らなかった。そのため東北学院の再興も含め、同校の校舎を早急に再建する必要があった。

GHQの占領下、日本の非軍事化・民主化を進めるため政府はさまざまな改革を断行していった。教育改革はその一環であり、学校教育法に基づく学制改革に着手し、「六・三・三・四制」と呼ばれる新たな学制が施行されることとなった。東北学院はこの新たな学制への対応も求められていた。

これらの課題の解決が、理事長に就任したばかりの鈴木の手に委ねられることになった。当時の鈴木は、片山内閣のもとで司法大臣を務めるなど、政治家としても大いに活躍しており多忙を極めていたが、母校である東北学院の運営の最高責任者として、さまざまな課題の解決に向けてその手腕を発揮していくことになる。

東北学院を大学として〝脱皮〟させることは戦前からの悲願でもあった。特に鈴木の恩師の一人であるシュネーダーは東北学院を「キリスト教主義大学」として開設することを望んでいた。この構想は戦後にも引き継がれ、鈴木が理事長に就任する前に新たな学制に基づく大学設置準備委員会が設置されていた。

一九四八（昭和二三）年七月二〇日、鈴木から文部大臣・森戸辰男に宛てて「大学設置認可申請書」が提出され、一九四九（昭和二四）年三月二五日付で認可された。これにより東北学院大学が設置され、文経学部英文学科・経済学科という構成での新制大学がスタートする。この間、焼失した東二番丁校舎の跡に新校舎の建設が着々と進められていった。

鈴木は、東北学院理事長に就任したのと同じ一九四七年に専修大学理事にも就任している。これは、弁護士時代からの恩師である今村力三郎との関係で引き受けたものであった。その後、一九四九年からは同大学の法学部教授となり、一九五二年からは第七代学長（在職期間一九五二～一九五五年）とともに第二代理事長（在職期間一九五二～一九五三年）にも就任し、同時期に二つの大学の経営の最高責任者となった。

政治家と学校経営者という二足の草鞋を履くこととなった鈴木は、大学と政治の関係について強く意識していたという。専修大学学長を務めた大河内《おおこうち》一男《かずお》（のちの東京大学総長）によれば、鈴木は「大学の運営や行政については、随分と深い理解」を持っており、そこには「大学というものに対する鈴木さんの学者としての信念」が込められていたという。そして常々、「日本の大学を育てるためには、政治が教育に手を出してはいけない」と主張していたという（大河内一男「鈴木さんと今村先生」『鈴木義男』八七〜八八頁）。

ここには鈴木の大学運営に対する姿勢だけでなく、大学教育に対する強い「思い」も込められている。東北帝国大学教授時代、鈴木は学校教育が人格形成に大きな影響を与えることを実感していた。また、弁護士時代には特に治安維持法違反事件の弁護活動を通して、国家権力が教育や学問に介入した結果、人権が抑圧されるという現実を目の当たりにしていた。さらに司法大臣を務めた時も政治は学問に介入してはならないという立場に立っており、鈴木の姿勢は終始一貫している。

日本の学校教育に対する鈴木の考え方については、一九五五（昭和三〇）年五月一五日、東北学院創立七〇周年記念式典における彼の式辞からうかがうことができる。鈴木はそこで東北学院について「数多くの国公立の諸学校の中に処して、特に色々な困難と戦いながら、先輩が創立し、私どもがこれを継承しております所以のものは、特色ある人材を国家の各方面に供給したいと念願するに外ならないのであります。学院存立の意義はただに学問、知識・技術を授けるだけでなく、進んで信念を与え、毀誉褒貶《きよほうへん》に迷うことなく、自己の利益を思うことなく隣人のため、村のため、町のため、国家のため地の塩となり世の光となって生きて行く人格を造るのにあるのであります」と述べている。また「我国の教育制度、所謂学制が整備した結果と致しまして、学校はその教育において画一性を強いられ、個々の学校の特性が失われつつあることは遺憾なことであります。人間に個性があるように学校に個性があってよく、また個性なかるべからずであります。……真の人間を造る、これが教育の最高目標でなければならないと信じます。……教育は国家にとって最高の真摯な仕事であります。……官憲の干渉から解放されている特徴があります。」とも述べている（『東北学院時報』第一七七号、一九五五年七月五日。傍線は引用者による）。

東北学院理事長時代、鈴木は一九六二（昭和三七）年一〇月三一日、東北学院大学工学部校舎の落成式に参加し、そこでの挨拶が最後となった。鈴木は一九三九（昭和一四）年一二月、東北学院大学ラーハウザー記念礼拝堂で行った「シュネーダー先生追悼講演」で次のように述べている（『東北学院時報』第一四六号、一九三九年一二月一日）。

今や徒に先生の墳墓《ふんぼ》に慟哭《どうこく》することが我々の任務ではない。先生の亡骸《なきがら》を越えて先生の遺訓を現代に実現することが我等学院ボーイスの任務であります。この偉大なる先生を常に胸臆に活かすと共に、その声なき先生の叱咤を常に身近に感じつゝ、我々は諸君と共に正義を四海に敷くために戦って行きたいと存する次第であります。

鈴木は長きにわたる活動を通して「学院ボーイスの任務」を果たすという誓いを立派に守ったといえるだろう。

図49　妻・常盤と（自宅玄関前にて）

5　昇天――キリスト教に導かれて

　東北学院大学の工学部校舎の落成式から一カ月余の一九六二（昭和三七）年一二月上旬、青山学院大学での講義終了後に青山通りを歩行中、鈴木は胸の激痛に襲われ（医者には「胸に針を何本も刺されるような痛みであった」と語ったという）、救急車で慶應義塾大学病院に運ばれた。それから約二カ月後、一九六三（昭和三八）年二月上旬には退院して自宅に戻り、東北学院の先輩である橋本寛敏《はしもとひろとし》が院長を務める聖路加《せいるか》国際病院に通院しながら闘病生活を送った。橋本について、鈴木は「自分の命を託してもいいと思う医者」であると周囲に語っていたという（『鈴木義男』二三〇頁）。

　三月下旬、同病院で鈴木の主治医となった菅原虎彦の診察により、鈴木は「動脈硬化性高血圧症、解離性大動脈血腫、腎硬化症」と診断されたが（『鈴木義男』二二八頁）、本人には狭心症と伝え、治療が続けられた。その後、病状が悪化したため、七月二三日に同病院に入院し、八方手が尽くされたが吐血と下血を繰り返し、八月二五日に永遠の眠りについた。

　ここで、発病からの九カ月間の鈴木の生活についての三つのエピソードを紹介する。第一は、自宅で行っていた青山学院大学の演習（ゼミナール）についてである。鈴木は一九六〇（昭和三五）年一一月の総選挙で七回目の当選を果たし、同大学の規程に従って教授を退くことになったが、学部・大学院の演習は非常勤講師としてそのまま（恐らく受講生の卒業年次まで）担当することになった。そこでは「病臥《びょうが》されて後も、学生を招き自宅において横臥《おうが》されたまま熱心に教授された」という（久保岩太郎「横臥したままのゼミ」『鈴木義男』七九頁）。

第二は、趣味の謡《うたい》のことである。鈴木は、かねてより宝生流の師匠から謡の手ほどきを受けていた。自宅で療養生活を送るようになってからも稽古を続け、しばしば妻の常盤と二人で謡っていたという。姪の小林芙美子は「二人揃って何やらウナっているところをよくみかけたものです。仲良くさし向かいで、隅田川などを謡っている姿は、長い風雪の年々を共に耐えてきた夫妻だけに、涙が出るほど感動させられる光景でした」（『鈴木義男』二三七頁）と回顧している。

図50　宝生流月例会での夫妻の様子

第三は、鈴木の次女・新井ゆり子が体験したことである。彼女は鈴木の昇天が近づいた時の様子を次のように記している（『鈴木義男』二六四頁）。

> 入院中容態が悪くなり非常に衰えて来た頃、しみじみと「わたしはキリスト教の精神を子供の頃から身につけたために大分損をしたよ」といって心からうれしそうに微笑んだのが、今でも忘れられません。きっと父は損ばかりした人生が

心から満足だったのではないか、とあの微笑みを想い浮かべる度に思うのです。

鈴木は死に際して、幼少時から受けたキリスト教の教えが自分の一生を支えていたと振り返っている。鈴木の昇天に立ち会ったゆり子は深夜の聖路加病院の病室で、苦痛がまったくなくなったような面持ちで鈴木が少し口を開け、微笑むようにした時、その口から白い煙のようなものが静かに立ちのぼったのを目の当たりにし「父の昇天の奇跡」を感じたという。そして「どうしたのか悲しみはなく、ただうっとりと感動しておりました。悲しみの涙が止まらなかったのは翌日父のベッドの父はなく、もう二度と逢えないのだ！　と悟った時でした。どうしたのか父の臨終は母も姉も間に合わなくて、立ちあえたのは私一人でした。これは本当に不思議で魂の昇天をこの目で見たのはこれが最初で最後と思います」（新井ゆり子からの手紙より。東北学院史資料センター所蔵資料）と述べている。

図51　青山学院で営まれた葬儀の様子

鈴木義男の葬儀は八月下旬から九月中旬にかけて、次のようなかたちで行われた。

まず一九六三年八月三一日、青山学院大学礼拝堂にて民主社会党の党葬として行われた。恩師・吉野作造の葬儀もこのチャペルで行われている。この日は台風により豪雨と暴風で荒れ模様であったが、参列者は一五〇〇人にも達し、礼拝堂はあふれんばかりであったという。参列者は内閣総理大臣・池田勇人《いけだはやと》、衆議院議長・清瀬一郎、元最高裁判所長官・田中耕太郎《たなかこうたろう》をはじめとして政界、法曹界、学界、教育界など多岐にわたったという（『鈴木義男』四五六頁）。

次に、九月一〇日には郷里の白河市で鈴木家の菩提寺《ぼだいじ》である聯芳寺、鈴木義男の父が牧師を務めていた白河メソジスト教会でそれぞれ告別式が行われた。聯芳寺で仏式でも行われた理由について、鈴木の次女・新井ゆり子は手紙に「父が亡くなって葬儀の時、白河ではお寺があった（お寺側も特別にクリスチャンの父を受け入れて下さった）のでここで葬儀をしました」と書き「政治家とはつらいもの」と付け加えている。

さらに、同年九月一四日には、東北学院において追悼式が行われた。当日の様子を『東北学院時報』は次のように伝えている。

九月一四日、学校法人東北学院と同窓会は、大学礼拝堂で鈴木義男の追悼式を行った。東京から鈴木未亡人とそのご遺族の方々が出席され、鈴木先生のご友人、同窓会員、教職員、学生など七百人が、哀悼の意を表するために集まった。

式場には、白と黄の菊が飾られ、その清らかな菊花に埋まるように、ややうつむき加減の故人の遺影が安置され、参列者に気楽に話しかけそうな故人の面影をしのばせていた。仙台長町教会の小笠原政繁名誉牧師が、「われらの国籍は天にあり」という説教を行ったが、ありし日、鈴木先生と長い間の親交を重ねられた小笠原牧師による故人のエピソードと、今日に綿々と伝わる学院スピリットの原型を思わせる鈴木先生のご生涯は、参列者に深い感動と決意を促した。

追悼式後、午後三時から、押川記念会館で阿部学監の司会の下、故鈴木先生の「思い出の会」がとり行われ、この席上、親戚を代表して鈴木義臣氏が謝辞を述べた。（『東北学院時報』第一九五号、一九六三年一一月五日付）

かくして鈴木の葬儀は終了した。鈴木の下で東北学院院長・大学長を務めた小田忠夫《おだただお》は次のように述べて、鈴木が東北学院にとってかけがえのない偉大な存在であったことを回顧している。

奥州みちのくの関門にあたる福島県白河に生れた十三歳の鈴木義男少年が、首都東京とは逆の方向にあたる仙台のキリスト教主義の私立学校を慕うてやって来たということは、すでに世間の常識を越えた神の導きというべきであろう。そして鈴木先生のような偉大な人物が、東北学院から現れたことも、奇しき神の導きによるものと観ぜざるを得ない。（『鈴木義男』七二頁）

なお鈴木と苦楽をともにした妻・常盤はそれから一七年後、一九八〇年に八九歳で他界した。

結びにかえて

本書の「はじめに」で、鈴木義男は大正デモクラシーの中で思想を形成し、それをもって戦中を生き抜き、戦後はそれに基づき民主主義体制の構築をはかった人物として捉えられるのではないかと提起した。ここではさらにいくつかの点を補足し、これについて再確認してみたい。

鈴木の思想が「大正デモクラシー」の中で形成されたことは明らかである。大正デモクラシーで論じられた主要なテーマは、天皇制国家を前提にしつつ欧米諸国の政治制度をいかに取り入れ自由・人権思想を広げていくか、特に労働者や女性の利益と権利拡大をどう進めていくか、アジアさらには国際社会の平和のために日本はどのような積極的役割を果たすべきか、こうした問題に対して学生や知識人はどのような責任を負うべきか、などであった。鈴木は自らのキャリアを通してこれらのテーマについて熟考し、自らの立場を確立していった典型的「大正デモクラット」である。

鈴木の思想形成に、吉野作造との交流が極めて大きな影響を及ぼしていることはすでに述べた。鈴木は生涯にわたり、二高の先輩であり同じくクリスチャンであった吉野に私淑し、当然ながら

「民本主義」からの思想的影響は大きい。また、吉野は自らの思想を実現するためさまざまな実践運動に関わったが、その多くには鈴木も協力した。鈴木は吉野の政治的愛弟子である。

とはいえそれは、吉野との出会いから始まったわけではない。キリスト教社会主義に傾倒していた父親からの影響、東北学院普通科時代のシュネーダー院長の薫陶などにより、鈴木にはすでに大正デモクラシーの進歩的思想を受け入れる素地が形成されていた。鈴木は戦後、「民主社会主義」の立場を明確にするが、旧制二高時代からその立場を取る英国労働党への支持を表明しており、すでに二〇歳前の段階で政治的立場が確立されていたことになる。

また、鈴木が吉野とは専門を異にして法律を学び、法学者としてヨーロッパ留学したことも大きい。現代国家の法体系における社会法・社会権の重要性を確信し、新カント派の法律哲学者シュタムラーの「自由に意欲する人間の共同体」理念、国際協調による平和の追究に深く共感した。これらは、留学後の鈴木の思想的中核となる。

こうして鈴木は法学者という立場から、大正デモクラシーが提起したテーマをより深めていき、昭和初期つまり三〇歳代前半には自らの思想的立場を確立していた。この頃までは比較的に自由な言動が許されていたこともあり、鈴木は自身の立場を積極的に発信し、行動に移すことができた。

しかし日中戦争が始まると状況は一変し、戦時体制の構築が進められ、思想・信条の自由、言論の自由、政治活動の自由への制約が次第に強くなる。また太平洋戦争が始まってからは国家総動員体制、皇国主義による思想統制などにより、自由への弾圧は苛烈《かれつ》を極めるようになる。

では鈴木はこのような事態とどう向き合ったのか。選択肢は三つあった。第一は弾圧される覚悟でこれに対決する、第二は状況変化に適応することで生き延びる、第三は沈黙を守って耐えることで、鈴木が選んだのは基本的には第三の道である。第一の道はあまりに無力であり、第二の道は自らの信条に反する。また鈴木は戦争が長期化する中で、これが日本の敗北によって終わることを予想していた。そのため鈴木は政治・戦争についての発言を控え、辛抱強くその日を待った。

しかし、弁護士としての鈴木は、敢然として沈黙ではなく行動を選んだ。鈴木の活動の中心は治安維持法違反事件の被告人の弁護であったが、そうした依頼を引き受ければ当局から「危険人物」と目され、相当なリスクを伴う。だがその際も鈴木は不用意な言動で一線を越えることを慎重に避け、戦争が終わるまで弁護活動を続けた。

鈴木が主戦場として刑事裁判の場を選んだことにはそれなりの戦略があった。刑事裁判では司法権の独立という大原則に加え、刑事裁判に関するいくつかの基本原則があり、いかに政治状況が悪化しても裁判官・検察官がそれらの原則を無視して「政治裁判」を行うことは難しいだろうとの判断である。治安維持法違反事件の弁護を通じて鈴木は「罪に問えるのは行為であって、思想で人は裁けない」という刑事裁判の基本原則を問い、それは一定の効果を示した。

刑事弁護活動によって鈴木は当時の司法制度・刑事裁判にかかわるさまざまな問題を痛感するとともに、改革を実行できるのは政治だけであることを再認識する。こうして元来、少年時代に抱いていた政治家への思いが再び鈴木の胸に去来することになる。

敗戦後の占領について、日本人として「悔しい」「屈辱的だ」などといった感情は鈴木にはほとんどなかった。鈴木の関心はいかにして日本を民主主義国家にするか、いかにして自由と人権を守るか、いかにして平和を実現するかということであり、占領軍がこれらの問題にどう対処するかに注目していた。

占領軍が示した日本民主化の方針は、鈴木を安心させ、政治家になることを決断させる。鈴木は占領政策に深く関わることで、自らが理想とする政治・法制改革を実現できるのではないかと考えた。占領は間接統治方式を取り、政策を実施するのは日本政府であったため政府や議会には一定の役割が与えられており、鈴木はそれを積極的に利用しようとした。鈴木が新憲法の制定、法制司法制度改革に深く関わり、重要な役割を果たしたことについてはすでに述べた。

では、鈴木は占領軍に便乗したのか。便乗といえば便乗であるが、定見のない場当たり的な便乗ではない。これはあくまで自らの改革目的を果たすための戦略的便乗、占領軍とのコミュニケーションを前提とした協働者としての便乗である。鈴木が新憲法制定に関する議会審議を前にしてGHQの責任者のもとを訪れ、象徴天皇制と戦争放棄に関すること以外はどんな修正をしてもよいという許可をとったという逸話は、鈴木の占領軍との向き合い方をよく示している。

GHQからタブーとされた象徴天皇制と戦争放棄については、鈴木にはまったく異論がなかった。象徴天皇制は「国体」としての天皇制と「政体」としての民主主義との共存という鈴木が戦前から唱えていた構想に完全に合致するものであり、戦争放棄も鈴木の国際協調による平和という思想の具体化であった。

さらに鈴木は自らが必要と考えた重要な修正を加えることに成功する。その最大の成果が生存権規定だったことはいうまでもない。こうして成立した日本国憲法は鈴木にとってアメリカから与えられたものではなく獲得したものであり、内容的にも満足のいくものであった。その後の鈴木がこれを擁護し、その定着のために努力を惜しまなかったのは当然のことである。

しかし少なくとも新憲法が国民に定着するまで、鈴木には仲間がそう多くなかった。「押しつけ憲法」論は当初からあり、朝鮮戦争後は再軍備を可能とするための九条解釈論や改憲論が出てくる。鈴木が所属していた社会党でも社会主義の実現という観点からさまざまな憲法批判が出ており、憲法審議の中心であった芦田小委員会のメンバーも、その多くは憲法の積極的擁護者とならなかった。

また公職追放を受ける、あるいは政治抗争に嫌気がさすなどして多くの委員が政界を去り、残った者も憲法への責任感は長く続かなかった。芦田自身「九条二項は自衛力を持てるように小委員会で修正している」という事実ではない発言をして鈴木を失望させる。

こうした中、鈴木は「押しつけ憲法」論に反論し、「芦田修正」を否定して九条の積極的意義を説き、孤独な「憲法の父」として護憲の立場を貫く。鈴木ほど新憲法と強い一体感を持ち、その擁護に尽力した政治家はいない。

このように鈴木は、大正デモクラシーと戦後民主主義をつないだ人物として捉えることができるのではないか。これが本書の結論であるが、最後に別の側面にも触れておきたい。

大正デモクラシーの中で思想形成した知識層はその後思想的に「転向」し、マルクス主義や天皇制国家主義、非政治的教養主義へ立場を変えていった。これは大正デモクラシーの弱さと限界を示すものと見なされ、戦後民主主義の担い手となるには不十分であると評された。

こうした視点から見ると鈴木は明らかに例外で、しかもそれは戦後日本の民主主義において重要な意義を持つ。鈴木の活動とその思想に注目することは、大正デモクラシーと戦後民主主義の関係を見直す契機となるであろう。

あとがき

本書は、図録『大正デモクラシーと東北学院――杉山元治郎と鈴木義男』が刊行された二〇〇六年以来、ずっと追いかけてきた鈴木義男の「足跡」をまとめたものである。この図録の作成が一段落した時、鈴木の生涯をたどる「旅」はこれで終わるだろうと思っていたが、その後も図録作成時には探しても見つからなかった資料を発見し、新たな資料が寄せられるなどして、鈴木に関する新しい事実が次々と明らかになった。

二〇一〇年代になると日本国憲法をめぐる動きの中で、制憲過程についての本格的な研究が行われるようになり、戦後史の中で埋もれつつあった鈴木の存在がようやく日の目を見るようになった。特に九条への平和条項の挿入に際し、鈴木義男の貢献に言及した古関彰一著『平和憲法の深層』（ちくま新書、二〇一五年）は大きな反響を呼んだ。

私はそれ以来、あちこちで講演会やシンポジウムを通して「鈴木義男って誰？」という多くの問いに答えてきた。しかし私の専門は経済学で、行政学・政治学・法学の知識が浅いため、鈴木の各時期における思想と行動について十分に理解しきれていないことを痛感した。そこで新しい資料を活用しつつ鈴木の生きた時代に〝タイムスリップ〟し、彼の生涯を見つめ直すことにした。

本書をまとめる決心がついたきっかけは三つある。一つは上述の図録作成時から続いていた新井ゆり子氏（鈴木義男の次女、故人）との文通で、約七〇通にも及ぶ手紙の中で多くの貴重な思い出やエピソードを教えていただいた。私は手紙を通して、鈴木がそこに生きていると感じた。その図録完成後も彼女は手紙に何度も「父の伝記を、続きをまとめてください」と書き、激励してくださった。その思いに応えるべく本書の執筆に取りかかったが、思うように進まないうちに彼女は父の元へと旅立った。晩年に寄贈していただいた鈴木愛用の財布を見るたびに、彼女の父親譲りの懐の大きさを感じる。おそらく今頃、親子で「ようやく完成したようですよ」と話しているに違いない。ここに記して追悼の意を表するとともに、心から感謝申し上げたい。

二つ目は二〇一七年秋に行われたシンポジウムにおいて鈴木の孫である油井大三郎氏（東京大学・一橋大学名誉教授）、日本国憲法制定過程の研究の第一人者である古関彰一氏（獨協大学名誉教授・和光学園理事長）とともに講演を行ったことである。私にとってこれは震え上がるような経験であったが、それとともに鈴木義男の伝記をまとめたいという気持ちがより一層強くなった。両氏にはその後も叱咤激励をいただいただけでなく、油井氏には本書の発行についても便宜を図っていただいた。ご厚情に感謝してもしきれないほどである。

三つ目はＮＨＫの番組やニュース内の特集で、鈴木義男が取り上げられたことである。特にＮＨＫスペシャル『憲法70年――〝平和国家〟はこうして生まれた』（二〇一七年放送）、ＮＨＫ・ＥＴＶ特集『義男《ギダン》さんと憲法誕生』、NHK World-Japan“Peace and Justice:The Sprits of Japan's Postwar Constitution”（いずれも二〇二〇年放送）は戦後、日本が平和の旗手として歩んできたことを思い出させる番組でもあった。これにより「愛と義の政治家」として誰よりも恒久の平和を念願し、国民一人一人が主役となる国を作ることを使命としていた鈴木の生涯を紹介することは、今の日本にとっても決定的に重要な意味を持つと確信した。これらの番組を制作し、その後も粘り強く激励し続けてくれた塩田純氏（現・ＮＨＫエデュケーショナルコンテンツ制作開発センター美術教養グループ制作主幹）にも感謝申し上げたい。また、ＮＨＫのニュースの特集版でたびたび鈴木のことを取り上げて下さった山内拓磨氏（ＮＨＫ首都圏局放送部記者）にも感謝したい。

鈴木義男の生涯、特に弁護士時代の鈴木義男の足跡をたどる中で大内兵衛、宇野弘蔵、有澤廣巳、美濃部亮吉など著名な経済学者の裁判資料や弁護要旨と相対することになった。学生の頃、夢中になって読み漁った本の著者たちとまさかこういうかたちで「再会」するとは夢にも思わなかった。私の恩師である高橋正雄先生（九州大学・東北学院大学名誉教授、故人）は彼らとは親友であり、同時期に労農派教授グループの一人として治安維持法違反事件で検挙された経験もある。高橋先生から時々、鈴木義男の名を聞いたのを覚えており、あの時もっと話を聞いていればと忸怩たる思いである。

筆者が長年勤務した東北学院大学の先輩・同僚にも、たくさんの激励・支援をいただいた。とくに、越智洋三、高橋秀悦、原田善教（以上、東北学院大学名誉教授）、佐藤康仁、泉正樹、倉田洋、篠崎剛（以上、東北学院大学経済学部教授）の諸氏にはお世話になった。また、一連の学究生活の中で、齋藤善之氏（東北学院大学経営学部教授）にも数多くの貴重なアドバイスをいただいた。ここに記して感謝の言葉としたい。彼らの探究し続ける姿勢を見習い、これからも努力し続けたいと思っている。

本書作成に至るまでのことを思い出せば枚挙に暇がないが、鈴木家の親族の方々、新井ゆり子氏、油井大三郎氏、鈴木義久氏、鈴木瑠美子氏、小林芙美子氏、山川和夫氏、清水まり子氏には大変お世話になった。特に鈴木義男の姉（愛子）の孫にあたる清水まり子氏には鈴木の人格的生存権、憲法改正案委員小委員会での鈴木の主張の意義などについてご教示いただいた。また、鈴木義男弁護士事務所で働いていた真田喜代治氏（故人）にもお世話になった。

文献や資料の面では田中輝和氏（東北学院大学名誉教授）、渥美孝子氏（東北学院大学名誉教授）、松谷基和氏（東北学院大学教養学部教授）、小松隆二氏（慶應義塾大学名誉教授）、佐藤高文氏、雲然公之氏、早川佳郎氏、東北学院、東北学院史資料センター、東北学院大学中央図書館、東北大学史料館、法政大学大原社会問題研究所、名古屋大学法学図書室、福島県立図書館、神戸市立中央図書館、文部科学省図書館、国立国会図書館および国立公文書館などにお世話になった。また資料文の解読の面では鵜飼幸子氏（元仙台市博物館市史編さん室室長）や門間俊明氏（東北学院大学教養学部専任講師）にお世話になった。

さらに本書作成にあたって自主的に立ち上げた「鈴木義男研究会」の初期メンバーであり、七〇回にも及んだ研究会に一度も休まずに参加し、常に的確なアドバイス・指摘をくださった斎藤誠氏（東北学院大学法学部教授）、途中からメンバーに加わり、多くの助言をくださった中村英氏（同大学名誉教授・弁護士）と伊藤大介氏（東北学院大学教養教育センター助教）にもお世話になった。彼らの専門的な知見からの助言がなければ、鈴木の思想と行動を適切に読み解くことはできなかったであろう。心から感謝の意を表したい。

この研究会への参加はもちろん、これらすべての作業と本書刊行までの校閲作業など、ありとあらゆる面で、雲然祥子氏（岩手県立大学専任講師）には大変お世話になった。先の図録の刊行時、彼女は東北学院大学経済学部の学生であったが、縁あって大学院に進学し、結果的に私の最後の弟子となった。今日に至るまで綿密な資料調査・解読に幾度となく助けられ、氏の叱咤激励や助力がなければ鈴木の足跡をたどる旅はおろか、本書の完成はなかったと思う。ここに記して感謝申し上げるだけでなく、これからの鈴木の足跡をたどる作業を引き継いでほしいと切に願ってやまない。

最後に、本書の刊行にあたっては、株式会社筑摩書房の松田健氏（編集局第二編集室）の一方ならぬご指導があった。筆者にとって初めての単著であるが、松田氏によるご尽力により、こうして刊行まで辿りつくことができた。心から感謝申し上げたい。

本書の完成が間近となった二〇二二年は日本国憲法施行からちょうど七五年という節目の年であるが、世界情勢が不安定な中でこの国の平和を守り続けてきた憲法が大きく揺るがされようとしている。本書を通して鈴木義男という日本の近代・現代を生き抜いた人物が日本国憲法に託したこの国の「理想」や未来について再考するとともに、これからの世代にその希望をつなげることができたら本望である。

二〇二二年五月二〇日　新緑の輝く杜の都にて

仁昌寺正一

参考文献

＊本文中で参照した鈴木義男本人の文献については、後掲の鈴木義男著作一覧を参照されたい。

『青山学院大学五十年史　資料篇　一九四九―一九九九』青山学院大学、二〇〇三年

赤松克麿編『故吉野博士を語る』中央公論社、一九三四年

芦田均『芦田均日記　第二巻　外相から首相へ　連合の模索と挫折』岩波書店、一九八六年

渥美孝子翻刻・解説『宮本百合子裁判資料　「手記」と「聴取書」』不二出版、二〇二〇年

阿部和子遺稿・追悼集刊行会編『子どもたちを主人公に親たちと歩んだ道』ドメス出版、一九九一年

阿部次郎『阿部次郎全集　第一四巻』角川書店、一九六二年

安倍豊造「受難の記録　戦時迫害下のクリスチャン」『日本評論』一九五〇年八月号、日本評論社

安倍豊造『悪より救い出し給え』キリスト新聞社、一九六二年

雨宮昭一『占領と改革』岩波新書、二〇〇八年

『有澤廣巳の昭和史』編纂委員会編『学問と思想と人間と』東京大学出版会、一九八九年

飯塚繁太郎・宇治敏彦・羽原清雅『結党四十年・日本社会党』行政問題研究所出版局、一九八五年

伊藤孝夫『大正デモクラシー期の法と社会』京都大学学術出版会、二〇〇〇年

井上寿一『終戦後史　1945-1955』講談社、二〇一五年

入江曜子『思想は裁けるか　弁護士・海野普吉伝』筑摩書房、二〇一一年

岩田行雄編著『検証・憲法九条の誕生』（増補・改訂第六版）岩田行雄、二〇一七年

岩田行雄編著『平和憲法誕生の真実』岩田行雄、二〇〇八年

上田美和『自由主義は戦争を止められるのか　芦田均・清沢洌・石橋湛山』吉川弘文館、二〇一六年

上田誠吉『昭和裁判史論　治安維持法と法律家たち』大月書店、一九八三年

内田博文『治安維持法と共謀罪』岩波書店、二〇一七年

江上照彦『西尾末広伝』「西尾末広伝記」刊行委員会、一九八四年

江子正「パリ講和会議に関する中国語研究と人種平等提案研究の現状と課題」『吉野作造研究』第一八号、吉野作造記念館、二〇二二年

大平千枝子『阿部次郎とその家族　愛はかなしみを超えて』東北大学出版会、二〇〇四年

小川知幸「東北帝国大学附属図書館の蔵書形成」『図書館文化史研究』第三五号、日本図書館文化史研究会、二〇一八年

荻野富士夫『治安維持法関係資料集』第一・二巻、新日本出版社、一九九六年

荻野富士夫『治安維持法の歴史Ｉ　治安維持法の「現場」　治安維持法事件はどう裁かれたか』六花出版、二〇二一年

奥平康弘『治安維持法小史』岩波書店、二〇〇六年

アルフレッド・オプラー『日本占領と法制改革』内藤頼博監訳／納谷廣美・髙地茂世訳、日本評論社、一九九〇年

堅田剛『独逸法学の受容過程　加藤弘之・穂積陳重・牧野英一』御茶の水書房、二〇一〇年

片山哲『回顧と展望』福村出版、一九六七年

加藤典洋『戦後入門』筑摩書房、二〇一五年

加藤典洋『9条入門』創元社、二〇一九年

加藤陽子『満州事変から日中戦争へ』岩波書店、二〇〇七年

加藤聖文『国民国家と戦争　挫折の日本近代史』角川書店、二〇一七年

加藤哲郎『ワイマール期ベルリンの日本人　洋行知識人の反帝ネットワーク』岩波書店、二〇〇八年

河合良成『帝人事件　三十年目の証言』講談社、一九七〇年

河上肇『自叙伝（三）』岩波書店、一九九六年

河上秀『留守日記』筑摩書房、一九六七年

小池聖一『森戸辰男』吉川弘文館、二〇二一年

小池真理子『悪女と呼ばれた女たち』集英社、一九八六年
堅田剛『独逸法学の受容過程　加藤弘之・穂積陳重・牧野英一』御茶の水書房、二〇一〇年
五鬼上堅磐「新しい裁判所の設立前後（二）」『新法曹会報』第5号、財団法人法曹会、一九四九年
古関彰一『憲法九条はなぜ制定されたか』岩波書店、二〇〇六年
古関彰一『平和憲法の深層』筑摩書房、二〇一五年
古関彰一『日本国憲法の誕生　増補改訂版』岩波書店、二〇一七年
古関彰一「平和憲法の成立と鈴木義男」『東北学院史資料センター年報』Vol.4、東北学院、二〇一九年
齋藤誠「鈴木義男研究序説　歴史的意義を再考すべき3つの仕事」『東北学院大学経済学論集』第一九四・一九五合併号、東北学院大学学術研究会、二〇二一年
佐々木研一朗「東京帝国大学法学部助手に関する一考察　大正期を中心に」『政治学研究論集』三四号、明治大学大学院、二〇一一年
佐藤達夫著・佐藤功補訂『日本国憲法成立史　第三巻』有斐閣、一九九四年
澤地久枝『昭和史のおんな』文藝春秋、一九八〇年
塩田純『日本国憲法誕生　知られざる舞台裏』日本放送出版協会、二〇〇八年
塩田純『9条誕生　平和国家はこうして生まれた』岩波書店、二〇一八年
潮見俊隆編著『日本の弁護士』日本評論社、一九七二年
志賀暁子『われ過ぎし日に　哀しき女優の告白』学風書院、一九五七年
清水伸編著『逐条日本国憲法審議録　第4巻』有斐閣、一九六二年
清水まり子「人格的生存権の実現をめざして　鈴木義男と憲法第25条第一項の成立」『社会事業史研究』第三九号、社会事業史学会、二〇一一年
清水まり子「鈴木義男と生存権規定成立への関与」『キリスト教教育と近代日本の知識人形成（2）東北学院を事例にして』東北学院、二〇一二年
清水まり子「制憲議会における鈴木義男」『東北学院史資料センター年報』Vol.2、東北学院、二〇一七年
衆議院事務局編『第九十回帝国議会衆議院　帝国憲法改正案委員小委員会速記録』（復刻版）現代史料出版、二〇〇五年
新人物往来社編『大事件を生きる　坂本清馬自伝』新人物往来社、一九七六年
進藤栄一・下河辺元春編纂『芦田均日記　第二巻　外相から首相へ連合の模索と挫折』岩波書店、一九八六年
鈴木義男伝記刊行会編『鈴木義男』鈴木義男伝記刊行会、一九六四年
ヘンリー・スミス『新人会の研究　日本学生運動の源流』松尾尊兊・森史子訳、東京大学出版会、一九七八年
関嘉彦『英国労働党の社会主義政策』東洋経済新報社、一九五四年
関嘉彦『十九世紀末から現代へ　社会主義の歴史2』力富書房、一九八七年
専修大学総長今村先生追憶会編『今村力三郎翁追想録』専修大学、一九五五年
専修大学今村法律研究室編『大逆事件と今村力三郎』専修大学出版局、二〇一二年
「仙台五橋教会史」編纂委員会編『仙台五橋教会史　一一五年のあゆみ』日本基督教団仙台五橋教会、二〇〇〇年
仙台市史編さん委員会編『仙台市史　通史編7　近代2』仙台市、二〇〇九年
大逆事件の真実をあきらかにする会編『大逆事件を生きる　坂本清馬自伝』新人物往来社、一九七六年
高橋彦博『民社党論』新日本新書、一九七二年
高橋彦博『日本の社会民主主義政党』法政大学出版局、一九七七年
高橋彦博『日本国憲法体制の形成』青木書店、一九九七年
高橋正雄先生米寿記念刊行会編『二十世紀の群像　高橋正雄の証言』第一書林、一九八九年
高畠通敏『社会党　万年野党から抜け出せるか』岩波書店、一九八九年
滝内礼作『喜寿を迎えて』一九八二年
武田清子『戦後デモクラシーの源流』岩波書店、一九九五年
田中二郎　ほか編『戦後政治裁判史録1』第一法規出版、一九八〇年
田中輝和「憲法17、40条の成立と鈴木義男氏」『東北学院大学法学政治学研究所紀要』第二一号、東北学院大学法学政治学研究所、

二〇一三年
田中輝和「憲法制定と日本人　鈴木義男を中心として」『東北学院史資料センター年報』Vol.2、東北学院、二〇一七年
田中伸尚『憲法九条の戦後史』岩波書店、二〇〇五年
田中伸尚『一粒の麦死して　弁護士・森長英三郎の「大逆事件」』岩波書店、二〇一九年
竹前栄治『GHQ』岩波書店、一九八三年
出口雄一『戦後法制改革と占領管理体制』慶應義塾大学出版会、二〇一七年
寺出道雄『山田盛太郎　マルクス主義者の知られざる世界』日本経済評論社、二〇〇八年
東京大学百年史編集委員会『東京大学百年史　部局史二』東京大学、一九八六年
同志社大学人文科学研究所・キリスト教社会問題研究会編『特高資料による戦時下のキリスト教運動　昭和十一年‐昭和十九年　2　昭和一六年‐昭和一七年』新教出版社、一九七二年
東北学院百年史編集委員会編『東北学院百年史　通史篇』東北学院、一九八九年
東北大学百年史編集員会編『東北大学百年史　通史一』財団法人東北大学研究教育振興財団、二〇〇七年
東北大学法文学部略史編纂委員会編『東北大学法文学部略史』東北大学法文学部略史編纂委員会、一九五三年
内藤頼博『終戦後の司法制度改革の経過　総索引＝第六分冊　第一分冊合本（1）』信山社、一九九七年
中北浩爾『経済復興と戦後政治　日本社会党1945‐1951年』東京大学出版会、一九九八年
中北浩爾『一九五五年体制の成立』東京大学出版会、二〇〇二年
中澤俊輔『治安維持法　なぜ政党政治は「悪法」を生んだか』中央公論新社、二〇一二年
中村勝範編『帝大新人会研究』慶應義塾大学出版会、一九九七年
中村菊男『民主社会主義の理論』青山書院、一九五二年
中村菊男『現代思想としての民主社会主義』有信堂、一九七〇年
中村美帆『文化的に生きる権利　文化政策研究からみた憲法第二十五条の可能性』春風社、二〇二一年
成田龍一『大正デモクラシー』岩波書店、二〇〇七年
西尾末広『西尾末広の政治覚書』毎日新聞社、一九六八年
西川伸一「最高裁のルーツを探る裁判所法案起草から三淵コート成立まで」『政経論叢』七八巻一・二号、明治大学政治経済研究所、二〇〇九年
仁昌寺正一「鈴木義男」『大正デモクラシーと東北学院杉山元治郎と鈴木義男』東北学院、二〇〇六年
仁昌寺正一「弁護士時代の鈴木義男　宇野弘蔵の弁護」『東北学院資料室』Vol.6、東北学院、二〇〇六年
仁昌寺正一「弁護士時代の鈴木義男　河上肇の弁護」『河上肇記念会会報』No.91、河上肇記念会、二〇〇八年
仁昌寺正一「鈴木義男と吉野作造　一つの覚書」『吉野作造研究』四号、吉野作造記念館、二〇〇八年
仁昌寺正一「鈴木義男に関する新資料」『東北学院資料室』Vol.8、東北学院、二〇〇八年
仁昌寺正一「弁護士時代の鈴木義男　美濃部亮吉の弁護」『東北学院資料室』Vol.9、東北学院、二〇一〇年
仁昌寺正一「手紙より見た鈴木義男と佐々木惣一」『東北学院資料室』Vol.11、東北学院、二〇一二年
仁昌寺正一「弁護士時代の鈴木義男　志賀暁子の弁護」『東北学院史資料センター年報』Vol.1、東北学院、二〇一六年
仁昌寺正一「鈴木義男の平和主義（1）」東北学院史資料センター編『東北学院史資料センター年報』Vol.2、東北学院、二〇一七年
仁昌寺正一（2019）「鈴木義男の生涯」東北学院史資料センター編『東北学院史資料センター年報』Vol.4、東北学院、二〇一九年
仁昌寺正一・雲然祥子「鈴木義男に関する新資料（その2）」東北学院史資料センター編『東北学院史資料センター年報』Vol.6、東北学院、二〇一九年
日本基督教団白河教会、『白河教会九十年略史』一九七七年
日本社会党五十年史編纂委員会編『日本社会党史』社会民主党全国連合、一九九六年
ローラ・ハイン『理性ある人びと　力ある言葉　大内兵衛グループの思想と行動』大島かおり訳、岩波書店、二〇〇七年
芳賀清明『鈴木文治のいる風景　日本労働運動の源流をつくった

男』無明舎出版、二〇一〇年
芳賀清明「戦前の労働者教育運動における鈴木義男と杉山元治郎」『キリスト教教育と近代日本の知識人形成　東北学院を事例にして2』東北学院、二〇一二年
原彬久『戦後史のなかの日本社会党　その理想主義とは何であったのか』中央公論新社、二〇〇〇年
原彬久『戦後日本を問いなおす　日米非対称のダイナミズム』筑摩書房、二〇二〇年
樋口陽一『リベラル・デモクラシーの現在　「ネオリベラル」と「イリベラル」のはざまで』岩波書店、二〇一九年
平野義太郎「人と学問」編集委員会編『平野義太郎　人と学問』大月書店、一九八一年
平原春好『配属将校制度成立史の研究』野間教育研究所、一九九三年
福永操『あるおんな共産主義者の回想』れんが書房新社、一九八二年
福永文夫『戦後日本の再生　1945〜1964年』丸善出版、二〇〇四年
福永文夫『日本占領史　1945-1952　東京・ワシントン・沖縄』中央公論新社、二〇一四年
福永文夫『占領下中道政権の形成と崩壊　GHQ民政局と日本社会党』岩波書店、一九九七年
藤村一郎・後藤啓倫『吉野作造と関東軍　満蒙権益をめぐる民本主義と統帥権の相克』有志舎、二〇一九年
古川江里子『美濃部達吉と吉野作造　大正デモクラシーを導いた帝大教授』山川出版社、二〇一一年
ホーリネス・バンド昭和キリスト教弾圧史刊行会編『ホーリネス・バンドの軌跡　リバイバルとキリスト教弾圧』新教出版社、一九八三年
北大生・宮澤弘幸「スパイ冤罪事件」の真相を広める会編『引き裂かれた青春　戦争と国家秘密』花伝社、二〇一四年
保坂正康『対立軸の昭和史　社会党はなぜ消滅したのか』河出書房新社、二〇二〇年
牧野英一『最後の一人の生存権』人道社、一九二四年
牧野英一『日本法的精神の比較法的自覚』有斐閣、一九四四年
増田弘『公職追放　三大政治パージの研究』東京大学出版会、一九九一年
松尾尊兊『大正デモクラシーの群像』岩波書店、一九九〇年
松尾尊兊『滝川事件』岩波書店、二〇〇五年
松谷基和「GHQの仙台占領と鈴木義男　米国国立公文書館での調査報告」『東北学院史資料センター年報』Vol.15、東北学院、二〇二〇年
美濃部亮吉『苦悶するデモクラシー』文藝春秋新社、一九五九年
宮本顕治・宮本百合子『十二年の手紙』新科学社、一九五五年
三輪寿壮伝記刊行会編『三輪寿壮の生涯』三輪寿壮伝記刊行会、一九六六年
三輪建二『祖父三輪寿壮　大衆と歩んだ信念の政治家』鳳書房、二〇一七年
民主社会主義研究会議編『大系民主社会主義　第2巻　政治』文藝春秋、一九八〇年
民主社会主義研究会議編『大系民主社会主義　第3巻　経済』文藝春秋、一九八〇年
民主社会主義連盟編『統一社会党綱領草案とその解説』社会思潮社、一九五五年
明治学院大学教養教育センター編『李光洙とはだれか?』かんよう出版、二〇一四年
森正『治安維持法裁判と弁護士』日本評論社、一九八五年
森戸辰男『遍歴八十年』日本経済新聞社、一九七六年
森長英三郎『新編　史談裁判　第四巻』日本評論社、一九八四年
森長英三郎『日本弁護士列伝』社会思想社、一九八四年
柳原敏昭「治安維持法で検挙された唯一の女子帝大生」『宮城歴史科学研究』七六・七七合併号、宮城歴史科学研究会、二〇一六年
山川園松「叔父と私」『春和』九月号、春和会、一九六五年
山川園松「戦災の記（上）」『春和』七月号、春和会、一九七七年
山口二郎・石川真澄編『日本社会党　戦後革新の思想と行動』日本経済評論社、二〇〇三年
山本昭宏『戦後民主主義　現代日本を創った思想と文化』中央公論新社、二〇二一年
山本祐司『最高裁物語　上巻』日本評論社、一九九四年
油井大三郎『増補新装版　未完の占領改革　アメリカ知識人と捨て

られた日本民主化構想』東京大学出版会、二〇一六年
油井大三郎「第一次世界大戦以降の平和思想と日本国憲法第9条」『東北学院史資料センター年報』Vol.4、東北学院、二〇一九年
油井大三郎『避けられた戦争　一九二〇年代・日本の選択』筑摩書房、二〇二〇年
吉田裕『アジア・太平洋戦争』岩波書店、二〇〇七年
吉野作造『普通選挙論』万朶書房、一九一九年
吉野作造『吉野作造選集2　デモクラシーと政治改革』岩波書店、一九九六年
吉野作造『吉野作造選集6　大戦後の国際政治』岩波書店、一九九六年
吉野作造『吉野作造選集15　日記三〔昭和2－7〕』岩波書店、一九九六年
吉野作造『吉野作造選集別巻　書簡・年譜・著作年表ほか』岩波書店、一九九七年
我妻栄ほか編『日本政治裁判史録　明治・後』第一法規出版、一九六九年
我妻栄ほか編『日本政治裁判史録　昭和・後』第一法規出版、一九七〇年

鈴木義男著作一覧

【著書・講義案・小冊子】

『法学概論』講義用、金港堂印刷、一九二四年
『行政法総論』講義用、謄写版、明文舎印刷、一九二五年
『政治学講義案』講義用、金港堂印刷、一九二六年
『社会法論』講義用、謄写版、一九二六年
『行政法各論第二』講義用、謄写版、明文舎印刷、一九二七年
『現代法律哲学の諸問題』新光社、一九二七年
『行政法講義案　総論第三分冊』非売品、一九二七年
『法律学勉学指針並ニ主要参考書指示』講義用、謄写版、仙台謄写印刷研究所、一九二八年
『現代法律哲学問題』（共著）誠文堂、一九三一年
『法学通論講義案』講義用、謄写版、一九三二年
『法律概論講義案（上巻）』謄写版、出版年不明
『法律概論講義案（下巻）』謄写版、文弘社印刷、一九三二年
『二色刷六法全書　六法全書：参考条文加除自在』鈴木義男監修、創造社、一九三二年（＊その後版を重ね、一九四一年には五六版となっている）
『法律の社会化』社会教育パンフレット・一六六輯、一九三二年
『行政法総論講義案』講義用、謄写版、元亨社印刷、一九三六年
『選挙違反刑罰の実例　量刑研究資料』有斐閣、一九三七年
『新憲法読本』鱒書房、一九四八年
『司法と行政に依る自由人権の擁護』自由人権叢書・一集、一九四九年
『憲法と平和　憲法擁護に関する緊急質問』日本社会党、一九五〇年
『行政法学方法論の再検討』博士学位論文（同志社大学）、一九五四年
『社会主義のおはなし』東京教育研究所、一九五四年
『原子力時代の経済の革命的展開　民主社会主義の道』民主評論社、一九五四年
『私の記憶に存する憲法改正の際の修正点：参議院内閣委員会に於ける鈴木義男氏の公述速記』憲法調査会事務局、一九五八年
『民主社会党に対する鈴木綱領試案』一九五九年
『なぜ民主社会党を作ったか』民主社会党福島県支部連合会、一九六〇年
『政防法について　ためにする反対論を駁す』民主社会党、一九六一年

【弁護要旨など】

『河上肇弁護弁論要旨・平野義太郎弁護弁論要旨　弁護人鈴木義男』発行年月不明、東京大学社会科学研究所所蔵
『鈴木義男氏　帝人事件弁論』高屋市二郎、一九三八年、東北学院史資料センター所蔵
『有澤廣巳治安維持法違反被告事件弁護要旨　弁護人鈴木義男』発行年不明、国立国会図書館海野晋吉文庫、および同志社大学人文科学研究所所蔵
『宇野被告治安維持法違反弁護要旨　控訴審　弁護人鈴木義男』発行年不明、東北学院大学中央図書館所蔵
『美濃部亮吉治安維持法違反事件弁護要旨　弁護人鈴木義男』発行年不明、東北学院史資料センター所蔵
『富田貞男外二名瀆職事件弁論速記　弁護人鈴木義男』発行年不明、東北学院史資料センター所蔵
『渡辺信任氏瀆職事件弁護速記録　弁護人鈴木義男』福島民友新聞社、一九三九年、東北学院史資料センター所蔵
『国鉄事件林、田中両被告弁護弁論要旨抜粋　弁護人鈴木義男』高屋市二郎、一九三九年、東北学院史資料センター所蔵
『鈴木茂三郎被告事件弁護要旨　弁護人鈴木義男』発行年不明、法政大学大原社会問題研究所所蔵
『被告人大竹廣吉　治安維持法違反並軍機保護法違反被告事件　弁護弁論要旨（控訴審）　弁護人鈴木義男』発行年不明、東京都立大学図書館所蔵

【論文・時評など】

一九一一（明治四四）年

「我校の使命」『東北文学』七六号、東北学院文学会、一九一一年三月
「英雄と宗教」『東北文学』七六号、東北学院文学会、一九一一年三月

一九一二（明治四五）年

「汽車不通」『東北文学』七七号、東北学院文学会、一九一二年三月
「八郎潟と千秋公園」『東北文学』七七号、東北学院文学会、一九一二年三月
「最後の一日」『東北文学』七七号、東北学院文学会、一九一二年三月
「絶対的禁酒の価値」『中学世界』八号（一四巻一〇号）、博文館、一九一二年六月

一九一四（大正三）年

「大文芸論」『尚志会雑誌』九九号、第二高等学校尚志会、一九一四年三月
「日本魂の本義」『尚志会雑誌』九九号、第二高等学校尚志会、一九一四年三月

一九一五（大正四）年

「日本民族当面の使命」『尚志会雑誌』一〇二号、第二高等学校尚志会、一九一五年三月

一九一七（大正六）年

「故武藤慎一君の事ども（一）」『東北学院時報』一八号、東北学院同窓会、一九一七年一〇月一〇日付
「故武藤慎一君の事ども（二）」『東北学院時報』一九号、東北学院同窓会、一九一七年一一月二〇日付

一九一九（大正八）年

「私信の中より」『東北学院時報』二六号、東北学院同窓会、一九一九年一月一日付
「在京四五会」『東北学院時報』二七号、東北学院同窓会、一九一九年二月二五日付
「学院赤門会」『東北学院時報』二九号、東北学院同窓会、一九一九年四月五日付

一九二〇（大正九）年

「社会的立法事業の新傾向」『国家学会雑誌』三四巻一号、東京帝国大学内国家学会、一九二〇年一月
「労働者の非政党連盟」『国家学会雑誌』三四巻三号、東京帝国大学内国家学会、一九二〇年三月
「社会的保険の価値」『国家学会雑誌』三四巻五号、東京帝国大学内国家学会、一九二〇年五月
「独逸の社会的理想」『国家学会雑誌』三四巻六号、東京帝国大学内国家学会、一九二〇年六月

一九二一（大正一〇）年

「新刊紹介　森口助教授著『近世民主政治論』」『国家学会雑誌』三五巻二号、東京帝国大学内国家学会、一九二一年二月
「米仏憲法と独逸新憲法（上）」『中央法律新報』一年二号、中央法律新報社、一九二一年二月
「米仏憲法と独逸新憲法（中）」『中央法律新報』一年三号、中央法律新報社、一九二一年三月
「米仏憲法と独逸新憲法（下）」『中央法律新報』一年四号、中央法律新報社、一九二一年三月

一九二三（大正一二）年

「独逸より（一）」『思想』二四号、岩波書店、一九二三年九月
「仏蘭西より（一）」（法学界通信）『法学志林』二五巻一〇号、法政大学、一九二三年一〇月
「仏蘭西より（一）（続）」（法学界通信）『法学志林』二五巻一一号、法政大学、一九二三年一一月
「仏蘭西より（一）（続・完）」（法学界通信）『法学志林』二五巻一二号、法政大学、一九二三年一二月

一九二四（大正一三）年

「独逸より（二）」『思想』二七号、岩波書店、一九二四年一月
「仏蘭西より　第二信」（法学界通信）『法学志林』二六巻一号、法政大学、一九二四年一月
「旅の日記より（一）　マイヤー教授を訪ねて」『中央法律新報』四年一号、中央法律新報社、一九二四年一月
「ヘーデマン教授の経済法論（上）　旅の日記より（二）」『中央法律新報』四年二号、中央法律新報社、一九二四年二月
「ヘーデマン教授の経済法論（下）　旅の日記より（三）」『中央法律新報』四年三号、中央法律新報社、一九二四年三月
「仏蘭西より　第二信（続）」（法学界通信）『法学志林』二六巻三号、法政大学、一九二四年三月
「仏蘭西より　第三信」（法学界通信）『法学志林』二六巻四号、法

政大学、一九二四年四月
「仏蘭西より　第三信（続・完）」（法学界通信）『法学志林』二六巻五号、法政大学、一九二四年五月
「独逸の労働大学　旅の日記より（四）」『中央法律新報』四年五号、中央法律新報社、一九二四年五月
「スタムラー教授の近業」『法学志林』二七巻六号、法政大学、一九二四年六月
「独逸より（三）」『思想』三三号、岩波書店、一九二四年七月
「所謂軍事教育案に就て　はしがき」『河北新報』一九二四年一二月八日付
「文化現象としての法律（上）」『東京日日新聞』一九二四年一二月九日付
「所謂軍事教育案批判　一」『河北新報』一九二四年一二月九日付
「文化現象としての法律（中）」『東京日日新聞』一九二四年一二月一〇日付
「所謂軍事教育案批判　二」『河北新報』一九二四年一二月一〇日付
「文化現象としての法律（下）」『東京日日新聞』一九二四年一二月一一日付
「所謂軍事教育案批判　三」『河北新報』一九二四年一二月一一日付
「所謂軍事教育案批判　四」『河北新報』一九二四年一二月一二日付
「行政の分化」『河北新報』一九二四年一二月一三日付
「所謂軍事教育案批判　五」『河北新報』一九二四年一二月一三日付夕刊
「所謂軍事教育案批判　六」『河北新報』一九二四年一二月一五日付

一九二五（大正一四）年

「文化現象としての法律」『法学志林』二七巻二号、法政大学、一九二五年二月
「人としての偉大性と専門家」『文化の基礎』五巻二号、文化普及会、一九二五年二月
「法律に於ける進化と進歩　牧野博士の近業を読む」『法学志林』二七巻三号、法政大学、一九二五年三月
「独逸の春」『家庭文化』四巻三号、家庭文化協会、一九二五年三月
「市会と商工会議所（上）」『河北新報』一九二五年四月七日付
「市会と商工会議所（中）」『河北新報』一九二五年四月八日付
「市会と商工会議所（下）」『河北新報』一九二五年四月九日付
「『法律に於ける階級闘争』　平野義太郎の近業」『法学志林』二七巻五号、法政大学、一九二五年五月
「三権分立の現代に於ける意義」『社会科学』創刊号、改造社、一九二五年六月
「法律文化の新展望」『改造』七巻九号、改造社、一九二五年九月
「社会行政の新領域」『社会政策時報』六〇号、協調会、一九二五年九月

一九二六（大正一五／昭和元）年

「所謂基本権の法律的実現」『社会政策時報』六四号、協調会、一九二六年一月
「少年法に就て」『司法保護事業講演集』輔成会、一九二六年九月

一九二七（昭和二）年

「或る裁判官との対話」『法律春秋』新年特別号、南郊社、一九二七年一月
「法の目的と裁判官の任務」『法律春秋』二巻三号、南郊社、一九二七年三月
「社会的立法の思想的背景（上）」『社会政策時報』七八号、協調会、一九二七年三月
「社会的立法の思想的背景（中）」『社会政策時報』七九号、協調会、一九二七年四月
「社会的立法の思想的背景（中・続）」『社会政策時報』八一号、協調会、一九二七年六月
「社会的立法の思想的背景（下）」『社会政策時報』八二号、協調会、一九二七年七月
「社会生活に於ける解放と凝集」『法律春秋』二巻九号、南郊社、一九二七年九月

一九二八（昭和三）年

「法律家より見たる社会組織の転向」『宮城教育』三四三号、宮城県教育会、一九二八年一月
「街頭に立って　普選の側面観察（八）　重要なる意義を持つ権利行使の態度」『河北新報』一九二八年二月一一日付
「近時の社会化立法とその理想」新生協会編『新社会の基調』日本評論社、一九二八年六月

「労働者の人格保護」『法律春秋』三巻九号、南郊社、一九二八年九月

一九二九（昭和四）年

「デモクラシーの政治機構（上）」『社会政策時報』一〇〇号、協調会、一九二九年一月
「デモクラシーの政治機構（下）」『社会政策時報』一〇一号、協調会、一九二九年二月
「政党の地位の変遷（一）」『東京朝日新聞』一九二九年三月一九日付
「政党の地位の変遷（二）」『東京朝日新聞』一九二九年三月二〇日付
「政党の地位の変遷（三）」『東京朝日新聞』一九二九年三月二一日付
「家庭生活は人生の幸福」深川佐蔵『家庭平和』仙台・家庭平和会、一九二九年

一九三〇（昭和五）年

「行政裁判法の改正に就て」『法律新聞』三一五二号、一九三〇年八月一〇日
「羈束《きそく》行為と裁量行為（上）」『法律新聞』三一五三号、一九三〇年八月一三日
「羈束行為と裁量行為（下）」『法律新聞』三一五四号、一九三〇年八月一五日
「行政裁判所の任務」『法律新聞』三一五五号、一九三〇年八月一八日
「羈束行為と裁量行為（下）」『法律新聞』三一五八号、一九三〇年八月二五日（＊八月一五日の継続分）
「堕胎嬰児殺の処置に就て（上）」『法律新聞』三一七二号、一九三〇年九月三〇日
「堕胎嬰児殺の処置に就て（下）」『法律新聞』三一七三号、一九三〇年一〇月三日
「専用漁業権に就て」『法律新聞』三一九三号、一九三〇年一一月二三日
「近時の法理思潮の瞥見（一）」『法律新聞』三一九六号、一九三〇年一一月三〇日
「近時の法理思潮の瞥見（二）」『法律新聞』三一九七号、一九三〇年一二月三日
「近時の法理思潮の瞥見（三）」『法律新聞』三一九八号、一九三〇年一二月五日
「近時の法理思潮の瞥見（四）」『法律新聞』三一九九号、一九三〇年一二月八日
「近時の法理思潮の瞥見（五）」『法律新聞』三二〇〇号、一九三〇年一二月一〇日
「近時の法理思潮の瞥見（六）」『法律新聞』三二〇一号、一九三〇年一二月一三日
「近時の法理思潮の瞥見（七）」『法律新聞』三二〇二号、一九三〇年一二月一五日
「近時の法理思潮の瞥見（八）」『法律新聞』三二〇三号、一九三〇年一二月一八日
「近時の法理思潮の瞥見（九）」『法律新聞』三二〇四号、一九三〇年一二月二〇日
「近時の法理思潮の瞥見（十）」『法律新聞』三二〇五号、一九三〇年一二月二三日
「近時の法理思潮の瞥見（十一）」『法律新聞』三二〇六号、一九三〇年一二月二五日
「近時の法理思潮の瞥見（十二）」『法律新聞』三二〇七号、一九三〇年一二月二八日

一九三一（昭和六）年

「公法判例研究　滞納処分の効力」「公法判例研究　無効投票の存在と選挙の結果に異同を生ずるや否やの判定方法」『国家学会雑誌』四五巻三号、東京帝国大学内国家学会、一九三一年三月
「公法判例研究　耕地整理組合費の滞納処分と行政訴訟」『国家学会雑誌』四五巻五号、東京帝国大学内国家学会、一九三一年五月
「公法判例研究　市庁舎建設促進委員の性質」『国家学会雑誌』四五巻七号、東京帝国大学内国家学会、一九三一年七月
「ソクラテス事件と赤穂義士事件（一）」『法律新聞』三二一二号、一九三一年一月一〇日
「ソクラテス事件と赤穂義士事件（二）」『法律新聞』三二一六号、一九三一年一月二〇日
「ソクラテス事件と赤穂義士事件（三）」『法律新聞』三二一八号、一九三一年一月二五日
「ソクラテス事件と赤穂義士事件（四）」『法律新聞』三二二四号、一九三一年二月一〇日
「ソクラテス事件と赤穂義士事件（五）」『法律新聞』三二二七号、

一九三一年一月一八日
「ソクラテス事件と赤穂義士事件（六）」『法律新聞』三二一八号、一九三一年一月二〇日
「ソクラテス事件と赤穂義士事件（七）」『法律新聞』三二二〇号、一九三一年一月二五日
「首相の臨時代理問題（一）」『法律新聞』三二二三号、一九三一年二月八日
「首相の臨時代理問題（二）」『法律新聞』三二二五号、一九三一年二月一三日
「首相の臨時代理問題（三）」『法律新聞』三二二六号、一九三一年二月一五日
「無効の行政行為の取扱に就て（上）」『法律新聞』三二三三号、一九三一年三月三日
「無効の行政行為の取扱に就て（中）」『法律新聞』三二三四号、一九三一年三月五日
「無効の行政行為の取扱に就て（下）」『法律新聞』三二三五号、一九三一年三月八日
「選挙法改正並びに地方制度改正に就て」『法律時報』三巻三号、日本評論社、一九三一年三月
「警察権の濫用防止と刑事補償法」『法律春秋』六巻四号、南郊社、一九三一年四月
「一方的瀆職罪と追徴の問題」『法律新聞』三三三三号、一九三一年一一月一三日
「選挙判例概観（一）」『法律新聞』三三三六号、一九三一年一一月二〇日
「選挙判例概観（二）」『法律新聞』三三三七号、一九三一年一一月二三日
「選挙判例概観（三）」『法律新聞』三三三八号、一九三一年一一月二五日
「選挙判例概観（四）」『法律新聞』三三三九号、一九三一年一一月二八日
「選挙判例概観（五）」『法律新聞』三三四一号、一九三一年一二月三日
「選挙判例概観（六）」『法律新聞』三三四三号、一九三一年一二月八日
「選挙判例概観（七）」『法律新聞』三三四五号、一九三一年一二月一三日
「選挙判例概観（八）」『法律新聞』三三四六号、一九三一年一二月一五日
「選挙判例概観（九）」『法律新聞』三三四七号、一九三一年一二月一八日
「選挙判例概観（十）」『法律新聞』三三四八号、一九三一年一二月二〇日
「選挙判例概観（十一）」『法律新聞』三三四九号、一九三一年一二月二三日
「選挙判例概観（十二）」『法律新聞』三三五〇号、一九三一年一二月二五日
「選挙判例概観（十三）」『法律新聞』三三五一号、一九三一年一二月二八日
「選挙判例概観（十四）」『法律新聞』三三五二号、一九三一年一二月三〇日
「明治以後の我が司法及法学界の変遷」『正義』七巻一一号、帝国弁護士会、一九三一年一一月

一九三二（昭和七）年

「個人法より社会法へ（上）」『法律新聞』三三五四号、一九三二年一月五日
「個人法より社会法へ（下）」『法律新聞』三三五五号、一九三二年一月八日
「瀆職罪に就て」『法律春秋』七巻一号、南郊社、一九三二年一月
「実証憲法学の渾然たる構成　美濃部博士著・改正増補『憲法撮要』」『帝国大学新聞』四二一号、一九三二年二月二九日
「刑法改正上の二、三の問題（上）」『法律新聞』三三七八号、一九三二年三月五日
「刑法改正上の二、三の問題（中）」『法律新聞』三三七九号、一九三二年三月八日
「刑法改正上の二、三の問題（下）」『法律新聞』三三八〇号、一九三二年三月一〇日
「刑法改正上の二、三の問題（四）」『法律新聞』三三九一号、一九

三二年四月八日

「刑法改正上の二、三の問題（五）」『法律新聞』三三九三号、一九三二年四月一三日

「刑法改正上の二、三の問題（六）」『法律新聞』三三九四号、一九三二年四月一五日

「刑法改正上の二、三の問題（七）」『法律新聞』三三九九号、一九三二年四月二八日

「名誉の毀損と告訴」『裁判と法律』一八号、一九三二年五月

「現行憲法の下に於て私有財産を何処迄制限出来るか」『経済往来』八月号、日本評論社、一九三二年七月

「犬養首相　何の面目ありや」国体擁護聯盟編『臣節蹂躙の犬養内閣』春秋社、一九三二年

一九三三（昭和八）年

「刑事法の新展望」『法律新聞』三四九七号、一九三三年一月一日付

「刑事法の新命題」『裁判と法律』二六号、一九三三年一月

「市町村政の重要性」庄司一郎編『町村自治と公民生活』（増補改訂版）仙南日日新聞社、一九三三年

「選挙法改正案批判」『正義』九巻三号、帝国弁護士会、一九三三年三月

「公法判例研究　市街地建築物法による建築線の指定と工事取止の関係」『国家学会雑誌』四七巻一号、東京帝国大学内国家学会、一九三三年一月

「公法判例研究　保税地域を通過せざる輸入砂糖と砂糖消費税逋脱」『国家学会雑誌』四七巻一号、東京帝国大学内国家学会、一九三三年一月

「医療の社会化と療養所問題【1】」『河北新報』一九三三年八月七日

「医療の社会化と療養所問題【2】」『河北新報』一九三三年八月八日

「医療の社会化と療養所問題【3】」『河北新報』一九三三年八月九日

「医療の社会化と療養所問題【4】」『河北新報』一九三三年八月一〇日

「医療の社会化と療養所問題【5】」『河北新報』一九三三年八月一一日

「河上博士の一審弁護人として」『法律新聞』三五九五号、一九三三年九月一〇日付（＊天野敬太郎・野口務編『河上肇の人間像』図書新聞社、一九六八年に収録）

「『嘆願』に関する判決を読む（一）」『法律新聞』三六一七号、一九三三年一一月三日

「『嘆願』に関する判決を読む（二）」『法律新聞』三六一八号、一九三三年一一月五日

「『嘆願』に関する判決を読む（三）」『法律新聞』三八二三号、一九三三年一一月一八日

「『嘆願』に関する判決を読む（四）」『法律新聞』三八二四号、一九三三年一一月二〇日

「治安維持法の改正に就て（一）」『法律新聞』三六三〇号、一九三三年一二月五日

「治安維持法の改正に就て（二）」『法律新聞』三六三一号、一九三三年一二月八日

「治安維持法の改正に就て（三）」『法律新聞』三六三五号、一九三三年一二月一八日

「治安維持法の改正に就て（四）」『法律新聞』三六三七号、一九三三年一二月二三日

「治安維持法の改正に就て（五）」『法律新聞』三六三八号、一九三三年一二月二五日

「治安維持法の改正に就て（六）」『法律新聞』三六三九号、一九三三年一二月二八日

「治安維持法の改正に就て（七）」『法律新聞』三六四〇号、一九三三年一二月三〇日

「法律学学修者へ」法政大学法律学会編『法学年報　昭和6年』法政大学法律学会、一九三二年

『法律の社会化』社会教育協会、一九三三年

一九三四（昭和九）年

「勾留規定の改正に就いて」『正義』一〇巻一号、帝国弁護士会、一九三四年一月

「日本憲政成立史　鈴木安蔵氏の近業」『帝国大学新聞』五〇九号、一九三四年一月一五日付

「公法判例研究　支那共和国内に於て帝国臣民が関税の逋脱を図りたる行為と関税法の適用並受託官署の証人訊問と訴訟関係人に対する該訊問期日通知の要否」『国家学会雑誌』四八巻一号、東京

帝国大学内国家学会、一九三四年一月
「治安維持法の改正に就て（八）」『法律新聞』三六五一号、一九三四年一月二八日
「治安維持法の改正に就て（九）」『法律新聞』三六五二号、一九三四年一月三〇日
「治安維持法の改正に就て（十）」『法律新聞』三六五四号、一九三四年二月五日
「治安維持法の改正に就て（十一・完）」『法律新聞』三六五七号、一九三四年二月一三日
「医学と裁判（上）」『法律新聞』三六六九号、一九三四年三月一三日
「医学と裁判（下）」『法律新聞』三六七〇号、一九三四年三月一五日
「時代と判例（一）一、慰藉料額の問題」『法律新聞』三六七二号、一九三四年三月二〇日
「時代と判例（二）二、内縁関係と死亡による第三者への慰藉料請求」『法律新聞』三六七七号、一九三四年四月三日
「人及び政治学者としての吉野先生」赤松克麿編『故吉野博士を語る』中央公論社、一九三四年
「時代と判例（三）三、公吏の退隠料差押」『法律新聞』三六九三号、一九三四年五月一三日
「時代と判例（四）四、五、六、被用者の不法行為と使用主の責任」『法律新聞』三六九四号、一九三四年五月一五日
「時代と判例（五）四、五、六、被用者の不法行為と使用主の責任」『法律新聞』三六九五号、一九三四年五月一八日
「時代と判例（六）七、造作代金問題」『法律新聞』三七〇七号、一九三四年六月一八日
「時代と判例（七）七、造作代金問題」『法律新聞』三七〇八号、一九三四年六月二〇日
「時代と判例（八）七、造作代金問題　八、営業自由制限の特約」『法律新聞』三七〇九号、一九三四年六月二三日
「時代と判例（九）八、営業自由制限の特約」『法律新聞』三七一二号、一九三四年六月三〇日
「時代と判例（十）九、番頭と手形振出権限」『法律新聞』三七二二号、一九三四年七月二五日
「時代と判例（十一）一〇、手形行為と拇印」『法律新聞』三七二七号、一九三四年八月八日
「時代と判例（十二）一一、中間省略登記の問題」『法律新聞』三七二八号、一九三四年八月一〇日
「時代と判例（十三）一二、郵便配達証明書と時効中断」『法律新聞』三七二九号、一九三四年八月一三日
「時代と判例（十四）一三、漏電失火と重大なる過失」『法律新聞』三七三〇号、一九三四年八月一五日
「時代と判例（十五）一四、保険代理店外交員の身元保証人の責任」『法律新聞』三七三一号、一九三四年八月一八日
「新刊批評・美濃部博士『憲法と政党』」『法律時報』六巻八号、日本評論社、一九三四年八月
「公法判例研究　営利を目的とせざる家屋と東京府家屋税の賦課」『国家学会雑誌』四八巻八号、東京帝国大学内国家学会、一九三四年八月
「時代と判例（十六）一五、弁済期後に於ける担保物の値下りと危険負担」『法律新聞』三七四二号、一九三四年九月一五日
「時代と判例（十七）一五、弁済期後に於ける担保物の値下りと危険負担（続き）」『法律新聞』三七四三号、一九三四年九月一八日
「時代と判例（十八）刑事判例　一、蛸配当と背任罪」『法律新聞』三七四六号、一九三四年九月二五日
「時代と判例（十九）刑事判例　一、蛸配当と背任罪　二、寺院の寄付金募集」『法律新聞』三七四七号、一九三四年九月二八日
「時代と判例（二〇）刑事判例　三、不実の用途を告知して為した借財と詐欺罪　四、古墳内の宝玉等領得と占有離脱物横領」『法律新聞』三七五五号、一九三四年一〇月一八日
「時代と判例（二一）刑事判例　五、被害者の手を藉りてなしたる殺人罪　六、追跡者に対する暴行と準強盗」『法律新聞』三七五六号、一九三四年一〇月二〇日
「思想犯罪と治安維持法の改正」『労働立法』一巻二号、労働立法研究所、一九三四年九月
「検察と裁判の関係　司法制度改革の一提案」『犯罪学研究』一巻一〇号、新光閣、一九三四年一〇月
「ファッショ並にナチスの公法的構成」『政治経済研究』二巻六号、一九三四年

「時代と判例（二二）刑事判例　七、幼児の証言と採証の自由」『法律新聞』三七八〇号、一九三四年一二月二〇日

「時代と判例（二三）刑事判例　八、自動車運転手の注意義務」『法律新聞』三七八一号、一九三四年一二月二三日

「時代と判例（二四）刑事判例　九、紅療法と医師法違反」『法律新聞』三七八二号、一九三四年一二月二五日

「時代と判例（二五）刑事判例　一〇、不良団の勢威を利用する恐喝」『法律新聞』三七八三号、一九三四年一二月二八日

「時代と判例（二六）刑事判例　一一、刑の量定に関する標準」『法律新聞』三七八四号、一九三四年一二月三〇日

「裁判の簡素化」『中央公論』一九三四年一二月号、中央公論社

「検察と裁判の分離を要望す」『正義』一〇巻八号、帝国弁護士会、一九三四年九月

「行政法学方法論の変遷」宮沢俊義編『公法学の諸問題――美濃部教授還暦記念　第二巻』有斐閣、一九三四年

「行刑上の累進処遇に就て」『正義』一〇巻一一号、帝国弁護士会、一九三四年一一月

一九三五（昭和一〇）年

「時代と判例（二七）行政事之部　一、外国に於ける帝国臣民の関税逋脱」『法律新聞』三七九三号、一九三五年一月二三日

「時代と判例（二八）行政事之部　一、外国に於ける帝国臣民の関税逋脱」『法律新聞』三七九四号、一九三五年一月二五日

「時代と判例（二九）行政事之部　二、消防自動車の過失殺と賠償責任」『法律新聞』三七九五号、一九三五年一月二八日

「時代と判例（三〇）行政事之部　二、消防自動車の過失殺と賠償責任」『法律新聞』三七九六号、一九三五年一月三〇日

「時代と判例（三一）行政事之部　三、都市計画事業街路修築費負担金」『法律新聞』三八〇五号、一九三五年二月二三日

「人権蹂躙の防止」『正義』一一巻四号、帝国弁護士会、一九三五年四月

「八月の論壇（1）指導的論策　田中氏の文化問題論」『東京朝日新聞』一九三五年八月五日

「八月の論壇（2）興味ある報告　大内氏の現代学生気質論」『東京朝日新聞』一九三五年八月六日

「八月の論壇（3）日本ファッシズム　憲法論争と重臣論」『東京朝日新聞』一九三五年八月七日

「八月の論壇（4）自由主義論戦　選挙粛清、国防と財政等」『東京朝日新聞』一九三五年八月八日

「現代政治と指導精神」『政界往来』六巻一〇号、政界往来社、一九三五年一〇月

「行政機構改革の新展開」『政経会誌・法政政経会誌』一一号、一九三五年一一月

一九三六（昭和一一）年

「一般法律学と労働法（一）」『労働立法』三巻一号、一九三六年一月

「労働判例批評　同盟罷業中に於ける違法行為」『労働立法』三巻一号、一九三六年一月

「労働法学者訪問記（四）如何なる動機で労働法を専攻するに至ったか！　鈴木義男氏」『労働立法』三巻一号、一九三六年一月

「一般法律学と労働法」『労働立法（二）』三巻二号、一九三六年二月

「一般法律学と労働法」『労働立法（三）』三巻三号、一九三六年三月

「資本主義勢力の方向転換」『政界往来』七巻一二号、政界往来社、一九三六年一二月

「退職積立金及退職手当法の運用に就て」『法律時報』八巻七号、日本評論社、一九三六年七月

「私の弁護した問題の女性　志賀暁子の場合」『話』四巻一二号、文藝春秋、一九三六年一二月

一九三七（昭和一二）年

「公法判例研究　東京市長が為したる区画整理の被　金決定に対する行政訴訟の経由手続」『国家学会雑誌』五一巻一号、東京帝国大学内国家学会、一九三七年一月

「行政判例研究　臨時給与の慰労金と戸数割賦課の基礎たる所得額。省令に違反する条例の効力」『法学志林』三九巻一号、法政大学、一九三七年一月

「志賀暁子の為めに」『婦人公論』一九三七年一月号、中央公論社

「行政判例研究　占有又は封印を為さざる動産差押の無効」『法学志林』三九巻二号、法政大学、一九三七年二月

「公法判例研究　寺院所有の土地建物と強制競売」『国家学会雑誌』

五一巻二号、東京帝国大学内国家学会、一九三七年二月
「行政判例研究　差押解除と不服の理由消滅及び此の場合に於ける訴訟費用負担」『法学志林』第三九巻三号、法政大学、一九三七年三月
「志賀暁子のために　久米正雄に与ふ」『文藝春秋』三月号、文藝春秋社、一九三七年三月
「良人の犯罪と妻の共犯（上）」『読売新聞』一九三七年三月一三日
「良人の犯罪と妻の共犯（中）」『読売新聞』一九三七年三月一五日
「選挙法をめぐる行政、司法両裁判所の判決の矛盾について（一）」『法律新聞』四一〇二号、一九三七年三月一五日
「良人の犯罪と妻の共犯（下）」『読売新聞』一九三七年三月一六日付
「選挙法をめぐる行政、司法両裁判所の判決の矛盾について（二）」『法律新聞』四一〇三号、一九三七年三月一八日
「選挙法をめぐる行政、司法両裁判所の判決の矛盾について（三）」『法律新聞』四一〇四号、一九三七年三月二〇日
「選挙法をめぐる行政、司法両裁判所の判決の矛盾について（四）」『法律新聞』四一〇五号、一九三七年三月二三日
「選挙法をめぐる行政、司法両裁判所の判決の矛盾について（五）」『法律新聞』四一〇六号、一九三七年三月二五日
「選挙法をめぐる行政、司法両裁判所の判決の矛盾について（六・完）」『法律新聞』四一〇九号、一九三七年四月三日
「土地清算金に関する行政判例の見解について（一）」『法律新聞』四一一一号、一九三七年四月八日
「土地清算金に関する行政判例の見解について（二）」『法律新聞』四一一二号、一九三七年四月一〇日
「土地清算金に関する行政判例の見解について（三）」『法律新聞』四一一三号、一九三七年四月一三日
「土地清算金に関する行政判例の見解について（四）」『法律新聞』四一一五号、一九三七年四月一八日
「土地清算金に関する行政判例の見解について（五）」『法律新聞』四一一六号、一九三七年四月二〇日
「滞納処分法の研究（一）　判例を中心として」『法学志林』三九巻四号、法政大学、一九三七年四月
「世に出るまでの生活法　筍が頭を出すあばら家の生活」『主婦之友』一九三七年五月号、主婦之友社
「不動産に関する行政判例研究」『不動産判例』一巻四号、一九三七年四月
「行政判例研究　村会議員の辞職届の効力」『法学志林』三九巻四号、法政大学、一九三七年四月
「行政判例研究　清算金支払義務の承継」『法学志林』三九巻五号、法政大学、一九三七年五月
「妻の涜職」『婦人公論』中央公論社、一九三七年五月号
「拷問に就て（一）」『法律新聞』四一三五号、一九三七年六月八日
「拷問に就て（二）」『法律新聞』四一三六号、一九三七年六月一〇日
「拷問に就て（三）」『法律新聞』四一三七号、一九三七年六月一三日
「拷問に就て（四）」『法律新聞』四一三八号、一九三七年六月一五日
「拷問に就て（五）」『法律新聞』四一四〇号、一九三七年六月二〇日
「拷問に就て（六・完）」『法律新聞』四一四二号、一九三七年六月二五日
「滞納処分法の研究（二・完）」『法学志林』三九巻六号、法政大学、一九三七年六月
「行政判例研究　耕地整理組合費の滞納処分と行政訴訟の提起」『法学志林』三九巻六号、法政大学、一九三七年六月
「拷問」『中央公論』一九三七年六月号、中央公論社
「予審判事喚問不当説を駁す」『法律日報』一九三七年六月号
「人権蹂躙と司法制度の改善」『裁判と法律』一九三七年六月号
「行政判例研究　投票の効力」『法学志林』三九巻七号、法政大学、一九三七年七月
「新版借家人　読本借家人が必ず　知らねばならぬ法律知識」『主婦之友』一九三七年七月号、主婦之友社
「帝人信書問題と予審判事の喚問　主としてその事実関係」『法律時報』九巻七号、日本評論社、一九三七年七月
「新版　貞操の法律読本　貞操を法律で解決するのは事前弥縫の策に過ぎぬ」『主婦之友』主婦之友社、一九三七年九月
「行政判例研究　推薦状の表書に使用する労務者とその選任」『法学志林』三九巻八号、法政大学、一九三七年八月
「行政判例研究　二個の公売処分と徴収金。必要限度超過の一括公

売の違法」『法学志林』三九巻一〇号、法政大学、一九三七年一〇月
「行政判例研究　市会議員の総辞職と繰上当選」『法学志林』三九巻一一号、法政大学、一九三七年一一月
「人権蹂躙問題」『正義』一三巻四号、帝国弁護士会、一九三七年四月
「改正会社法案に対する若干の批判」『高商部拾年祭記念論集』関東学院商学会、一九三七年五月
「我国に於ける西洋法学の濫觴」国家学会編『国家学論集　国家学会五十周年記念』有斐閣、一九三七年七月
「遵法心に就て」『正義』一三巻九号、帝国弁護士会、一九三七年一〇月

一九三八（昭和一三）年

「昭和十三年を迎えて」『法律新聞』四二一八号、一九三八年一月五日
「行政判例研究　漁業許否処分に対する行政訴訟、機船底曳網漁業拒否の標準、同漁業取締規則施行に関する依命通牒の適用」『法学志林』四〇巻一号、法政大学、一九三八年二月一月
「行政判例研究　村会議員選挙に関する町村会の決定不明と訴願の相手方」『法学志林』四〇巻二号、法政大学、一九三八年二月
「行政訴訟事項に於ける概括主義と列記主義」刑部荘編『公法政治論集　野村教授還暦祝賀』有斐閣、一九三八年
「行政に於ける慣習の法源性」田村徳治等編『憲法及行政法の諸問題　佐佐木博士還暦記念』有斐閣、一九三八年
「憲法五十年」『正義』一四巻三号、帝国弁護士会、一九三八年三月
「司法制度の改革に就て」『正義』一四巻五号、帝国弁護士会、一九三八年五月

一九三九（昭和一四）年

「新版　未亡人の法律読本」『主婦之友』一九三九年九月号、主婦之友社、
「宗教法の運用に就て」『新興基督教』一九三九年一〇月号、日獨書院邦文部
「公法学の動揺」廣濱嘉雄編『法及政治の諸問題　佐藤教授退職記念』有斐閣、一九三九年一一月
「シュネーダー先生追悼講演」『東北学院時報』一四六号、東北学院同窓会、一九三九年一二月一日付

一九四〇（昭和一五）年

「行政法学の金字塔　美濃部博士『日本行政法　下巻』批評」『帝国大学新聞』八一〇号、一九四〇年五月七日
「司法」末弘厳太郎編『法律年鑑　昭和15年版』日本評論社、一九四〇年

一九四二（昭和一七）年

「敬虔なる使徒」『政岡家深川氏夫妻寿言集』政岡家深川氏夫妻寿言集刊行会、一九四二年

一九四四（昭和一九）年

「法廷に現れたる統制違反」『法律時報』一六巻三号、日本評論社、一九四四年三月

一九四六（昭和二一）年

「司法制度の改革」『法律時報』一八巻六号、日本評論社、一九四六年六月
「主権の所在」『小天地』一九四六年一〇月号、平凡社
「新憲法を守り抜く覚悟」『社会新聞』二七号、日本社会党、一九四六年一一月六日
「主権論争と国体論争」『法律新報』七三三号、法律新報社、一九四六年一二月

一九四七（昭和二二）年

「議会における国体論議」『時代（小天地）』一九四七年一月号、平凡社
「新憲法と社会党」『社会思潮』一巻一号、日本社会党、一九四七年二月
「選挙法改正問題」『社会新聞』四六号、日本社会党、一九四七年三月三一日付
「社会党は新憲法をいかに守りぬくか」『社会新聞』五一号、日本社会党、一九四七年五月一二日付
「片山総理と私」『社会新聞』五四号、日本社会党、一九四七年六月二日
「憲法審議に就て」『政界ジープ』第二巻第二号（通巻第十号）、政界ジープ社、一九四七年六月
「改正憲法と主権の問題」『時代（小天地）』一九四七年九月号、平

凡社
「追放は厳粛な民族的責務　『虎の威をかる政治』への抗議」『読売新聞』一九四七年一二月五日付
一九四八（昭和二三）年
「新憲法逐条解説1」『社会思潮』二巻二号、日本社会党、一九四八年三月
「新憲法逐条解説2」『社会思潮』二巻三号、日本社会党、一九四八年四月
「新憲法逐条解説3」『社会思潮』二巻四号、日本社会党、一九四八年五月
「新憲法逐条解説4」『社会思潮』二巻五号、日本社会党、一九四八年六月
「新憲法逐条解説5」『社会思潮』二巻六号、日本社会党、一九四八年七月
「新憲法逐条解説6」『社会思潮』二巻七号、日本社会党、一九四八年八月
「新憲法逐条解説7」『社会思潮』二巻八号、日本社会党、一九四八年九月
「刑事訴訟法を改正する法律案の提案理由」『法律新報』七四八号、法律新聞社、一九四八年九月
「新憲法逐条解説8」『社会思潮』二巻九号、日本社会党、一九四八年一〇月
「序」神谷尚男・本田正義『新選挙運動の解説――政治資金規正法と改正選挙法について』近代書房、一九四八年
「新憲法逐条解説9」『社会思潮』二巻一〇号、日本社会党、一九四八年一一月
「人権擁護について――自由と人権」『同盟時報』五五・五六号、同盟通信社、一九四八年一二月
一九四九（昭和二四）年
「新憲法逐条解説10」『社会思潮』三巻一号、日本社会党、一九四九年一月
「新憲法逐条解説11」『社会思潮』三巻二号、日本社会党、一九四九年二月
「最高裁判所創設エピソード」『法曹』八号、財団法人法曹会、一九四九年七月
蠟山政道・鈴木義男・田中耕太郎他「座談会　議会と革命」『日本評論』二四巻九号、日本評論社、一九四九年九月
一九五〇（昭和二五）年
「『三淵前会長を語る』補遺」『法曹』八〇号、法曹会、一九五〇年五月
「新院長を迎う」『東北学院時報』一六四号、東北学院同窓会、一九五〇年七月一〇日付
「国内治安にのみ限定せよ――治安警察か防衛軍か」『日本週報』一五七号、日本週報社、一九五〇年八月
「安倍牧師の手記を読んで」『日本評論』二五巻八号、日本評論社、一九五〇年八月（＊後に「思想弾圧の武器・治安維持法」と改題し、ホーリネス・バンド弾圧史刊行会編『ホーリネス・バンドの軌跡　リバイバルとキリスト教弾圧』新教出版社、一九八三年に収録）
「臨時国会の緊急問題」『時事週報』二〇号、時事週報社、一九五〇年一二月
一九五一（昭和二六）年
「平和条約の問題点――憲法との関連における問題」『法律時報』二三巻九号、日本評論社、一九五一年九月
「新院長紹介の辞」『東北学院時報』一六七号、東北学院同窓会、一九五一年九月二〇日付
「民主化に逆行する治安立法」『世界』七二号、岩波書店、一九五一年一二月
一九五二（昭和二七）年
「破壊活動防止法の問題点」『日本社会新聞』三七一号、日本社会党、一九五二年四月一九日
「破防法の公聴会をきいて」『日本社会新聞』三七四号、日本社会党、一九五二年五月一〇日
「保安隊は戦力か法学者はどう考えるか」『世界』七七号、岩波書店、一九五二年五月
「閣議論」『ジュリスト』一一号、有斐閣、一九五二年六月
「労働基準に就いて」『労働学院論集』第一編、専修大学付属労働学院、一九五二年一一月

「クリスチャンの代議士は政治と宗教をどう考えるか」『ニューエイジ』四巻一二号、毎日新聞社、一九五二年一二月

一九五三（昭和二八）年

「随想　借用論法」『日本社会新聞』四四二号、日本社会党、一九五三年八月二九日

「MSAの諸問題」『民主社会主義』一巻六号、社会思潮社、一九五三年一〇月

「仏独行政法と英米行政法」『専修大学論集』五号、専修大学学会、一九五三年一一月

「清瀬理論を反駁する」『政策』一巻一一号、政策研究会、一九五三年一一月

「後進国における雇用と労働生産性」『職業安定広報』四巻一三号、雇用問題研究会、一九五三年一二月

一九五四（昭和二九）年

「清瀬博士の反駁に対して」『政策』二巻一号、政策研究会、一九五四年一月

「論断　有田逮捕許諾の問題点」『日本社会新聞』四七二号、日本社会党、一九五四年三月三〇日

「行政法学方法論の再検討」『専修大学論集』六号、専修大学学会、一九五四年五月

「座談会　図書館を中心にして語る」『Books：読書人の雑誌』五〇号、五二号 Books の会、一九五四年六月・八月

「円防衛の正攻法」『政界往来』二〇巻五号、政界往来社、一九五四年五月

一九五五（昭和三〇）年

「書評　吉川末次郎博士の新地方行政の理論と実際地方選挙を前に社会党員の必読を望む」『日本社会新聞』五二一号、日本社会党、一九五五年三月一九日

「憲法改正論と最高裁の機構」『時の法令』一六九号、国立印刷局、一九五五年五月三日

「式辞」（東北学院創立七十年式）『東北学院時報』一七七号、東北学院同窓会、一九五五年七月五日

「憲法無視の責任問う」『新民』六巻七号、新民会、一九五五年七月

「随筆　旅に拾う」『日本社会新聞』五四五号、日本社会党、一九五五年八月五日

一九五六（昭和三一）年

「国会討論会　一一・二六〈先週の国会から〉」『週間論調』一〇四号、内閣総理大臣官房調査室、一九五六年三月

「憂うべき多数暴力　憲法改正と選挙区の改正」『日本社会新聞』五七二号、日本社会党、一九五六年三月二九日

「二大政党はどうあるべきか」『経済時代』二一巻六号、経済時代社、一九五六年六月

「明治憲法への逆行　民主革命を覆すもの」『日本社会新聞』五八二号、日本社会党、一九五六年六月四日

「憲法調査会不参加について――改憲は現実問題となり得ぬ」『日本社会新聞』五九〇号、日本社会党、一九五六年七月三〇日

「潜在主権」『判例時報』七九号、判例時報社、一九五六年七月

「国民生活の安定と農村対策」『経済時代』二一巻一一号、経済時代社、一九五六年一一月

「森本先生は温い人格の学者だった」森本厚吉伝刊行会編『森本厚吉』河出書房、一九五六年

一九五七（昭和三二）年

「副総理と臨時代理　石橋内閣の残した教訓」『日本社会新聞』第六二一号、日本社会党、一九五七年三月四日付

「歴史を無視した派兵義務論」『経済時代』二二巻三号、経済時代社、一九五七年三月

「核兵器の受入れ　火中の栗を拾うな」『日本社会新聞』六三一号、日本社会党、一九五七年五月二〇日付

「汚職の慢性化と汚職立法　清く正しい政界の慣行をつくれ」『日本社会新聞』六五九号、日本社会党、一九五七年一二月二日

「周首相らと会談して」『朝日新聞』一九五七年一二月一四日付

一九五八（昭和三三）年

「見て来た中国の経済建設」『経済時代』二三巻第二号、経済時代社、一九五八年二月

「今次選挙と党の将来　〝総評の社会党〟は限界」『日本社会新聞』六八七号、日本社会党、一九五八年八月一五日

「議員の責務と総辞職論」『日本社会新聞』七〇九号、日本社会党、一九五八年一一月一七日付

一九五九（昭和三四）年
「『正常な国会』とは何か　参議院事件公判記録より」『月刊社会党』二〇号、日本社会党中央本部機関誌局、一九五九年一月
「松川事件の意義　破棄差戻しは正しい」『日本社会新聞』七四四号、日本社会党、一九五九年七月二六日
「新憲法下の行政法の展開　主として行政委員と行政訴訟の解放」『青山法学論集』一巻一・二号、青山学院大学法学会、一九五九年一一月
「砂川判決と最高裁の任務」『週刊社会新聞』日本社会党、一九五九年一二月二二日

一九六〇（昭和三五）年
「週間論壇　三池争議と警職法」『週刊社会新聞』日本社会党、一九六〇年四月五日
「週間論壇　刑法改正草案の問題点」『週刊社会新聞』日本社会党、一九六〇年五月一三日
「ヒステリックな行動　総辞職は一党独裁に道開く」『週刊社会新聞』日本社会党、一九六〇年六月一七日

一九六一（昭和三六）年
「敗北を喫したこれからの民社党」『経済時代』一六第一号、経済時代社、一九六一年一月
「自然に出てくる独自性　第三十八国会でのたたかい」『民社新聞』民主社会党、一九六一年二月二四日
「完全公営の選挙制度にせよ」『経済時代』二六第六号、経済時代社、一九六一年六月
「皇后陛下にお会いする」『東北学院時報』一九〇号、東北学院同窓会、一九六一年七月一日
「三淵先生と私」『法曹』一二九号、法曹会、一九六一年七月
「税関という名の検閲機関」『民社新聞』民主社会党、一九六一年一一月三日

一九六二（昭和三七）年
「政治とはなにか（下）」『朝日新聞』一九六二年六月二〇日
「式辞」（東北学院大学工学部新校舎落成式）『東北学院時報』一九三号、東北学院同窓会、一九六二年一二月八日

一九六三（昭和三八）年
「判例批評・無効原因たる行政行為の瑕疵の重要性と明白性」『青山法学論集』四巻三号、青山学院大学法学会、一九六三年一月

【付記】

この鈴木義男著作一覧には、著者がこれまで収集してきた鈴木義男の四三〇点余の作品が掲載されている。鈴木が東北学院普通科（中等部）在籍時から晩年に至るまでの約五〇年間に発表したものである。とはいえ、鈴木の作品は現在もなお次々に発見されており、この数といえども最終確定版とするわけにはいかない。

これらの作品は著者の判断で【著書・講義案・小冊子】【弁護要旨など】【論文・時評など】の三つに分類した。また、これらの作品の配列は確認できるかぎり発行年月順にした。また発行機関名については、一般的によく知られている場合にはその記述を省略したものもある。

鈴木義男略年譜

年	年齢（満年齢）	主な出来事	一般的事項
一八九四（明治二七）	〇	一月一七日、福島県西白河郡白河町（現・白河市）田町で生まれる。父・義一、母・イエの六番目の子供で、三男であった。	一八九四年、日清戦争の勃発
一九〇七（明治四〇）	一三	三月、白河小学校を卒業。 四月、東北学院普通科（中等部）に入学。	一九〇四年、日露戦争の勃発
一九一二（明治四五・大正元）	一八	三月、東北学院普通科を卒業。 九月、第二高等学校（一部甲類）に入学。	
一九一五（大正四）	二一	七月、第二高等学校を卒業。 九月、東京帝国大学法科大学法律学科（英法兼修）に入学。	一九一四年、第一次世界大戦勃発
一九一八（大正七）	二四	五月二〇日、鉄本常盤（宮城県岩出山町、鉄本文吉の三女）と結婚。	第一次世界大戦終結
一九一九（大正八）	二五	三月二四日、長女・絢子が生まれる。 七月、東京帝国大学を卒業。 九月、東京帝国大学法学部助手に採用される（※任期は、一九二二〔大正一一〕年八月三一日まで）。	ヴェルサイユ講和条約 国際連盟の発足（本部：ジュネーヴ） ドイツ：ワイマール憲法制定
一九二〇（大正九）	二六	九月一日、次女・ゆり子が生まれる。	
一九二一（大正一〇）	二七	七月下旬より、文部省在外研究員として欧米に留学。	一九二一～二二年、ワシントン会議
一九二四（大正一三）	三〇	三月三日、欧米留学より帰国。 三月二八日、東北帝国大学法文学部教授に任命される。 四月より行政法学論を担当。	

⟷ 東北学院時代
⟷ 旧制二高に進学
⟷ 東京帝国大学に進学
⟷ ヨーロッパに留学
⟶ 大学教授時代

一九二六（大正一五・昭和元）	三二	東北大学法文学部にて、社会法論を兼担。	一九二五年、衆議院議員選挙法の改正（普通選挙法）、治安維持法の制定
一九三〇（昭和五）	三六	四月二〇日に辞職願を提出し、五月一四日に認められる。 六月、東京地方裁判所に弁護士登録。弁護士事務所は九段一口坂。	一九二八年、治安維持法改正 パリ不戦条約締結 一九二九年、世界恐慌の発生
一九三二（昭和七）	三八	四月一日より、弁護士と法政大学非常勤講師を兼務。同大学では行政法・英法を担当。	一九三一年、満州事変の勃発
一九三四（昭和九）	四〇	四月一日より、弁護士と法政大学教授を兼務。同大学では行政法・英法を担当。	
一九四〇（昭和一五）	四六	三月、法政大学教授を辞職する。	一九三七年、日中戦争の勃発 一九四一年、太平洋戦争の勃発
一九四五（昭和二〇）	五一	一一月、日本社会党に入党。中央執行委員となる。	一九四五年八月、終戦 同年一〇月、国際連合の発足（本部：ニューヨーク）
一九四六（昭和二一）	五二	四月、第二二回衆議院議員選挙に福島全県区から立候補し、当選（一回目）。 七月二三日、一四名からなる帝国憲法改正案委員小委員会のメンバーに選出。	一九四六年一一月三日、日本国憲法公布
一九四七（昭和二二）	五三	四月、第二三回衆議院議員選挙に福島二区から立候補し、当選（二回目）。 六月、片山哲内閣の司法大臣に就任。 七月、東北学院第六代理事長に就任。	五月三日、日本国憲法施行
一九四八（昭和二三）	五四	三月一〇日、芦田均内閣の法務総裁（国務大臣）に就任。（※司法大臣は一九四八（昭和二三）年二月一五日、「法務庁設置に伴う法令に関する法律」（昭和二二年法律一九五号）により消滅）。一〇月一五日、国務大臣を退官。	

東北帝国　←　弁護士時代　→←　政治家時代

一九四九（昭和二四）	五五	一月、第二四回衆議院議員選挙に福島二区から立候補し、当選（三回目）。 四月、専修大学教授となる。	
一九五二（昭和二七）	五八	四月、専修大学第七代学長に就任（※任期は一九五五〔昭和三〇〕年三月まで）。 七月、専修大学第二代理事長に就任（※任期は一九五三〔昭和二八〕年五月まで）。 一〇月、第二五回衆議院議員選挙で当選（福島二区四回目）。	一九五〇年、朝鮮戦争の勃発 一九五一年九月、サンフランシスコ平和条約締結
一九五三（昭和二八）	五九	四月、第二六回衆議院議員選挙で当選（福島二区五回目）。	
一九五四（昭和二九）	六〇	一月、同志社大学より法学博士の学位を授与される。	
一九五五（昭和三〇）	六一	二月、第二七回衆議院議員選挙で当選（福島二区六回目）。	
一九五八（昭和三三）	六四	四月、第二八回衆議院議員選挙で福島二区から立候補し、落選。	
一九五九（昭和三四）	六五	四月より青山学院大学教授に就任。行政法学の講義を担当。	
一九六〇（昭和三五）	六六	一月、民主社会党の結党に参加。 一〇月、第二九回衆議院議員選挙で当選（福島二区七回目）。	
一九六二（昭和三七）	六八	一一月、東京都内青山通で倒れ、慶應病院入院。	
一九六三（昭和三八）	六九	八月二五日午前一一時二九分、聖路加病院にて死去。 八月三一日、青山学院大学礼拝堂において葬儀。 九月一四日、東北学院大学ラーハウザー記念東北学院礼拝堂で追悼式。	
一九六四（昭和三九）		五月一五日、鈴木義男の蔵書五六〇点余が、遺族より東北学院に寄贈される。 一二月二四日、鈴木義男伝記刊行会が『鈴木義男』を刊行。	

政治家時代

図29　鈴木義男述『帝人事件弁論』表紙（東北学院史資料センター所蔵）
図30　「堕胎罪発覚」（志賀暁子）記事（『河北新報』1935〔昭和10〕年7月19日朝刊）
図31　第二次人民戦線事件（教授グループの検挙を告げる新聞記事）（『読売新聞』1938〔昭和13〕年2月2日夕刊）
図32　『宇野被告治安維持法違反事件弁護要旨（控訴審）』（東北学院史資料センター所蔵）
図33　『美濃部亮吉治安維持法違反事件弁護要旨』（東北学院史資料センター所蔵）
図34　『有澤廣巳治安維持法違反被告事件弁護要旨』（国立国会図書館海野普吉文庫所蔵）
図35　政治家時代の鈴木義男（東北学院史資料センター所蔵）
図36　国会壇上にて（『鈴木義男』所収）
図37　鈴木義男『新憲法読本』表紙（東北学院史資料センター所蔵）
図38　国務大臣任命書、法務大臣任命書（東北学院史資料センター所蔵）
図39　片山連立内閣の組閣直前の鈴木義男（首相官邸前にて。1947〔昭和22〕年5月31日。朝日新聞社提供）
図40　片山内閣の成立時の記念写真（1947年6月1日。毎日新聞社提供）
図41　芦田内閣総辞職後のさよなら記念撮影（1948〔昭和23〕年10月15日。毎日新聞社提供）
図42　孫たちと（『鈴木義男』所収）
図43　鈴木義男と周恩来首相（東北学院史資料センター所蔵）
図44　日本社会党訪中団帰国時の写真（1957〔昭和32〕年12月12日。朝日新聞社提供）
図45　執筆活動中の鈴木義男（東北学院史資料センター所蔵）
図46　弁護士事務所での鈴木義男（毎日新聞社提供）
図47　選挙活動中の鈴木義男（応援演説の様子）（『鈴木義男』所収）
図48　東北学院創立70周年記念式典で演説する鈴木義男（東北学院史資料センター所蔵）
図49　妻・常盤と（自宅玄関前にて。1963〔昭和38〕年）（『鈴木義男』所収）
図50　宝生流月例会での夫妻の様子（『鈴木義男』所収）
図51　青山学院で営まれた葬儀の様子（東北学院史資料センター所蔵）

表1　ドイツ・フランスから送られた論稿（著者作成）
表2　鈴木義男が弁護を担当した主な裁判（著者作成）

図版出典・所蔵一覧

図１　白河美以基督教会（鈴木義久氏提供）
図２　父・義一（『鈴木義男』所収）
図３　母・イエ（『鈴木義男』所収）
図４　東北学院普通科低学年時の鈴木義男（鈴木義久氏提供）
図５　東北学院時代の鈴木義男（鈴木義久氏提供）
図６　東北学院労働会在会証書（東北学院史資料センター所蔵）
図７　仙台市内中学校学生連合演説会出場時の鈴木義男（鈴木義久氏提供）
図８　『中学世界』第8号（14巻10号。1912年6月発行、博文館）の表紙および掲載された懸賞論文「絶対的禁酒の価値」（立教大学図書館提供）
図９　二高時代の鈴木義男（1913〔大正2〕年頃の家族写真。鈴木義久氏提供）
図10　二高時代の鈴木義男（鈴木義久氏提供）
図11　二高時代の鈴木義男（『アルバム　忠愛之友倶楽部記念帖』所収。東北大学史料館所蔵）
図12　東京帝国大学時代の鈴木義男（鈴木義久氏提供）
図13　吉野作造と鈴木義男（緑会弁論部のメンバー。東北社会学研究会編『新明社会学とその周辺』東北社会学研究会、1985年所収）
図14　東京帝国大学内国家学会編『国家学会雑誌』第34巻第1号（1920年）の表紙（東京大学大学院法学政治学研究科・法学部提供）
図15　家族との写真（東北学院史資料センター所蔵）
図16　留学を告げる葉書（鈴木義久氏提供）
図17　留学時代の鈴木義男（パリ・凱旋門にて）（早川佳郎氏提供）
図18　帰国時の鈴木義男とその家族（東北学院史資料センター所蔵）
図19　D.B. シュネーダー“A Young Wilson for Japan,” *The Outlook of Missions*, April 1924より（東北学院史資料センター所蔵）
図20　「法文学部授業科目及び授業担任内定者一覧（大正12年）」（東北大学史料館所蔵）
図21　東北帝国大学法文学部教授時代の鈴木義男（1925〔大正14〕年頃）（東北大学史料館所蔵）
図22　『社会法論』（表紙・内容の一部）（名古屋大学法学図書室「瀧川文庫」所収）
図23　鈴木義男「所謂軍事教育案批判　一」（『河北新報』1924〔大正13〕年12月9日朝刊）
図24　「赤い部類に入る」と書かれた記事（『河北新報』1926〔大正15〕年9月26日朝刊）
図25　「罷免の噂さるゝ鈴木義男教授」と書かれた記事（『河北新報』1928〔昭和3〕年4月21日朝刊）
図26　鈴木義男の「辞職願」（「第六高等学校教授松本彦次郎外十七名任免並更任ノ件」〔請求番号：任Ｂ01564100〕、内閣『任免裁可書　昭和五年　巻三十』所収。国立公文書館デジタルアーカイブ資料）
図27　弁護士時代の鈴木義男（弁護士事務所メンバー）（『鈴木義男』所収）
図28　河上肇（国立国会図書館「近代日本の肖像」掲載）

仁昌寺正一 にしょうじ・しょういち

一九五〇年、岩手県に生まれる。一九七九年、東北学院大学大学院経済学研究科博士後期課程単位取得退学。同年より、東北学院大学経済学部助手。その後、講師、助教授、教授を経て、二〇二〇年より東北学院大学名誉教授。専門は東北経済論、地域経済史。著書『社会科学概論』(共著、日本評論社、一九八二年)、『地域再構成の展望』(共著、中央法規出版、一九九一年)、『大正デモクラシーと東北学院―杉山元治郎と鈴木義男―』(「鈴木義男」の項を執筆、学校法人東北学院、二〇〇六年)など。

筑摩選書 0245

平和《へいわ》憲法《けんぽう》をつくった男《おとこ》 鈴木《すずき》義男《よしお》

二〇二三年一月一五日 初版第一刷発行

著　者　仁昌寺正一《にしょうじしょういち》

発行者　喜入冬子

発行所　株式会社筑摩書房
東京都台東区蔵前二-五-三 郵便番号 一一一-八七五五
電話番号 〇三-五六八七-二六〇一(代表)

装幀者　神田昇和

印刷 製本　中央精版印刷株式会社

ISBN978-4-480-01765-9 C0332

筑摩選書 0076
民主主義のつくり方
宇野重規

民主主義への不信が募る現代日本。より身近で使い勝手のよいものへと転換するには何が必要なのか。〈プラグマティズム〉型民主主義に可能性を見出す希望の書！

筑摩選書 0109
法哲学講義
森村 進

法哲学とは、法と法学の諸問題を根本的・原理的レベルから考察する学問である。多領域と交錯するこの学を、第一人者が法概念論を中心に解説。全法学徒必読の書。

筑摩選書 0133
憲法9条とわれらが日本
未来世代へ手渡す
大澤真幸 編

憲法九条を徹底して考え、戦後日本を鋭く問う。社会学者の編著者が、強靭な思索者たる井上達夫、加藤典洋、中島岳志の諸氏とともに、「これから」を提言する！

筑摩選書 0150
憲法と世論
戦後日本人は憲法とどう向き合ってきたのか
境家史郎

憲法に対し日本人は、いかなる態度を取ってきただろうか。世論調査を徹底分析することで通説を覆し、憲法観の変遷を鮮明に浮かび上がらせた、比類なき労作！

筑摩選書 0165
教養派知識人の運命
阿部次郎とその時代
竹内 洋

大正教養派を代表する阿部次郎。『三太郎の日記』で栄光を手にした後、波乱が彼を襲う。同時代の知識人との関係や教育制度からその生涯に迫った社会史的評伝。

筑摩選書 0172
内村鑑三
その聖書読解と危機の時代
関根清三

戦争と震災。この二つの危機に対し、内村鑑三はどのように立ち向かったのか。聖書学の視点から、その聖書読解と現実との関わり、現代的射程を問う、碩学畢生の書。